대한제국기 공문서 연구

대한제국기 공문서 연구

초판 1쇄 펴낸 날 2015년 5월 15일

지은이 | 박성준
펴낸이 | 김삼수

펴낸곳 | 아모르문디
등 록 | 제313-2005-00087호
주 소 | 서울시 마포구 서교동 375-24, 304호
전 화 | 0505-306-3336 팩스 | 0505-303-3334
이메일 | amormundi1@daum.net

ISBN 978-89-92448-26-0 93910

이 도서의 국립중앙도서관 출판예정도서목록(CIP)은
서지정보유통지원시스템 홈페이지(http://seoji.nl.go.kr)와
국가자료공동목록시스템(http://www.nl.go.kr/kolisnet)에서
이용하실 수 있습니다.(CIP제어번호: CIP2015012394)

대한제국기 공문서 연구

박성준 지음

아모르문디

저자 서문

필자는 대한제국기를 주요 연구 대상으로 삼고 있는 까닭에 규장각한 국학연구원에 소장되어 있는 갑오개혁기와 대한제국기 공문서를 자주 접할 수 있었다. 이들 자료를 활용하면서 당황스러운 적이 있었는데, 그 것은 앞뒤 문서철이 전혀 관련이 없거나 서로 관련된 문서철이 따로 떨 어져 있는 경우가 종종 있었기 때문이다. 그러나 당시에는 기록물 자체 에 대한 관심이 크지 않았던 터라 순간적인 의문으로만 남기고 그 문제 를 깊이 생각해 보지는 않았다.

그런데 '한국 근대 국가기록 체계화 사업―규장각 소장 고종시대 공문 서 분류 및 활용' 사업에 참여하면서 이러한 의문을 본격적으로 검토할 기회를 갖게 되었다. 이 사업은 규장각에 소장된 고종시대 공문서를 중 심으로 공문서 분류체계의 문제점을 파악하고 분류체계를 새롭게 정비 하려는 시도였다. 이 사업은 4부분류(四部分類) 방식에서 벗어나 대한제 국기 각 기관을 분류기준으로 삼아 공문서를 재분류했다는 점에서 의의 가 있지만, 여전히 공문서 분류체계의 원 질서 회복이라는 과제가 남아 있다.

이 사업에 참여하면서 대한제국기 공문서 분류체계의 문제점이 무엇 인지를 파악하게 되었고, 단지 역사 연구에 필요한 사료로서의 기록물이 아니라 기록물 자체에 대해 관심을 갖고 기록이 어떻게 생산·유통되고 분류되어 보관되었는지 검토해 보게 되었다. 이를 계기로 대한제국기 공문서와 관련된 일련의 논문들도 쓰게 되었다.

규장각에 소장된 대한제국기 공문서는 크게 국가 행정기구 문서, 왕실기구 문서, 황실재정 정리 문서로 구분된다. 대한제국기에 각 기구는 어떤 과정을 거쳐 공문서를 생산, 유통, 분류, 보존했는지 대한제국기 공문서 체계를 파악해 보자는 생각으로 국가 행정기구 문서 가운데 탁지부, 왕실기구 문서 가운데 내장원, 황실재정 정리 문서 가운데『장토문적류(庄土文績類)』를 중심으로 분석하였다. 그리고 일제 강점 이후 조선총독부가 날인한 분류도장과 창고번호도장을 중심으로 대한제국기 공문서의 분류체계가 어떻게 변형되어 현재와 같이 재분류되었는지 그 과정도 추적하였다.

대한제국기 각 기구의 공문서 전반을 검토하지는 못했지만, 국가 행정기구 문서, 왕실기구 문서, 황실재정 정리 문서로 구분되는 3문서군의 검토를 통해 이후 대한제국기 공문서 체계 전반을 파악할 수 있는 토대를 마련해 보고자 했다. 이 책이 계기가 되어 대한제국기 각 기구의 공문서 분류체계의 원 질서 전반을 회복하는 날이 오길 기대해 본다.

이 책은 그동안 발표했던 논문들을 대폭 수정, 보완한 것이다. 이 책을 쓰는 데 많은 분들의 도움을 받았다. 무엇보다도 존경하는 김태영 선생님께 감사드린다. 선생님의 학문에 대한 열정적이면서도 진지한 자세는 언제나 필자에게 커다란 귀감이 되었다. 이태진, 김인걸, 김건태 선생님은 규장각 자료를 연구할 수 있는 기회를 제공해 주셨고, 이상찬, 김태웅 선생님은 규장각 자료를 파악하는 데 필요한 방향성을 시사해 주셨다. 양진석 선생님은 초서를 이해하는 데 많은 도움을 주셨다. 규장각 자료를 분석하고 논문을 작성하는 데는 김도환, 김선경, 김순덕, 오연숙, 윤대원 선생님을 비롯해 일일이 이름을 거론하기 힘들만큼 많은 연구원 분들의 도움을 받았다. 정승교, 이성임 선생님께도 감사드리며, 규장각 자료를 이용하는 데 편의를 제공해 주신 정보자료관리부 선생님들께도 감사드린다.

늘 막내아들 걱정을 안고 계신 어머님께 이 책이 조금이나마 위안이 되길 바란다. 필자 논문의 첫 독자로서 언제나 따끔한 비판을 해 주는 조영순과 맑고 건강하게 자라 준 딸 주언이에게 고마운 마음을 전한다.

2015년 4월

박성준

차례

서론 : 공문서 분류체계의 원 질서를 찾아서

공문서는 국가 기구가 행정 업무를 수행하는 과정에서 생산한 기록물로서 문서의 수발신 기관이 조응하는 의사소통의 매개물이자 결과물이며 이후 국정 운영의 참고 자료가 된다. 국가 체계의 원활한 운영을 위해서는 공문서의 생산·유통·보존 체계를 규범화하는 공문서 제도가 성립되어야 한다. 공문서 제도는 국가 기구, 관리, 민 사이의 의사소통의 매개물인 공문서의 관리 체계를 규범화한 것이므로 국가 운영체계를 반영한다. 왕권을 정점으로 한 중앙집권 국가였던 조선왕조도 원활한 국가 운영을 위해 국왕을 중심으로 국가 기관, 관리, 민 사이의 위계를 반영한 공문서 서식을 규범화하고, 공문서 관리 규정을 제정하였다.[1]

---

1) 조선왕조의 공문서 제도와 관련된 연구로는 김상호, 1986, 「조선시대의 공문서 관리」 『서지학연구』 1 ; 김재문, 1992, 「조선왕조의 법전상의 고문서와 한국법연구」 『정신문화연구』 46 ; 김태웅, 2000, 「갑오개혁 전후 지방공문서 관리의 변

조선왕조의 문서 관리 규정은 『경국대전(經國大典)』「예전(禮典)」장문서(藏文書)에 법제화되었다. '장문서'는 모두 5개 조항으로 구성되어 있는데, 그 가운데 3개 조항이 시정기(時政記), 승문원문서(承文院文書), 서장관 일기(書狀官 日記), 각 기관의 공문서 작성과 보관에 관한 규정이다.

① 춘추관(春秋館) 시정기(승정원일기 및 각 아문(衙門)의 긴절하게 관계되는 문서를 찬집해서 매년 말에 책 수를 왕에게 보고한다)와 승문원문서는 3년마다 인쇄하여 본 아문·의정부 및 사고(史庫)에 보관한다.

② 서장관은 날마다 일을 기록하여 돌아온 뒤에 왕의 재가(裁可)를 받아 승문원에 내려 등록(謄錄)한다.

③ 여러 관사(官司)와 여러 고을의 문서는 분류하고 모아서 첨지(籤紙)를 붙여 각각 보관한다.2)

시정기는 조선왕조실록(朝鮮王朝實錄)을 편찬할 때 기초가 되는 자료이다.3) 조선왕조는 시정기를 작성하기 위해 중앙과 지방의 국가 기관으

화」『규장각』 23 ; 윤훈표, 2000, 「조선초기 공기록물 관리제의 개편」『기록학연구』 2 ; 김현영, 2006, 「조선시대 지방 관아에서의 기록의 생산과 보존」『고문서연구』 28 ; 백선혜, 2007, 「『경국대전』의 기록관리 규정」『기록학연구』 15 참조.
2) '春秋館時政記(撰集承政院日記及各衙門繁關文書 每歲季啓冊數) 承文院文書 每三年印藏本衙門議政府及史庫', '書狀官逐日記事 回還後啓下承文院 謄錄', '諸司諸邑文書 分類作綜懸籤 各藏之'(『經國大典』「禮典」藏文書)
3) 실록편찬과 관련된 연구로는 신석호, 1960, 「조선왕조실록의 편찬과 보관」『사총』 5 ; 한우근, 1988, 「조선전기史官과 실록편찬에 관한 연구」『진단학보』 66 ; 오항령, 2001, 「실록 : 등록의 위계」『기록학연구』 3 ; 김현영, 2008, 「조선시대의 문서와 기록의 위상 : 사초, 시정기에 대한 재검토」『고문서연구』 32 참조.

로 하여금 '무릇 시행하는 일이 권계(勸戒)가 될 만한 것은 명백하게 써서 본관(=춘추관: 인용자)에 보내어 기사(記事)에 빙거(憑據)가' 되도록 하였다.[4] 승정원일기와 각 기관에서 중요 사안으로 보고한 내용을 바탕으로 시정기를 작성하였던 것이다. 그리고 찬집한 시정기의 책 수는 연말에 국왕에게 보고하도록 하였고, 시정기와 승문원 문서는 3년마다 인쇄해서 해당 관아와 의정부, 사고에 보관하도록 하였다.

서장관은 중국에 간 사신(使臣)의 일행으로 사행(使行) 중에 있었던 일들을 기록하는 임무를 맡았으므로 승문원 문서와 서장관의 기록은 외교와 관련된 문서가 대종을 이루었다. 시정기와 승문원 문서는 승정원일기와 아울러 실록 편찬의 기초 자료였으므로 국가에서 문서의 작성과 보관 규정을 법으로 제정할 만큼 중요시했던 것이다.

『경국대전』「예전」 장문서에는 실록 편찬에 기초가 되는 자료뿐 아니라 중앙과 지방 기관의 공문서에 대한 관리 규정도 마련되어 있다. 조선왕조는 중앙과 지방 기관이 업무를 처리하는 과정에서 생산·유통한 공문서를 각 기관별로 보관토록 하면서, 공문서를 분류하고 첨지를 붙이도록 해서 이후 참고 자료로 활용할 수 있도록 하였다.

각 기관이 생산·유통한 공문서는 앞서 언급했듯이 시정기를 작성하는 데 기초가 되는 자료였다. 그런데 각 기관이 춘추관에 이들 공문서를 보낼 때 '무릇 시행하는 일이 권계가 될 만한 것은 명백하게 써서 본관에 보내'도록 했으므로 춘추관에 공문서의 원본을 보낸 것은 아님을 알 수 있다.[5] 공문서의 원본은 중앙과 지방의 각 기관에서 보관했으며, 공문서

---

4) '今京外大小衙門 凡所施行之事 可爲勸戒者 明白開寫 送于本館 以憑記事 永爲恒式'(『世宗實錄』 卷66, 16年(1434).11.5(戊寅))

5) 이경용, 2002, 「한국의 근현대 기록관리제도사 연구」, 중앙대 박사학위논문, 22쪽.

의 원본을 보관할 때 분류해서 첨지를 붙여 보관토록 한 것이다.

그런데 중앙이나 지방의 각 기관은 국가 행정 업무를 수행하는 과정에서 생산·유통한 공문서의 원본을 보존하지는 않았고, 문서의 내용을 옮겨 적거나 요약해서 적은 등록(謄錄) 형태로 보존하였다.6) 예를 들면 각 지방에서 중앙 정부에 보고한 문서인 장계(狀啓)의 경우, 원 문서는 폐기되지만 장계를 등록한 장계등록(狀啓謄錄)의 형태로 보존되었다. 또한 민과 관의 관계에 있어서도, 민이 관에 청원하는 문서인 소지류(所志類)는 관에서 보관하지 않고 원 문서에 결정 사항을 적어서 민에게 돌려주었다. 대신에 관에서는 그 결정 사항을 참고하기 위하여 요지를 기록한 민장치부책(民狀置簿冊)을 작성하여 보관하였다.7)

각 기관에서 관리한 문서는 문서고에 보관했던 것으로 보인다.

『추관지(秋官志)』 관사(舘舍)
누상고(樓上庫) 8칸: 8방(八房)의 오래된 문서는 관봉(官封)해서 보관
누하고(樓下庫) 8칸: 8방의 거행문서를 보관8)

형조는 8방의 문서 가운데 활용이 끝난 오래된 문서는 누상고에 보관하고, 현재 활용하는 거행문서는 누하고에 보관하도록 하였다. 형조는 문서고인 누상고와 누하고에 문서를 보관하면서, 문서의 활용 여부를 기준으로 보관 장소를 달리해 이후 업무 수행에 참고 자료로 활용할 수 있게

---

6) 연갑수, 2000, 「조선후기 등록에 대한 연구」『외대사학』12 ; 김혁, 2000, 「장서각 소장 등록의 문헌학적 특성」『장서각』4.
7) 김현영, 2008, 앞의 논문, 55-56쪽.
8) '南廊 樓上庫八間(八房久遠文書藏置官封) 樓下庫八間(八房擧行文書藏置)'(『秋官志』, 舘舍)

하였던 것이다.[9]

요컨대 조선왕조는 실록 편찬의 기초 자료인 시정기와 외교 문서에 해당되는 승문원 문서와 서장관의 기록에 관한 문서 관리 규정을 제정하면서, 중앙과 지방 기관의 공문서 관리 규정도 제정하였다. 그러나 각 기관은 일반 공문서의 원본을 보존하지는 않았고 등록 형태로 보존·관리한 것이 일반적이었다.

이러한 조선왕조의 공문서 제도는 갑오개혁을 계기로 변화하게 된다.[10] 갑오개혁은 정치·경제·사회 제도 전반에 걸쳐 추진된 개혁이었다. 국가 체제 전반에 대한 개혁이 추진되면서 공문서 제도도 변화하게 되었다. 1894년 7월 14일 제정된 '각부각아문통행규칙(各府各衙門通行規則)'에는 공문서 관리 기구와 공문서의 생산·유통·보존 체계가 상세히 규정되어 있다.

> 제29조 각부, 각 아문(各衙門)의 총무국(總務局)에는 문서과(文書課), 왕복과(往復課), 보고과(報告課), 기록과(記錄課)를 두고 사무를 분담한다.
> 제30조 문서과는 각국의 성안(成案) 및 기초(起草) 등의 사무를 심사한다.

---

9) 김태웅, 2000, 앞의 논문, 143-148쪽.
10) 갑오개혁~대한제국기 공문서와 관련된 연구로는 김재순, 1992, 「한국 근대 공문서 관리제도의 변천」『기록보존』5 ; 권태억, 1994, 「갑오개혁 이후 공문서 체계의 변화」『奎章閣』17 ; 이경용, 2002, 「한말 기록관리제도 – 공문서 관리 규정을 중심으로」『기록학연구』6 ; 김건우, 2006, 「갑오개혁기 「공문식」과 공문서의 변화」『古文書硏究』29 ; 이영학, 2007, 「갑오개혁 시기 기록관리제도의 변화」『역사문화연구』27, 한국외국어대학교 역사문화연구소 ; 김건우, 2007, 「구한말 궁내부의 공문서 관리 규칙에 관한 일고찰」『한국기록관리학회지』7권 1호, 한국기록관리학회 ; 이영학, 2009, 「대한제국시기의 기록관리」『기록학연구』19 참조.

제31조 왕복과는 각부, 각아문에서 온 공문 성안의 접수, 발송을 전담한다.

제32조 보고과는 각 국과(局課)의 통계 안건을 수집하여 표본을 만들어 대신이 사열(査閱)하도록 보내고 아울러 관보국에 보내어 관보에 게재토록 한다.

제33조 기록과는 일체 아문의 사무 문안을 수집하여 편찬한다.[11]

갑오개혁기에는 공문서의 유통·보존을 위해 각부·아문의 총무국에 문서과·왕복과·보고과·기록과를 설치하였다. 문서과는 각국의 성안과 기초 등의 사무를 심사하고, 왕복과는 각부·아문에서 보내 온 공문의 접수와 발송 업무를, 보고과는 각 국과의 통계 안건 수집 업무를, 기록과는 아문의 사무 문안을 수집하여 편찬하는 업무를 담당하였다. 문서과·왕복과는 문서의 심사·유통 업무를, 기록과는 이 문서들을 편찬·보존하는 업무를 담당한 것이다.

이들 기구가 담당한 공문서의 유통과 보존 절차를 보면, 먼저 공문서의 접수·발송 업무를 담당한 왕복과가 각부·아문이 보낸 문서를 접수하면 왕복과장(往復課長)은 접수한 문서의 건명과 호수를 부적(簿籍)에 기록하고, 해당 문서를 업무 담당 기관에 배부하였다. 문서를 배부받은 각 국과는 주어진 기한 내에 업무를 처리해야 했으며, 여러 국과 연계된 문서는 주무 국과에서 기안을 작성하고 관련 국의 검인을 받았다.

각 국과에서 작성한 문서를 왕복과로 보내면, 왕복과는 총무국장에게

---

[11] '第29條 各府衙總務局 置文書課·往復課·報告課·記錄課 分掌事務. 第30條 文書課 審査各局成案 及起草等事務. 第31條 往復課 專掌各府衙所來公文成案 之接受發送. 第32條 報告課 採輯各局課統計案件 作爲表本 以供大臣査閱 兼送 官報局 揭載官報. 第33條 記錄課 蒐集一切衙門事務 文案編纂'(『韓末近代法令 資料集』I, 국회도서관(이하 『法令集』), 「議案 各府各衙門通行規則」, 1894.7.14, 49쪽)

올리고, 총무국장은 대신(大臣)에게 결재를 요청하였다. 대신의 결재를 받은 문서는 왕복과에서 정서하여 비서관을 거쳐 대신의 도장을 찍고, 건명과 번호를 부책(簿冊)에 기입한 뒤 발송하였고, 원본에는 교부 발송 년월일을 기입한 뒤 왕복과에서 검인하고 주무처로 돌려보냈다. 이러한 과정을 거쳐 시행이 완료된 문서는 각 국과에서 기록과로 보내어 보존하였다.[12]

'각부각아문통행규칙'을 제정할 당시에는 문서 관리 기구가 문서과·왕복과·보고과·기록과로 분산되어 있었는데, 1895년 3월 '각부관제통칙(各部官制通則)'이 제정되면서 이들 기구가 문서과로 통합되었고,[13] 문서 관리를 담당한 기구도 총무국에서 대신관방(大臣官房)으로 변경되었다. 과별로 분산되어 있던 문서의 유통·보존 업무를 문서과에서 일원적으로 담당하는 체계로 바꾼 것이다. 이러한 체계는 큰 변화 없이 대한제국기까지 유지되었다.

갑오개혁기에 새롭게 제정된 공문서 제도에 기초하여 각 기관은 공문서를 생산·유통·보존하였고, 갑오개혁~대한제국기에 생산된 상당량의 공문서가 서울대학교 규장각한국학연구원에 소장되어 있다. 규장각에 소장된 갑오개혁~대한제국기 공문서는 의정부·7부를 중심으로 한 국가 행정기구의 문서군과 궁내부를 비롯한 왕실기구 문서군, 황실재정 정리 과정에서 생산·유통된 황실재정 정리 문서군으로 크게 세 범주로 구분할 수 있다.[14]

---

12) 『法令集』I, 「議案 各府各衙門通行規則」, 1894.7.14, 49-50쪽.
13) 『法令集』I, 「勅令第41號 各部官制通則」, 1895.3.25, 205쪽.
14) 서영희, 1994, 「통감부 시기 일제의 권력장악과 규장각 자료의 정리」 『규장각』 17, 117쪽.

왕권을 정점으로 의정부·6조 체제로 편제되었던 조선왕조의 국가 기구는 갑오개혁을 통해 의정부·궁내부·8아문 체제로 개편되었다.[15] 1894년 6월 '궁내부관제(宮內府官制)'를 제정해 정부기구와 별도로 왕실 관련 업무를 담당하는 기구로 궁내부를 설치하였다. 궁내부 소속 관원과 정부기구의 소속 관원은 겸직을 할 수 없도록 하는 한편,[16] '궁내부관제'에 '궁중의 각사(各司)에서 종전에 수입하던 전곡(錢穀)은 탁지아문이 전관(專管)토록 하고 일체 경비는 균역청과 탁지아문에서 배정한다'고 규정해 탁지아문이 왕실 기관의 재정까지 통제하고자 하였던 것이다.[17] 정부와 왕실기구를 분리시키고 탁지아문이 왕실 재정을 통제하면서 궁내부 관원이 국가 행정기구의 관직을 겸직하지 못하게 함으로써 왕실이 국가 업무에 간여하는 것을 배제해 왕권을 약화시키고자 하였던 것이다.[18]

그리고 1895년 3월에는 내각관제(內閣官制)를 제정하였고, 8아문을 7부(部)로 개편하였으며,[19] 1895년 4월에는 '궁내부관제'도 개편하였다.[20] 이때 개편된 '궁내부관제'에서 주목되는 점은 왕실 경비를 관리한

---

15)『法令集』I,「議案 宮內府官制」, 1894.6.28, 3쪽 ;『法令集』I,「議案 議政府官制」, 1894.6.28, 4-5쪽 ;『法令集』I,「議案 各衙門官制」, 1894.6.28, 6-9쪽.

16)『法令集』I,「議案 宮內府官員과 各府·衙門官員이 서로 兼官하지 못하게 하는 件」, 1894.7.18, 63쪽.

17) '以上各司 從前應入錢穀 令度支專管 其一切應用 均聽度支酌撥'(『法令集』I,「議案 宮內府官制」, 1894.6.28, 3쪽).

18) 서영희, 1990,「1894~1904년의 정치체제 변동과 궁내부」『한국사론』23, 347-348쪽.

19)『法令集』I,「勅令第38號 內閣官制」, 1895.3.25, 198-200쪽 ;「勅令第41號 各部官制通則」, 1895.3.25, 203-207쪽.

20)『法令集』I,「布達第1號 宮內府官制」, 1895.4.2, 304-316쪽.

회계원(會計院) 외에 왕실의 보물 및 세전장원(世傳莊園)과 기타 재산을 관리하는 내장원(內藏院)이 설치되었다는 것이다.[21] 내장원이 설치됨에 따라 왕실 재정까지도 탁지아문에서 통제하고자 했던 애초의 의도와 달리 왕실의 사적 재산은 국가의 통제를 받지 않고 내장원에서 독자적으로 관리하게 되었다. 내장원의 설치는 군국기무처의 재정 일원화 방침에 대한 궁내부 측의 계속된 강한 반발과 내각을 설치해 왕권을 제한하고자 한 것에 대한 반발을 무마하기 위한 양보의 의미였다.[22]

내장원은 왕실 재산을 관리하기 위해 설치되었지만, 1895년 9월경부터 이미 둔토의 일부까지 관할해 왕실 재산의 범위를 넘어 국가 재원도 관할하기에 이른다.[23] 탁지부가 왕실 재정을 통제하고자 했던 정책이 무너지면서, 국가 재원이 내장원으로 이속되는 양상이 벌어졌던 것이다.

아관파천(俄館播遷)으로 개화파 정권이 무너진 뒤 고종은 왕권을 강화하는 정책을 추진하였다. 1896년 9월 고종은 내각을 폐지하고 의정부를 부활시켰고,[24] 환궁 이후에는 연호(年號)를 제정하고 황제로 즉위했으며, 대한제국의 성립을 선포하였다. 그리고 고종은 황제권을 강화하기

---

21) '內藏院에 左開ᄒᆞᄂᆞᆫ 職員並寶物及莊園의 二司를 置ᄒᆞ야 王室寶物을 保存ᄒᆞ고 世傳莊園과 其他財産을 管理ᄒᆞ며 本院所管會計事務를 掌홈'(『法令集』I, 「布達第1號 宮内府官制」, 1895.4.2, 310쪽). 내장원의 명칭은 내장원(1895.4) → 內藏司(1895. 11) → 내장원(1899.8) → 經理院(1905.3)으로 변경되었지만, 본고에서는 내장원으로 통일해서 사용했고, 명칭을 구별해서 언급해야 할 필요가 있을 때만 각 시기별 고유 명칭을 사용했다.

22) 서영희, 1900, 앞의 논문, 358-359쪽.

23) '宮内府訓令中에 各樣屯土를 內藏院에 屬ᄒᆞ엿다홈은 京前各司에 管ᄒᆞ엿든 屯土를 謂홈이요 外前各營府에 管ᄒᆞ엿든 屯土가 아니며'(『公文編案』(奎 18154) 9책, 1895.9.27).

24) 『法令集』II, 「詔勅 內閣을 폐지하고 議政府를 復設하는 건」, 1896.9.24, 177-178쪽.

위해 원수부(元帥府)를 비롯한 황제 직속 기구를 설치하고, 황실 기구인 궁내부에 근대화 사업의 추진과 관련된 통신사(通信司), 철도원(鐵道院) 등을 설치해 궁내부를 확대하였다. 이 과정에서 왕실 재산을 관리하기 위해 설치되었던 내장원은 둔토(屯土), 역토(驛土), 삼정(蔘政), 광산(鑛山), 포사세(庖肆稅), 해세(海稅) 등 각종 국가 재원을 관할하는 거대 재정기구로 확대되었다.

내각이 의정부로 개편된 것 외에 대한제국기 국가 기구는 갑오개혁기에 형성된 체계가 그대로 유지되었지만, 기구 운영의 성격이 변화되었던 것이다. 왕권을 약화시키기 위해 설치되었던 궁내부가 대한제국기에는 황제권을 강화하는 기반이 되었고, 내장원이 결호세(結戶稅)를 제외한 거의 대부분의 국가 재원을 관할함에 따라 국가 재정 기구인 탁지부가 내장원에 예속되는 양상으로 나아갔다.

황제 직속 기구와 황실 기구를 중심으로 한 대한제국의 국정 운영은 당대의 내외적 모순에 직면하여 표출된 하나의 대응으로서 광무정권의 정치적 선택이었다고 할 수 있다. 그러나 대한제국의 이러한 국정 운영은 1904년 2월 러일전쟁을 일으킨 일본이 대한제국의 국정 운영에 간섭하면서 제약을 받기 시작하였다. 1904년 2월 23일 '한일의정서', 8월 22일 '제1차 한일협약'을 차례로 체결한 일본은 재정고문(財政顧問)과 외교고문(外交顧問)을 통해 대한제국의 국정 운영에 간섭하기 시작하였다. 대한제국의 재정고문으로 고용된 메가타 다네타로(目賀田 種太郎)의 주요 임무 가운데 하나는 황실재정의 정리였다.[25] 일본은 대한제국에 대한 지배력을 장악하기 위해 황실재정을 정리하고 황제권을 무력화하고

25) 『男爵目賀田種太郎』, 384쪽.

자 하였다. 일본의 이러한 의도는 황실의 저항에 부딪혀 곧바로 시행되지는 못했지만,[26] 이 과정에서 1905년 3월 '궁내부관제'의 개편을 통해 내장원이 경리원(經理院)으로 명칭이 변경되기에 이른다.[27]

일본의 황실재정 정리 작업은 1907년 2월 1사(司) 7궁(宮)을 폐지하고 각궁사무정리소(各宮事務整理所)를 설치하면서 본격화되었다.[28] 각궁사무정리소는 1사 7궁의 궁방전(宮房田)을 관리하면서 1907년 6월에는 궁방전의 도장(導掌)을 폐지하였다.[29] 또한 각궁사무정리소가 궁방의 재정을 정리하는 가운데 1907년 7월 4일에는 황실 재산과 국유 재산을 조사하고 그 소속을 정리하기 위해 임시제실유급국유재산조사국(臨時帝室有及國有財産調查局, 이하 조사국)이 설치되었다.[30] 조사국의 주요 정리 대상은 당시 역둔토, 인삼, 광산 등을 관할하고 있었던 경리원이었다. 조사국은 경리원이 관할했던 역둔토를 비롯한 각종 재원을 국고로 이속시키거나 폐지했으며, 이러한 과정을 거친 뒤 1907년 11월 27일 경리원은 폐지되었다.[31]

그리고 1908년 6월 마침내 이토 히로부미(伊藤 博文)는 황실 재산을 국유화하기로 방침을 정하였다.[32] 황실 재산을 국유화하기로 결정함에

---

26) 이윤상, 1996, 「1894~1910년 재정제도와 운영의 변화」, 서울대 박사학위 논문, 237-239쪽 ; 김재호, 1997, 「갑오개혁이후 근대적 재정제도의 형성과정에 관한 연구」, 서울대 박사학위 논문, 248-250쪽.
27) 『法令集』 IV, 「布達第126號 宮內府官制 改正」, 1905.3.4, 45-59쪽.
28) 『法令集』 V, 「布達第149號 宮內府所管 各宮事務管理에 관한 件」, 1907.2.24, 430쪽.
29) 『法令集』 V, 「宮內府令第1號 內需司 및 各宮所屬庄土 導掌을 廢止하는 件」, 1907.6.5, 513쪽.
30) 『法令集』 V, 「勅令第44號 臨時帝室有及國有財産調查局官制」, 1907.7.4, 576쪽.
31) 『法令集』 VI, 「布達第161號 宮內府官制 改正」, 1907.11.27, 77-86쪽.
32) 『日韓外交資料集成』 6(中), 「韓國施政改善ニ關スル協議會 第41回」, 1908.6.9.

따라 황실 재산과 국유 재산을 구분하기 위해 설치되었던 조사국은 폐지되었고,[33] 국유화된 황실 재산을 정리하기 위해 1908년 7월 임시재산정리국(臨時財産整理局)이 설치되었다.[34] 임시재산정리국은 황실 재산을 정리하기 위한 12개항의 방침을 정하고 궁방전의 도장, 혼탈입지(混奪入地) 등의 정리 작업을 추진하였고 이로써 황실재정은 해체되었다.

갑오개혁, 대한제국기, 통감부기를 거치면서 1894년부터 1910년까지 생산·유통되었던 의정부·7부를 중심으로 한 국가 행정기구 문서와 궁내부를 비롯한 왕실기구 문서, 황실재정 정리 과정에서 생산·유통된 황실재정 정리 문서는 대한제국이 일제에 강점되면서 조선총독부 취조국(取調局)으로 이관되어 정리되었다.

조선총독부 취조국은 '조선에서 각반(各般)의 제도와 일체의 구관(舊慣)을 조사'하는 업무를 담당하면서[35] '구관제도조사사업(舊慣制度調査事業)'을 총괄적으로 추진한 기구였다.[36] 취조국은 조선의 식민 통치에 필요한 구관제도 조사사업을 추진하면서 대한제국의 내각, 각부, 궁내부 및 통감부 문서를 장악하고, 이왕가(李王家)의 계보(系譜)에 관한 것은 이왕가에 교부하였다.[37]

1912년 4월 조선총독부 관제를 개편하면서 취조국은 폐지되었고, 취조국의 업무는 '조선에서 제도와 관습, 그 외 특명에 의한 조사에 관한 사

(明治 41年 6月 9日), 904-908쪽.
33)『法令集』Ⅵ,「勅令第38號 臨時帝室有及國有財産調査局官制廢止」, 1908.6.20, 481쪽.
34)『法令集』Ⅶ,「勅令第55號 臨時財産整理局官制」, 1908.7.23, 105-107쪽.
35)『조선총독부관보』, 1910.9.30.
36) 김태웅, 1994,「1910년대 전반 조선총독부의 취조국·참사관실과 '구관제도조사사업'」『규장각』16, 99쪽.
37)『[奎章閣]圖書關係書類綴』(奎 26764)

항'을 담당하는 참사관실(參事官室)로 인계되었다.[38] 참사관실은 구관
제도 조사사업을 추진하면서 취조국에서 인계받은 갑오개혁~대한제국
기 문서를 정리하여 도서번호를 부여하였다.[39] 조선총독부는 도서번호
부여 작업을 1차 마무리한 뒤 1917년 『조선도서총목록(朝鮮圖書總目
錄)』(奎 26778)을 작성하였고, 이 목록에는 도서번호가 15025번까지
부여되었다. 이후에도 도서정리와 도서번호 부여 작업은 계속되었다.
1921년 조선총독부는 『조선총독부고도서목록(朝鮮總督府古圖書目錄)』
을 발간했는데, 이 목록에는 도서번호가 17600번대까지 부여되었다.

    참사관실에서 관리했던 도서와 문서는 1922년 조선총독부 학무국(學
務局) 학무과(學務課) 분실(分室)로 이관되었고, 학무과에서 관리한 도
서와 문서는 다시 1928~1930년에 경성제국대학 부속도서관으로 이관
되었다. 경성제국대학 부속도서관에서 관리한 문서는 해방 이후 서울대
학교 중앙도서관으로 인계되었으며, 현재는 서울대학교 규장각한국학연
구원에 소장되어 있다.[40]

    갑오개혁~대한제국기 공문서가 조선총독부 취조국 · 참사관실 → 학
무국 → 경성제국대학 부속도서관 → 규장각으로 이전되는 과정을 거치
면서 대한제국기 공문서 분류체계의 원 질서는 해체되었다. 현재 규장각
에 소장된 문서에 부여된 도서번호는 대부분 일제가 재분류하면서 부여
한 것이다.[41] 다시 말해 현재 규장각이 소장하고 있는 갑오개혁~대한제

---

38) 『조선총독부관보』, 1912.3.30.
39) 김태웅, 1995, 「일제 강점 초기의 규장각 도서정리 사업」『규장각』18.
40) 조선총독부가 관할한 도서와 문서의 이관 내용은 김태웅, 2008, 「일제강점기
    경성제국대학의 규장각 관리와 소장 자료 활용」『규장각』33 참조.
41) 이상찬, 1991, 「『引繼에 關한 目錄』과 『調査局來去文』의 검토」『서지학보』6 ;
    1997, 「규장각 소장 자료의 公文書 分類圖章에 대하여」『서지학보』20.

국기 공문서의 분류체계는 일제가 재분류한 체계인 것이다.

공문서는 국가 운영 과정에서 국가 기구, 관리, 민이 관계를 맺으면서 생산·유통한 것이므로 공문서 분류체계는 국가 운영체계를 고스란히 반영할 수밖에 없다. 그런데 대한제국기 공문서가 일제에 의해 재분류됨으로써 현재 대한제국기 공문서는 대한제국의 국가 운영체계를 반영하지 못한 채 원 질서를 잃어버린 상태로 분류되어 있는 셈이다.

이처럼 대한제국기 공문서 분류체계의 원 질서는 해체되었지만, 대한제국기 공문서의 편철과 분류체계에 대한 연구는 아직 미흡한 실정이다. 갑오개혁과 대한제국에 관한 연구가 일찍부터 이루어진 것에 비해 갑오개혁 이후 대한제국기까지 생산된 공문서와 관련된 연구는 비교적 최근에 들어서야 본격화되었다.

그동안 갑오개혁~대한제국기 공문서 연구는 주로 공문서 제도에 집중되었으며, 그중에서도 공문서 양식과 공문서 관리 기구의 변화, 공문서 관리 체계 등을 중심으로 이루어졌다.[42] 행정체계의 변화, 정치적 변동 등과 연계한 연구를 통해 갑오개혁 이후 변화된 공문서 제도 전반이 분석되었다. 이러한 제도사적 분석과 더불어 규장각 소장 문서를 중심으로 조선총독부의 갑오개혁~대한제국기 공문서의 재분류 양상과 도서정리 과정을 분석한 연구도 일부 이루어졌다.[43] 기존 연구를 통해 갑오개혁 이후 공문서 제도와 조선총독부의 갑오개혁~대한제국기 공문서 재분류의 문제점이 구명되었지만, 공문서 제도를 바탕으로 각 기관이 공문서를 어떻게 접수하고 분류·편철했는지, 공문서 제도의 실질적인 구현 양상에 대한 연구는 부족한 실정이다. 이로 인해 갑오개혁~대한제국기 공문

---

42) 갑오개혁~대한제국기 공문서 관리제도 연구성과는 주 10) 참조.
43) 김태웅, 1994, 앞의 논문 ; 김태웅, 1995, 앞의 논문 ; 이상찬, 1997, 앞의 논문.

서 분류체계의 원 질서에 대한 본격적인 검토도 이루어지지 못했다.

이에 본 연구에서는 규장각에 소장되어 있는 갑오개혁~대한제국기 공문서를 중심으로 공문서의 접수, 편철과 분류 실태를 검토함으로써 대한제국기 공문서 분류체계의 원 질서를 파악해 보고자 한다. 이는 공문서 분류체계를 통해 대한제국기 국가 운영체계를 복원해 내는 작업이라고도 할 수 있다.

규장각에 소장된 갑오개혁~대한제국기 공문서가 크게 세 범주로 구분되듯이, 본 연구에서는 국가 행정기구·왕실기구·황실재정 정리 문서를 분석 대상으로 삼았다. 국가 행정기구 문서로는 탁지부 문서를 분석 대상으로 삼았고, 왕실기구 문서는 내장원 문서, 황실재정 정리 문서는『장토문적류(庄土文蹟類)』를 분석하였다.

탁지부는 국가 재정을 담당했던 기구였고, 내장원은 황실 재정기구로서 대한제국기에는 결호세를 제외한 국가 재원 전반을 장악한 거대 재정기구였다. 탁지부와 내장원은 갑오개혁~대한제국기에 국가 재원을 관할한 주요 기관이자 일본의 주요한 간섭의 대상이었다.

1904년 2월 러일전쟁을 일으키고 '한일의정서'를 체결한 일본은 '시정개선에 관한 충고'를 명목으로 대한제국의 내정에 간섭하려 했는데, 1904년 5월 대한제국에 대한 지배력을 장악하기 위한 기본 방침을 결정하면서 특히 재정 문제에 주안점을 두고 있음을 확인할 수 있다.

한국 행정은 하나같이 개선을 필요로 하지 않는 것이 없다고 하더라도 급격히 개혁을 행하면 상하 일반의 반항을 초래하여 실패할 수 있기 때문에 시기를 도모하여 서서히 일을 시행해야 할 필요가 있지만, 특별히 재정은 하루라도 등한히 할 수 없다. 왜냐하면 한국 재정은 이미 극도로 문란하여 내외 인민 모두 그

폐해로 고통 받을 뿐만 아니라, 무릇 재정이라는 것은 제반 행정의 기초이기 때문에 그것의 정리에 따라서 행정 각부의 폐해를 바로잡아 고치는 것은 시정개선의 성과를 올리는 데 가장 편리한 방법이다. 그러므로 어서 빨리 我邦人(=일본인: 인용자) 중에서 적당한 고문관을 파견하여 우선 적어도 지금 이후 재정이 문란해지는 것을 막고, 추후에 징세법의 개량, 화폐제도의 개혁 등에 착수하여 마침내 한국 재정의 실권을 우리의 수중에 넣는 것을 기약할 만하다.[44]

일본은 '재정은 하루라도 등한히 할 수 없'고 '재정이라는 것은 제반 행정의 기초이기 때문에', '시정개선의 성과를 올리는 데 가장 편리한 방법이'라며, 대한제국을 지배하기 위해 가장 먼저 대한제국의 국가 재정을 장악하고자 하였던 것이다. 이러한 방침을 결정한 일본은 메가타를 재정 고문으로 파견하고 대한제국의 국가 재정 전반에 본격적으로 간섭하기 시작했다.

대한제국을 식민지화하기 위한 기본 방침으로 대한제국의 국가 재정을 장악하고자 했던 일본의 의도는 공문서에도 그대로 반영되어 나타났다. 규장각에 소장된 갑오개혁~대한제국기 공문서의 특징 가운데 하나는 문서철의 표지에 조선총독부가 날인한 분류도장과 창고번호 도장이 찍혀 있다는 점이다. 창고번호 도장은 분류도장을 찍은 이후에 조선총독부가 갑오개혁~대한제국기 공문서를 창고에 보관하면서 찍은 것으로 각 부부원청(各府部院廳)의 문서에 찍혀 있다. 이에 반해 분류도장은 탁지부와 내장원을 비롯해 주로 재정 관련 문서에 집중적으로 찍혀 있다.

---

44) 『日本外交文書』 37권 1책, 「對韓方針竝=對韓施設綱領決定ノ件」, 1904.5.31, 353쪽.

분류도장이 날인된 시기는 융희(隆熙) 연간부터 1916년 사이에 걸쳐 있지만, 특히 1911년부터 1912년 사이에 집중 날인되었다. 이 시기에 조선총독부는 갑오개혁~대한제국기 공문서 가운데 재정 관련 문서에 집중적으로 분류도장을 찍었던 것이다. 조선총독부는 식민지 통치의 기반을 구축하기 위해 조선의 국가 재원을 철저히 파악하고자 했고, 그 정책의 일환으로 재정 관련 문서에도 주요한 관심을 갖고 정리 작업을 했던 것이다.

분류도장은 대부분 조선총독부가 찍은 것이지만, 분류도장이 날인되기 시작한 것은 융희 연간부터였다. 융희 연간에 찍은 분류도장은 주로 국가 재정과 관련된 문서를 중심으로 찍혀 있다. 1904년 5월 대한제국에 대한 지배력을 장악하기 위한 기본 방침을 정하면서 국가 재정 문제에 주안점을 두었듯이, 대한제국의 국가 재정을 파악하고 장악하기 위해 이미 통감부 시기부터 국가 재정과 관련된 문서에 관심을 갖고 분류도장을 찍고 관리했던 것이다.

조선총독부는 먼저 재정 관련 문서에 분류도장을 찍은 다음에 갑오개혁~대한제국기 각부부원청의 문서에 창고번호 도장을 찍었고, 최종적으로 도서번호를 부여하였다. 대한제국기 공문서 분류체계는 조선총독부가 갑오개혁~대한제국기 공문서를 재분류하고 도서번호를 부여함으로써 완전히 해체되었지만, 조선총독부가 도서번호를 부여하기 이전에 갑오개혁~대한제국기 공문서에 날인한 분류도장과 창고번호 도장을 통해 대한제국기 공문서 분류체계가 해체되는 과정을 추적해 볼 수 있다.

이에 본 연구에서는 탁지부와 내장원 문서, 『장토문적류』를 중심으로 조선총독부가 도서번호를 부여한 재분류의 기준과 문제점을 파악하고 대한제국기 공문서 분류체계의 원 질서를 구명하고자 한다. 이를 바탕으로 도서번호를 부여하기 전 조선총독부가 분류도장과 창고번호 도장을 찍던 당시에는 갑오개혁~대한제국기 공문서가 어떻게 분류되어 있었는지도 함께 살펴보고자 한다.

본 연구에서는 문서류뿐만 아니라 대장류도 분석 대상으로 삼았다. 문서가 당시 상황을 문자로 기록한 것이라면, 대장류는 숫자로 시대적 상황을 기록한 것이라고 할 수 있다. 특히 내장원은 대한제국의 거대 재정기구로써 대장류에 해당하는 상당량의 성책(成冊)을 작성하였다. 이에 본 연구에서는 문서류와 아울러 대장류의 재분류 과정도 파악하기 위해 내장원의 역둔토 성책을 분석 대상으로 삼았다.

1장 내장원의 위상 변화와 공문서 접수

　국가 행정기구는 공무를 수행하는 과정에서 다른 기구와 연계된 업무를 처리하기 위해 관련 기구에 공문서를 발송하고, 관련 기구는 이를 접수해 해당 업무를 처리한다. 이러한 측면에서 공문서의 접수와 발송은 공문서 유통체계에서 출발점에 해당한다고 할 수 있다. 갑오개혁~대한제국기에는 각부부원청에 문서과를 설치해 공문서의 접수와 발송 업무를 담당하도록 하였다. 문서를 접수한 문서과는 주무 국과에 문서를 배부하였고, 각 국과는 기한 내에 업무를 처리해 관련 문서를 문서과를 통해 발송하였다.

　각부부원청은 문서과를 두고 독자적으로 공문서를 접수하고 발송했지만, 특정 기구의 산하 기관으로 설치된 경우에는 독자적으로 공문서를 접수하고 발송하지는 못했다. 그 대표적인 경우가 내장원이다. 대한제국기 내장원은 둔토, 역토, 삼정, 광산, 포사세, 해세 등 각종 국가 재원을 관할한 거대 재정기구로서 여러 기구와 공문서를 주고받았지만, 처음부터 독자적으로 공문서를 거래한 것은 아니었다. 1895년에 설치될 당시 내장원은 궁내부의 산하 기관이었기 때문이다. 그러나 고종이 황제권을 강화하는 정책을 시행하면서 내장원의 위상은 변화되었고, 내장원은 독자적으로 공문서를 거래할 수 있는 위치가 되었다.

1. 내장원의 위상 변화와 기록과 설치

내장원은 1895년 4월 왕실의 보물 및 세전장원과 기타 재산을 관리하기 위해 설치되었지만, 1895년 9월경부터 이미 국가 재원인 둔토의 일부를 관할하였고 1899년부터는 거의 모든 둔토를 관할하게 되었다.[1] 그리고 1900년에는 탁지부 소관의 역토까지도 관할하였다.[2] 삼정과 광산은 1897년과 1898년에 농상공부에서 궁내부로 관할권이 이속되어[3] 내장원에서 관할하였고,[4] 포사세도 1900년 1월 농상공부에서 내장원으로 관할권이 이속되기에 이른다.[5]

내장원이 각종 국가 재원을 장악하며 거대 재정기구로 위상이 변화되면서, 공문서 양식에도 변화가 나타나기 시작하였다. 갑오개혁을 추진한 개화파 정권은 공문서 관리 규정을 새롭게 제정하면서,[6] 1894년 7월 9

---

1) 『度支部往復書類等』(奎26189)「宮內府各牧場各屯土査檢委員章程」(1899.6)
2) 『訓令照會存案』(奎 19143) 21책, 1900.9.3, 내장원 → 탁지부.
3) 『法令集』 II, 「奏本 農商工部官制中 蔘業을 刪去, 宮內府로 하여금 專管케 하는 件」, 1897.7.15, 270쪽 ; 『法令集』 II, 「奏本 43郡 各鑛을 宮內府에 移屬하는 件」, 1898.6.23, 375쪽.
4) '內藏司職掌中 皇室世傳莊園과 下의 蔘政과 所屬 各礦과 八字를 添入ᄒ미라' (『法令集』 II, 「布達第41號 宮內府官制 改正」, 1898.6.24, 377쪽).
5) 『農商工部來去文』(奎 17802) 9책, 1900.3.23.

일 '경외(京外)에 왕래하는 문첩(文牒)은 따로 일정한 양식을 만들'도록 의안(議案)을 반포해 각 기관에서 사용하는 공문서 양식을 통일시키고자 했다.[7] 이후 10행의 선이 그어지고 판심에 해당 관서의 명칭이 인쇄된 용지가 각 기관의 통일된 공문서 양식으로 사용되었다.[8]

문서년월	판심
1895.9~1897.11	궁내부내장원
1897.11~1899.9	궁내부내장사
1899.8~1900.2	궁내부내장원
1900년 2월 이후	내장원

표1 내장원의 판심 변화

문서년월	도장
1896.4~1899.8	宮內府內藏司長之章
1899년 8월 이후	內藏院卿之章

표2 내장원경 도장 명칭의 변화

1895년 4월 내장원이 설치되고, 내장원이 사용한 공문서의 판심에 인쇄된 명칭은 '궁내부내장원'이었다. 내장원은 1895년 11월 내장사로 명칭이 변경되었지만 판심에 '궁내부내장원'이 찍힌 용지는 1897년 11월까지 사용되었다. 판심이 '궁내부내장사'로 변경된 것은 1897년 11월부터였고, 이 용지는 1899년 9월까지 사용되었다. 1899년 8월 내장사에서 내장원으로 명칭이 다시 변경되면서 판심에 '궁내부내장원'이 찍힌 용지가 사용되었다. 그런데 이 용지는 1899년 8월부터 1900년 2월까지만 사용되었고, 그 이후부터는 판심이 '내장원'으로 변경되었다.

판심에 찍힌 명칭의 변화에서 나타나는 특징은 '궁내부내장원' 또는 '궁내부내장사'에서 1900년부터 궁내부가 삭제되고 내장원이 단독 명칭

---

6) 『法令集』 I, 「議案 各府各衙門通行規則」, 1894.7.14, 47-51쪽 ; 『法令集』 I, 「閣令第1號 各部處務規程通則」, 1895.4.1, 299-301쪽.

7) 『法令集』 I, 「議案 京外來往文牒의 式樣에 관는 件」, 1894.7.9, 25쪽

8) 권태억, 1994, 「갑오개혁 이후 공문서 체계의 변화」 『奎章閣』 17, 94쪽.

으로 사용되었다는 점이다. 이는 궁내부의 산하 기관으로 설치되었던 내장원이 궁내부에서 벗어나 독자성을 표방하기 시작했음을 의미한다.

이러한 양상은 공문서에 날인된 내장원의 최고 대표자인 내장원경의 도장에서도 확인된다. 1899년 8월 내장원으로 명칭이 변경되기 이전 내장원의 최고 대표자의 도장에 사용된 명칭은 '궁내부내장사장지장(宮內府內藏司長之章)'이었다. 그러나 1899년 8월 이후부터는 '내장원경지장(內臟院卿之章)'으로 변경되어 도장에서도 궁내부는 삭제되었다. 내장원은 궁내부의 하급 기관이었지만 1899년부터 거대 재정기구로 확대되면서 독자성을 갖는 기구로 위상이 높아지고 있었던 것이며, 그 양상이 공문서 양식에도 반영되었던 것이다. 이러한 변화는 내장원의 문서 유통 체계에서도 나타난다.

갑오개혁기에는 공문서 양식뿐 아니라 공문서 명칭도 조선왕조에서 사용하던 이문(移文)·보장(報狀)·제사(題辭) 대신 조회(照會)·보고(報告)·훈령(訓令) 등으로 새로 제정되었다.

공문의 종류 및 양식(公文類別及式樣)

一. 照會는 對等官에게 往復하는 公文이니 이는 반드시 回答을 요구하는 것을 말함. 단 회답할 때는 반드시 照覆이라 稱해야 함. 前日에 사용하던 移文, 回移, 公移 등은 폐지하고 照會로 改稱함.

一. 通牒은 對等官에게 통지하는 공문이니 이는 회답을 요구하지 않음.

一. 訓令은 上官이 관할하는 관리와 監督에 속한 관리에게 내리는 명령을 말함. 前日에 사용하던 關飭과 札飭과 管下에 傳令과 甘結 등은 다 폐지하고 訓令이라 改稱함.

一. 指令은 下官의 質稟書와 請願書에 대하여 지시하는 것을 말함. 前日에 사용하던 報狀, 題辭는 폐지하고 指令이라 改稱함. 단 下官의 질품서와 청원서의 하단에 적을 수 없으며 반드시 질품서와 청원서를 接到한 해당 관청의 印札紙로 另繕해야 함.

一. 報告書는 下官이 上官에게 보고하는 것을 말함이오, 質稟書는 下官이 上官에게 質稟하는 것을 말함이오, 請願書는 管下官이 本屬 長官에게 청원하는 것을 말함(報告書는 上官의 回覆을 요구하지 않음)

一. 訓令 指令等에 署押하는 예를 廢止하고 官章으로 代用해야 함.9)

조선왕조는 이문(移文), 회이(回移), 공이(公移), 관칙(關飭), 찰칙(札飭), 전령(傳令), 감결(甘結), 보장(報狀), 제사(題辭) 등 다양한 공문서 명칭을 사용했으나, '공문의 종류 및 양식'의 제정으로 공문서 명칭이 조회·훈령·보고 등으로 대폭 간소화되었다.10)

'공문의 종류 및 양식'에는 각 공문서의 명칭과 성격을 규정해 두고 있는데, 공문서 명칭은 공문서의 종류를 규정한 것뿐 아니라 해당 공문서가 갖는 위상을 규정한 것이기도 하다. '공문의 종류 및 양식'에 규정된 공문서 종류는 문서를 거래하는 관리의 위계에 따라 구분이 된다. 조회·조복·통첩은 대등한 관리 사이에 거래하는 문서였고, 훈령·지령·보고서·질품서·청원서는 상관(上官)과 하관(下官) 사이에 거래하는 문서였다. 공문서 명칭에는 문서를 거래하는 기관의 위계가 포함되어 있었던 것이다.

문서를 거래하는 관리의 위계에 따라 문서 종류를 구분하면서, 각 문서의 회신 여부에 따라 문서 종류를 또한 구분하였다. 통첩과 조회는 대

---

9) 『官報』, 1895.6.1.
10) 권태억, 1994, 앞의 논문, 88쪽.

등한 관리에게 보내는 문서지
만, 조회는 회신을 필요로 하
며 답신하는 문서를 조복이라
하였다. 훈령과 지령은 하관에
게 보내는 문서지만, 훈령은
하관의 보고 여부에 상관없이
상관이 내리는 명령이고, 지령

문서년월	궁내부	내장원	내별번호
1896	13	4	
1897	13	11	12-10
1898	2	8	
1899.1~1899.11	2	70	12-11
1899.11~1899.12	1	91	12-12

표3 『各道各郡訴狀』 내별번호 12-10~12의 연도별 수신자 분류(단위 : 건)

은 질품서와 청원서에 대해 답신하는 문서였다. 상관이 하관에게 보내는
문서도 답신의 의무 여부에 따라 훈령과 지령으로 구분되었다. 이 규정
을 통해 각 문서의 성격 및 서로 조응하는 문서를 파악할 수 있다. 조회
는 조복과 조응하고, 지령은 질품서·청원서와 조응하는 문서인 것이다.

내장원이 행정기관 및 민들과 이러한 문서를 본격적으로 거래한 것은
1895년 9월경부터 국가 재원인 둔토의 일부를 관할하면서였다. 내장원
은 둔토를 관할하면서 둔토 소재지의 각 군과 민이 제출한 보고와 소장
을 받았다. 그런데 둔토와 관련하여 내장원이 각 군으로부터 받은 보고
가 모두 내장원 명의로 수신된 것은 아니었다.

『각도각국소장(各道各郡訴狀)』(奎 19164, 12책) 내별번호 12-10~
12는 1896년 5월부터 1899년 12월까지 각 군에서 궁내부와 내장원에
올린 보고서를 편철한 문서철로 문서 내용은 대부분 둔토와 관련된 것이
다.[11]

---

11) 『各道各郡訴狀』(奎 19164)은 12책이 한 질로 묶여 도서번호가 부여되어 있지
   만, 표지에 적힌 제목은 '各道各郡訴狀'(1~9책)과 '各道各郡報告'(10~12책)
   로 구분된다. 『各道各郡訴狀』 내별번호 12-10·11·12는 보고서를 편철한 문
   서철인 것이다.

내별번호 12-10의 문서철에는 문서가 53건, 12-11에는 75건, 12-12에는 94건이 편철되어 있으며, 이들 문서를 수신자별로 분류해 보면 표3과 같다.[12] 내별번호 12-10에 편철된 문서 가운데 수신자 명의가 궁내부대신 또는 궁내부였던 것은 28건이었고, 수신자 명의가 내장사장 또는 내장사였던 것은 23건이었다.

이를 연도별로 구분해 보면 1896년은 궁내부가 13건이었고, 내장원은 4건에 불과했다. 1897년은 내장원 명의로 수신된 문서가 11건으로 증가했지만 여전히 궁내부가 더 많았다. 그러나 1898년에는 궁내부가 2건으로 줄어들었고, 1899년부터는 내장원이 수신자로 된 문서가 급증하였다. 내장원 명의로 된 수신 문서가 증가했다는 것은 그만큼 내장원의 위상이 격상되고 있었음을 보여주는 것이다.

궁내부대신과 내장사장 명의로 접수된 문서는 유통 체계가 달랐다. 1896년 5월 19일 적성군수는 총융둔(摠戎屯)과 관련하여 궁내부대신에게 보고서를 올렸다. 이 보고서의 말미에는 '詳查歸正報來 六月三日 內藏司'라 기록되어 있다.[13] 적성군수가 올린 보고서에 대해 궁내부가 지령을 내린 것인데, 지령의 대상이 적성군이 아닌 내장사였던 것이다. 이런 방식으로 궁내부가 보고서 말미에 지령을 적어 내장사에 내려 보낸 것이

---

12) 내별번호 12-10 · 11 · 12의 문서철에 편철된 문서 가운데 동일 문서가 2건 있는 것은 1건으로 처리했다. 그리고 수신자가 기록되어 있지 않는 문서의 경우, 해당 문서에 찍혀 있는 도장 '宮內府印' 또는 '內藏院印'을 근거로 각각 궁내부와 내장원으로 분류했다. 내별번호 12-10에 편철된 53건 가운데 2건은 수신자가 탁지부대신과 장례원경이었고, 12-11에 편철된 75건 가운데 3건의 수신자는 蔘政監督과 各道礦務監督이었다. 당시 내장원경은 삼정감독과 각도광무감독을 겸직했지만, 내장원으로 분류하지 않고 제외했다. 내별번호 12-12에 편철되어 있는 보고서의 부속문서인 성책 2건도 제외했다.

13) 『各道各郡訴狀』 10책, 1896.5.19, 積城郡 → 宮內府大臣.

궁내부대신 명의로 수신한 문서 30건 가운데 23건이었으며, 23건 가운데 1건을 제외한 나머지 문서에 날인된 도장은 '궁내대신지인(宮內大臣之印)' 또는 '궁내부인(宮內府印)'이었다.

이에 반해 수신자가 내장사장인 보고서의 말미에 적힌 지령에는 내장사가 없었고, 이들 문서에 날인된 도장은 '궁내부내장사장지장' 또는 '내장원인'이었다. 내장사장 명의로 받은 보고에 대해서는 내장사가 보고를 올린 당사자에게 직접 지령을 내렸던 것이다.

보고 말미에 적힌 지령의 수신자와 문서에 날인된 도장을 통해 볼 때, 궁내부대신이 수신자로 되어 있는 보고는 '각 군의 보고 → 궁내부 문서 접수 → 궁내부대신 지령 → 내장사'라는 체계로 내장사에 전달되었고, 내장사장이 수신자로 되어 있는 보고는 궁내부대신을 거치는 과정이 생략되고 '각 군의 보고 → 궁내부 문서 접수 → 내장사'라는 체계로 전달되었던 것이다.

내장사가 관할한 둔토와 관련해 각 군에서 올린 보고라도 1897년까지는 수신자가 궁내부대신인 경우가 많았다. 그리고 궁내부대신 명의로 접수된 문서는 내장사에 직접 배부되는 것이 아니라 내장사에 지령을 내리는 방식으로 전달되었다. 1897년까지 내장사는 궁내부의 하급 기관으로서 각 군으로부터 문서를 수신하는 데 제약을 받고 있었던 것이다.

이는 지방 기관에서도 내장사를 궁내부의 하급기관으로 인식해, 내장사에 직접 보고하는 것이 아니라 궁내부대신을 경유해야 할 대상으로 파악하고 있었던 것이다. 그러나 이러한 양상은 1898년부터 변화되기 시작했다. 1898년부터 수신자가 궁내부인 보고서는 줄어들었고, 1899년부터는 수신자가 내장원인 보고서가 거의 대부분이었다.

이러한 위상 변화는 내장원이 발신한 문서에서도 나타난다. 내장원은

문서 내용	발신자	수신자	문서년월	내별번호
宮內府內藏司 句管 前糧餉屯 上納租 를 監官에게 出給하라는 訓令 2號	宮內府大臣 署理 金明圭	全州府 觀察使	1896.3.23	4-1
宮內府內藏司 句管 火栗稅를 刷納하 여 監官에게 出給하라는 訓令 1號	宮內府大臣 李載純	麟蹄郡守 金泰鎮	1896.5.4	4-2

표4 『訓令』의 사례

보고와 소장을 받고 이 문서들에 대한 지시로 문서 말미에 지령을 적어 보냈다. 그런데 1899년 8월 내장원으로 명칭이 변경되기 이전인 내장사 시기에 내장사장 명의로 군에 내린 훈령을 확인할 수 없었다. 둔토 업무 와 관련해 각 군에 훈령을 내린 주체는 궁내부대신이었기 때문이다. 궁 내부대신 명의로 각 도·군에 내린 훈령을 모아 둔 문서철로는 『훈령(訓 令)』(古 5121-2, 4책)이 있다. 『훈령』은 주로 둔토·궁방전 및 여객주 인을 비롯한 각종 잡세 등과 관련된 내용이 대부분이고, 문서년월은 1896년 3월부터 7월까지이며 대략 1개월 단위로 편철되어 있다.

표4의 사례는 모두 내장사가 관할한 둔토와 관련한 내용이지만, 궁내 부대신이 전주부관찰사와 인제군수에게 훈령을 내렸다. 훈령은 상관이 관할하거나 감독하는 관리에게 내리는 명령인데, 이 시기 내장사는 아직 내장사장의 명의로 지방에 훈령을 내릴 수 있는 위치에 있지 않았던 것 이다.

『훈령』에는 1896년 3월부터 7월까지의 문서만 편철되어 있지만 이후 에도 궁내부대신이 계속 훈령을 내렸다. 괴산군수가 궁내부대신에게 보 낸 1897년 10월 보고 7호에는 '卽到付訓令內開의 本郡所在 敦屯監官을 以李元成으로 另定下送ᄒ니 申明知照於各作人處ᄒ야 收穫與上納等節에 毋之遲滯之獘여 ᄒ이신바'라고 되어 있다.[14] 도착한 훈령 내용을 언급하고 이에 따른 보고 내용을 궁내부대신에게 보냈으므로, 해당 훈령을 내린 주체는 궁내부대신이었다. 다른 사례로 김해군수가 궁내부대신에게 보낸 1898년 1월 10일 보고서 5호에도 '上年十二月二十八日 出한 第十四號 訓令을 承接하온즉'이라고 되어 있다.[15] 여전히 둔토와 관련한 훈령을 궁내부대신 명의로 내렸던 것이다.

그러나 1899년 8월 내장사에서 내장원으로 명칭이 변경되면서, 내장원경 명의로 각 군에 훈령을 내리기 시작하였다. 내장원이 각 군에 내린 훈령을 모아 둔 문서철로는 『훈령조회존안(訓令照會存案)』(奎 19143, 89책)이 있다. 이 문서철의 문서년도는 1899년 8월부터 1907년 10월까지이며 내장원이 중앙·지방 기관에 보낸 공문서를 등사해 모아 놓은 것이다.

『훈령조회존안』 내별번호 89-1의 문서철 표지에는 문서철 순서로 '1호'가 기재되어 있고, 『훈령조회존안』의 나머지 문서철에도 표지에 연속된 번호가 기재되어 있다. 내별번호 89-1의 첫 문서는 1899년 8월 27일 내장원경 이용익(李容翊)이 옥구부윤(沃溝府尹) 조성협(趙性協)에게 내린 훈령 제1호이다. 문서철 순서 1호와 문서년월일에서 확인되듯이 『훈령조회존안』은 내장원경 명의로 각 군에 훈령을 내릴 수 있게 된 시점부터 내장원이 각 군에 내린 훈령을 편철한 문서철인 것이다. 1899년 8월 24일 내장사에서 내장원으로 명칭이 변경되면서 내장원은 내장원경 명의로 각 군에 훈령을 내릴 수 있는 위치로 격상되었던 것이다.

내장원이 각 군에는 훈령을 내릴 수 있는 위치로 격상되었지만, 관찰사에게는 아직 조회를 보냈다. 이는 내장원경이 관찰사와 대등한 위치라

---

14) 『各道各郡訴狀』 10책, 1897.10, 槐山郡 → 宮內府大臣.
15) 『各道各郡訴狀』 10책, 1898.1.10, 金海郡 → 宮內府大臣.

번호	문서 종류	발신자	수신자	문서 년월	내별 번호
1	조회	度支部司稅局長	宮內府內藏司長	1896.9	13-1
2	통첩	度支部司稅局長	宮內府內藏司長	1896.10	
3	조복	內部土木局長代辦版籍局長	宮內府內藏司長	1897.12	13-2
4	통첩	內藏院卿	元帥府檢査局長	1899.12	89-5
5	조복	度支部大臣	宮內府大臣	1898.2	13-2
6	조회	學部大臣署理學部協辦	宮內府大臣署理宮內府 協辦	1900.2	13-3

표5 내장원과 중앙 기관의 문서 수발신자

는 것으로, 아직 다른 중앙기관보다는 등급이 낮은 하위 기관이었던 것
이다.

표5는 내장원이 중앙 기관과 거래한 문서의 수발신자를 제시한 것이
다.[16] 번호 1~4는 내장사장과 내장원경이 수발신한 문서이고, 5~6은
궁내부대신이 수신한 문서이다. 내장사장·내장원경과 대등한 위치에서
조회·조복·통첩을 거래한 중앙 기관 소속 관리의 직급은 각부의 대신
이 아닌 국장이었다. 내장사는 부(部)-국(局)-과(課) 행정체계에서 부
의 하급 기관인 국 단위와 대등한 위치에서 문서를 거래했던 것이다.

탁지부대신과 학부대신처럼 각부 대신이 대등한 위치에서 보낸 조복·
조회의 수신자는 궁내부대신이었다. 수신자는 궁내부대신이었지만 해당
문서의 내용은 내장원의 업무에 관련된 것이다. 내장원은 아직 중앙 기
관의 각부 대신과 조회·조복을 거래할 수 있는 위치에 있지 못했던 것
이다.

이러한 제약을 벗어난 것은 1900년 9월부터였다.

---

16) 출전: 1~3번, 5~6번:『各府郡來牒』(奎 19146), 4번:『훈령조회존안』.

宮內府大臣署理 제4호 照會에 本府 소속 內藏院은 享需粢盛穀을 專管하고 御供物品을 掌理하여 慕重한 사무와 긴급한 擧行이 浩大해 各部와 地方에 왕복할 일이 많은데 公文規式의 확정한 예가 없어 장애가 있으니 내장원경이 主任한 사무를 왕복할 경우에는 各部大臣에게는 조회하고 각 지방에 訓飭하는 것이 타당하므로 이에 佈明하오니 살펴보시고 各部에 통지하여 착실하게 시행하도록 해줄 것을 요청함에 따라 조회하니 살펴보고 시행하기를 바랍니다.17)

궁내부는 의정부에 조회를 보내어 궁내부 소속 내장원 업무의 특성을 설명하며, 이제부터 내장원이 각 기관과 문서를 거래할 때 각부에는 조회하고 지방에는 훈칙할 수 있도록 해 줄 것을 요청하였다. 이에 의정부는 중앙 기관인 각부부원청에 조회하여 이를 따르도록 하였다. 내장원은 1900년 9월부터 각부부원청과는 대등한 위치에서, 관찰부를 비롯한 지방 기관과는 상급 기관으로서 문서를 거래하게 되었다. 이에 따라 1900년 9월 내장원에 기록과가 설치되었고,18) 내장원경 명의로 독자적으로 각 기관과 문서를 거래하게 되었다.

궁내부는 내장원이 사실상 독립된 기관이 되자 궁내부와 내장원의 위계질서를 규정하고자 하였다. 궁내부는 내장원과의 관계를 법부(法部)와 평리원(平理院)의 관계에 비유하며, 궁내부와 내장원이 조회하는 것은 온당하지 않다며 내장원은 궁내부에 보고하고 궁내부는 내장원에 훈령을 내리는 상하관계로 규정하였다.19) 위계질서로는 궁내부와 내장원

---

17) 『照會』(奎 17754) 3책, 1900.9.15, 議政府 → 各府部院廳.
18) 『法令集』 III, 「布達第六十五號 宮內府官制 改正」, 1900.9.14, 193-194쪽.
19) 『各府郡來牒』 3책, 1900.10.22, 宮內府 → 內藏院.

이 상하 관계로 규정되었지만, 이때부터 내장원은 궁내부 소속의 하급 기관에서 벗어나 독립된 기관으로서 역할을 수행하게 되었다.

2. 내장원의 공문서 접수책 작성

1900년 9월 내장원에 기록과가 설치되면서, 내장원은 독자적으로 문서를 수발하게 되었다. 기록과 설치 이후 내장원은 각 기관에서 보낸 문서를 접수하면서 해당 문서에 도장 '내장원영수증(內藏院領收證)'을 찍어 문서를 접수하였다.[20] 그리고 1902년 7월부터는 접수한 문서에 접수 스탬프를 찍었다. 이 시기에 찍힌 접수 스탬프에는 접수일자와 접수 호수를 기입하였고, 1906년 7월부터는 배부처 항목이 추가되어 해당 문서의 담당 기관을 기입했다.[21]

그리고 내장원은 문서접수 장부를 작성하고, 해당 문서를 업무 담당 기관에 배부했다. 갑오개혁기에 제정된 '각부처무규정통칙(各部處務規程通則)'의 문서 관리 규정에는 '本部에 도달한 문서는 무릇 大臣官房(또는 部 가운데 一局) 文書課(課名은 各部分課規程에서 정한 바에 따르니 이하는 이를 따름)에서 접수 開封하여 접수한 年月日子를 해당 문서에 註記하고 件名과 번호를 簿冊에 등록'하도록 하였고, '文書課長은 到達 문서를 協辦에게 제출하고 협판은 조사하여 主務 각 국과에 배부'하도록 하였다.[22] 문서 관리 업무를 담당한 기구에서는 문서 접수 대장에 접

---

20) '內藏院領收證' 도장은 1900년 11월 이후 문서부터 날인되었지만, 접수한 모든 문서에 날인된 것은 아니었다.
21) 김도환, 2010, 「갑오개혁 이후 내장원·경리원의 공문서 분류·관리 : 접수 스탬프의 분석을 중심으로」『규장각』 37, 326−328쪽.
22) 『法令集』 I, 「閣令第1號 各部處務規程通則」, 1895.4.1, 300쪽.

도서번호	도서명	책 순서	문서년월
奎 21205	報告接受冊	第貳號	1901.5～1902.2
奎 21203	訴狀接受	第陸號	1905.1～1905.12
奎 21204	訴狀接受冊	第柒號	1906.1～1906.12

표6 내장원의 문서접수책

수한 문서의 건명, 번호를 기록하고 해당 업무 담당 기관에 문서를 배부
했던 것이다.

규장각에는 내장원의 문서접수책 3책이 소장되어 있다. 1901년도 『보
고접수책』은 지방에서 내장원에 올린 보고서의 접수 장부이다. 문서의
접수 시기는 1901년 5월부터 1902년 2월까지로 문서의 첫 접수는
1901년 5월부터였고 1～4월의 접수 내역은 기록되어 있지 않았다. 『소
장접수』(이하 『소장접수책』 ①)와 『소장접수책』(이하 『소장접수책』 ②)
의 연도는 1905년과 1906년으로 1년 단위로 작성되었다.

이들 접수책 표지에는 책 순서가 부여되어 있다. 『보고접수책』의 표지
에는 '제2호 光武五年五月 報告接受冊'이라고 기록되어 있고, 1905년도
『소장접수책』 ①에는 책 순서 6호가, 1906년도 『소장접수책』 ②에는 7
호가 부여되어 있어, 1호의 보고접수책과 소장접수책이 있었음을 알 수
있다.

현재 보고접수책과 소장접수책 1호가 확인되지 않지만, 1900년 9월부
터 내장원에 기록과가 설치되어 독자적으로 문서를 수발하게 된 점과 이
때부터 내장원이 조회 · 훈령할 수 있는 거래기관이 새로 규정된 점에 근
거해 본다면 보고 · 소장접수책 1호는 1900년 9월부터 작성되었을 것으
로 판단된다.

1901년도 『보고접수책』 2호가 1월이 아닌 5월부터 시작된 것도 보고

접수책 1호가 내장원에 기록과가 설치된 1900년 9월부터 작성되기 시작해서 1901년 4월까지 접수한 문서를 접수책 1호에 기록한 것에 연유하는 것으로 보인다.

그런데 1900년 9월부터 작성된 접수책 이외에 내장원의 접수책이 1895년부터 존재했음을 보여주는 기록이 있다. 1907년 11월 27일 경리원이 폐지되면서, 경리원이 보관하고 있던 각 과의 문부(文簿)는 황실재산정리국(帝室財産整理局)으로 인계되었다.[23] 경리원이 폐지되면서 인계한 문서의 목록은 『인계(引繼)에 관한 목록(目錄)』(奎 21653)에서 확인된다. 『인계에 관한 목록』「文簿傳掌件 前庶務課」의 문서 목록에는 '開國五百四年至隆熙元年十一月號數及接受冊 四十九冊'이라고 기록된 접수책의 목록이 있다. 이에 따르면 내장원의 문서접수책은 1895년부터 작성되었던 것이다.

갑오개혁기에 제정된 문서 관리 규정에는 각 기관의 문서 관리 기구에서 문서를 접수한 뒤 접수 장부를 작성하고 해당 업무 기관에 배부토록 되어 있다. 1900년 9월 기록과가 설치되기 전의 내장원은 궁내부의 하급 기관으로 독자적으로 문서를 접수할 수 없었고, 당시 궁내부는 궁내대신 비서관이 문서 관리 업무를 담당하고 있었다.[24] 따라서 『인계에 관한 목록』에 기록된 1895년부터 1907년까지의 접수책은 내장원에 기록과가 설치된 1900년 9월을 기준으로 전후를 구분해서 파악해야 한다.

1900년 9월 내장원에 기록과가 설치되기 전에 작성된 접수책은 궁내부의 문서 담당 기관이 내장원의 문서를 접수할 때 작성된 것이고, 1900

---

23) 『訓令存案』(奎 19144) 14책, 1907.11.30.
24) '宮內大臣秘書官 一人 奏任 大臣에 專屬ᄒ야 文書往復과 其他 官房內 庶務를 掌理'(『法令集』 I, 「布達第1號 宮內府官制」, 1895.4.2, 306쪽).

년 9월부터 작성된 보고·소장접수책은 내장원이 기록과를 설치하고 독자적으로 문서를 수발하면서부터 작성된 것으로 이해된다.

이러한 이해를 통해 궁내부의 문서접수책 작성 방식을 유추할 수 있다. 궁내부의 문서 담당 기관은 문서를 접수하고 접수책을 작성할 때, 궁내부의 하급기관별로 구분해서 접수책을 작성한 것으로 이해된다. 그렇기 때문에 궁내부의 문서 담당 기관은 내장원이 사실상 독립을 하자 내장원과 관련된 문서접수책을 내장원에 인계할 수 있었던 것이고, 내장원은 1907년 폐지될 당시까지 1895년부터 작성된 접수책을 소장할 수 있었던 것이다.

1900년 9월 기록과가 설치된 후 내장원은 접수책을 어떤 방식으로 작성했는지 살펴본다. 1901년을 기점으로 내장원에는 장원과(莊園課), 종목과(種牧課), 삼정과(蔘政課), 공세과(貢稅課), 기록과(記錄課)가 설치되었다. 이들 각 과가 국가 기관 및 민들과 거래한 문서를 모아둔 내장원의 대표적인 문서철로는 『훈령조회존안』(奎 19143, 89책), 『경기각군보고(京畿各郡報告)』(奎 19147, 14책)·『경기각군소장(京畿各郡訴狀)』(奎 19148, 25책) 등 13도 각군 보고·소장, 『각도각군소장』(奎 19164, 12책), 『각부군래첩(各府郡來牒)』(奎 19146, 13책), 『내장원경리원 각도각군보고존안(內藏院經理院各道各郡報告存案)』(奎 19163, 17책) 등이 있다.

이들 문서철 가운데 1901년도 『보고접수책』(2호)의 작성 방식을 파악하기 위해 『내장원경리원 각도각군보고존안』(奎 19163, 17책)에서 『보고접수책』과 동일 시기인 1901년도 문서를 뽑아 대조해 보았다.

『내장원경리원 각도각군보고존안』에서 1901년도 문서는 내별번호 17-1과 17-2에서 61건이 확인되었다. 그 가운데 지방에서 올린 문서

번호	문서 종류	발신자	문서년월	내별번호
1	報告書 第72號	江原道觀察使 金禎根	1901.9.30	17-1
2	報告書	洪州郡守 趙命鎬	1901.4.20	17-2
3	報告書 第9號	開城府尹陸軍副領 權用國	1901.8.30	
4	報告	平安南北道庖稅委員 金鍾九	1901.11.6	
5	報告	平安南北道庖稅委員 金鍾九	1901.11.6	

표7 『내장원경리원 각도각군보고존안』 1901년도 문서 사례

가 48건으로 보고서가 47건, 청원서가 1건이었다. 문서 내용은 모두 포
사(庖肆)와 관련된 것이다. 내장원에서 포사세를 담당한 기구는 종목과
였으므로 이들 문서는 종목과에서 포사세와 관련해서 각 군으로부터 받
은 보고서인 것이다.

그런데 48건의 문서 가운데『보고접수책』에 기록된 것은 표7에 제시
한 5건에 불과했다. 5건 가운데 번호 3의 문서를 기록한 접수책 상단에
는 '존안(存案)'이라는 내용이 기록되어 있고, 번호 4와 5의 하단에는
'존안건(存案件)'이라고 적혀 있다.

1901년도 종목과 문서를『보고접수책』과 대조한 결과 나타난 특징은
첫째, 종목과 문서 거의 대부분이『보고접수책』에 기록되지 않았다는 점
이다. 문서 접수 과정에서 일부 문서가 접수책에서 누락될 가능성은 있
지만, 이처럼 종목과 문서 대부분이 접수 과정에서 누락되었다고 가정하
기는 힘들 것으로 보인다.

둘째,『보고접수책』에 기록된 경우라도 다른 접수 문서와는 달리 이들
문서에는 '존안' 또는 '존안건'과 같은 부가 설명을 기록해 두고 있었다는
점이다.[25]『내장원경리원 각도각군보고존안』내별번호 17-1과 2의 표
지에 적힌 본래 제목은 '보고존안(報告存案)', '보고조회존당(報告照會

存檔)'이었다. 이를 통해 보면 '존안건'이라는 부기는 이 문서가 1901년
도 『보고접수책』에 기록되어 있지만, 해당 문서는 '존안'에 편철되어야
할 문서임을 가리키는 것으로 이해된다.

셋째, 내장원이 관할한 재원이 증가함에 따라 내장원에는 각 재원을
담당한 과도 증설되었다. 그런데 1901년도 『보고접수책』에는 접수한 문
서의 업무를 담당한 과가 기록되어 있지 않았다. 그리고 1901년도 『보고
접수책』에 기재된 문서 가운데 확인 가능했던 문서의 거의 대부분은 『경
기각군보고』(奎 19147, 14책)와 같은 13도 각군 보고에 편철되어 있었
다. 13도 각군 보고는 장원과가 담당한 업무를 처리하는 과정에서 각 군
으로부터 받은 보고서를 편철한 문서철이다. 장원과 문서철에 편철된 문
서가 대부분 『보고접수책』에 기록된 것에 비해 종목과 문서는 거의 기록
되어 있지 않았던 것이다

1901년도 문서가 내장원 문서철에 편철되어 있었다는 것은 내장원이
문서를 접수했다는 것이다. 그런데 종목과 문서는 1901년도 『보고접수
책』에 거의 기록되지 않았고, 기록된 경우에도 '존안건'이라고 부기되어
있었다. 그리고 『보고접수책』에 각 문서의 업무를 담당한 과가 기록된
경우는 전혀 없었다.

이런 점에 근거해 본다면, 내장원이 1900년 9월 기록과를 설치하고
독자적으로 문서를 접수했던 초기에는 하급기관인 각 과별로 접수책을
작성했던 것으로 이해된다. 1901년도 『보고접수책』은 장원과에서 처리
해야 할 문서를 접수하면서 기록했던 접수책이었으며, 그로 인해 종목과
문서를 1901년도 『보고접수책』에서 거의 확인할 수 없었던 것이다.

---

25) 이 경우 외에 1901년도 『보고접수책』에서 '存案件一張紙帳內付辟上'이라고 부
　　기된 경우가 1건 더 있었다.

3. 내장원의 접수책 작성 방식의 변화

내장원이 작성한 1901년도 『보고접수책』과 1905년·1906년도 『소장접수책』 ①·②를 비교해 보면 접수책의 작성 방식이 점차 변화되고 정비되어 가는 양상을 관찰할 수 있다.

『보고접수책』과 『소장접수책』 작성 사례

1. 七月四日 開城府報告一度 小南面紅花里事 七月四日遞付

2. 三号 長湍屯驛民 李汝相 長湍屯驛土災減租代錢卽爲推給事 一月五日 同日 文光春

3. 十二号 碁島朴道亨 舍音處執留各穀還出給事 一月十一日 同日 種牧課

4. 二十四号 笠洞洪福萬 本洞內庖肆營業事 一月十三日接 依訴許施事 一月十五日指 種牧課

5. 二十五号 加平院屯土作人等 院屯土舍音以王倫植復屬事 一月十五日接 詳査仍舊事 一月十五日指 仝人

6. 二百九十二号 金浦趙致文 前舍音於所在賭租記推給事 九月八日接(莊園課;도장) 往訴于收租官事 十月六日指 配莊[26]

번호 1의 1901년도 『보고접수책』의 항목은 1) 문서 접수 날짜(7월 4일), 2) 문서의 발신 기관과 문서 수량(開城府報告一度), 3) 문서 개요(小南面紅花里事), 4) 문서 처리 날짜로 구성되어 있다.

---

26) 출전 : 1901년도 『보고접수책』(번호 1), 1905년도 『소장접수책』 ①(번호 2~3), 1906년도 『소장접수책』 ②(번호 4~6).

번호 2∼3의 1905년도 『소장접수책』 ①의 항목은 1) 접수 호수(3호), 2) 문서 발신자, 3) 문서 개요, 4) 문서 접수 날짜(1월 5일), 5) 문서 처리 날짜(同日), 6) 인명 또는 담당과(種牧課)로 구성되어 있다.

번호 4∼5의 1906년도 『소장접수책』 ②의 항목은 1) 접수 호수(24호), 2) 문서 발신자, 3) 문서 개요, 4) 문서 접수 날짜(1월 13일 接), 5) 지령 개요, 6) 지령 날짜(1월 15일 指) 7) 담당과(種牧課) 또는 인명(소人)으로 구성되어 있다.

번호 6의 1906년도 『소장접수책』 ②의 항목은 1) 접수 호수(24号), 2) 문서 발신자, 3) 문서 개요, 4) 문서 접수 날짜와 담당기관 도장, 5) 지령 개요, 6) 지령 날짜 7) 업무 담당 기관인 배부처(配莊)로 구성되어 있다.

번호 1에서 번호 6까지 사례를 보면, 접수책의 항목이 증가되고 정비되어 나가는 모습을 보이고 있다. 변화된 항목 가운데 주목되는 것은 1901년도 『보고접수책』에는 접수 호수와 업무 담당 기관이 기록되지 않았지만, 1905년도 『소장접수책』 ①부터는 접수 호수가 등장하고 업무 담당 기관이 기록되었다는 점이다. 그러나 번호 2에서 5까지의 시기에는 접수한 모든 문서에 업무 담당 기관이 기록되지는 않았고, 담당 기관 대신 인명이 기록된 경우가 일반적이었다. 접수책에 접수한 문서를 기재하면서 접수 날짜 항목에 업무 담당 기관의 도장을 찍고 해당 문서의 담당 기관을 본격적으로 표기하기 시작한 것은 번호 6의 시기부터였다.

1902년부터 1904년까지의 접수책이 없어, 접수책에 언제부터 접수 호수와 업무 담당 기관이 기록되었는지 접수책을 통해서는 알 수 없다. 그러나 내장원이 접수한 문서에 찍은 접수 스탬프를 통해 접수책 항목의 변화를 유추해 볼 수 있다.

1905년도 『소장접수책』 ①에 기록된 번호 2의 문서에는 '光武九年 一月 五日 第三号' 내용이 기입된 접수 스탬프가 찍혀 있다. 이는 접수책에 기록된 접수 일자·호수와 일치한다. 이것으로 미루어 보아 접수책에 접수 호수가 기록된 시점은 접수 스탬프를 찍고 접수 호수를 부여하기 시작한 1902년 7월 전후인 것으로 추정된다.

다음으로 접수 스탬프에 업무 담당 기관인 배부처를 기입한 시기는 1906년 7월부터였고, 접수책에 접수 스탬프의 배부처에 해당하는 업무 담당 기관의 도장을 찍은 것은 1906년 9월부터였다(번호 6의 사례). 1906년 7월과 9월을 기점으로 접수 스탬프에는 업무 담당 기관인 배부처를 기입하고, 접수책에는 담당 기관의 도장을 찍기 시작한 것이다.

1902년 7월부터 1906년 6월까지의 접수 스탬프에는 접수 호수가 부여되었지만 해당 문서의 담당 기관인 배부처는 기록되지 않았다. 그런데 1905년도 『소장접수책』 ①에는 일부이기는 하지만 1901년도 『보고접수책』에 전혀 기록되지 않았던 문서의 담당 기관인 배부처가 기록되었다는 점이 주목된다.

표8은 1905년도 『소장접수책』 ①에 기록된 사례와 해당 문서가 편철되어 있는 문서철을 제시한 것이다. 소장접수책에 적힌 접수 호수와 접수 일자는 해당 문서에 찍힌 접수 스탬프와 일치하였다. 번호 1의 접수 호수 76과 77의 경우, 접수 스탬프에는 과가 기록되어 있지 않았지만, 소장접수책 하단에는 '종(種)'을 기록해 해당 문서의 담당 기관인 종목과를 표기해 두었다. 접수 호수 76과 77의 문서는 다른 호수의 문서와 달리 종목과 문서철인 『내장원경리원 각도각군보고존안』 내별번호 17-7에 편철되어 있었고, 업무 담당 기관을 표기하지 않은 나머지 호수의 문서는 『경기각군소장』에 편철되어 있었다.[27)]

번호	발신자	문서년월	접수호수	課	접수일자	편철
1	西署倉洞居 韓龍福	1905.3	74		1905.3.7	訴狀
	京畿水原郡松洞守禦屯民　申仲熙等	1905.3	75		1905.3.7	訴狀
	阿峴居 李敬煥	1905.3	76	種	1905.3.7	存案
	京畿楊州郡東蠶室居農圃作人 安慶順	1905.3	77	種	1905.3.7	存案
	西籍早坪籍作人等	1905.1 陰	78		1905.3.8	訴狀
	西籍早坪籍民等	1905.1 陰	79		1905.3.8	訴狀
2	京畿龍仁郡下居 金尙玉	1905.4	213		1905.4.24	訴狀
	中署鍾路居在囚 朴君集	1905.4	214		1905.4.24	訴狀
	東蠶室居 元達伊	1905.4	215	種牧課	1905.4.24	存案
	京畿竹山府三面三峴居 朴得福	1905.4	216		1905.4.25	訴狀
	安山郡內面石頭里居農民 徐致文等	1905.4	217		1905.4.25	訴狀
	京畿朔寧郡下居 玄明錫	1905.4	218		1905.4.25	訴狀

표8 1905년도 『소장접수책』 ①의 접수 호수와 업무 담당 기관

번호 2의 접수 호수 213~218의 경우도 동일한 모습으로 접수 호수 215의 문서의 경우에는 소장접수책 하단에 '종목과'가 기록되어 있었고, 이 문서는 종목과 문서철인 『내장원경리원 각도각군보고존안』 내별번호 17-7에 편철되어 있었다.

1905년도 『소장접수책』 ①의 특징은 첫째, 접수 호수와 함께 일부 문서에 업무 담당 기관이 기록되었다는 점이고, 둘째, 1901년도 『보고접수책』에는 거의 기록되지 않았던 종목과 문서가 기록되었다는 점이다. 이러한 변화가 나타난 것은 내장원이 각 과를 단위로 접수책을 작성했던 1901년도 방식에서 각 과를 통합해서 접수책을 작성하는 방식으로 전환했기 때문이다.

---

27) 편철: 訴狀=『京畿各郡訴狀』 내별번호 25-16, 存案=『內藏院經理院各道各郡報告存案』 내별번호 17-7.

표9 1902·1903년도 접수 스탬프 사례

번호	발신자	문서년월일	접수호수	접수일자	문서철명
1	全羅北道觀察使	1902.6.24	1	1902.7.16	報告1
	全羅北道觀察使	1902.3.19	2	1902.7.20	存案1
	全羅南道谷城郡守	1902.6	3	1902.7.20	報告1
	全羅南道谷城郡守	1902.6	4	1902.7.20	報告1
	全羅北道捧稅官	1902.8	24	1902.8.30	報告1
	務安監理 閔泳采	1902.8.27	25	1902.9.2	報告1
	全羅南道長城郡守	1902.9	26	1902.9.7	存案1
	全羅南道觀察使	1902.8.27	27	1902.9.13	報告1
2	倉內書記	1902.7	2	1902.7.17	報告2
	陽城郡守	1902.7.12	4	1902.7.18	報告2
	京畿捧稅官	1902.7	6	1902.7.19	報告2
	京畿捧稅官	1902.7.20	11	1902.7.26	報告2
	京畿捧稅官	1902.7.25	12	1902.7.26	報告2
	京畿捧稅官	1902.7.25	13	1902.7.26	報告2
	安山郡守	1902.7.25	14	1902.7.26	存案1
	安城郡守	1902.7.23	15	1902.7.27	報告2
3	開城府尹陸軍副領	1903.6.30	160	1903.7.25	報告3
	楊根郡守	1903.7.22	161	1903.7.28	存案2
	京畿捧稅官	1903.7.27	162	1903.7.29	報告3
	京畿捧稅官	1903.7.27	163	1903.7.29	報告3
	京畿捧稅官	1903.7.27	164	1903.7.29	報告3
	京畿捧稅官	1903.7.27	165	1903.7.29	報告3
	京畿捧稅官	1903.7.27	166	1903.7.29	報告3
	內藏院蔘政課長	1903.7.28	167	1903.7.29	報告3
	江華府尹	1903.8.1	170	1903.8.2	報告3
	喬桐郡守	1903.7	172	1903.8.3	報告3
	京畿捧稅官	1903.8	173	1903.8.6	報告3
	高陽郡守	1903.8.11	175	1903.8.14	報告3
	喬桐郡守	1903.8.11	176	1903.8.16	報告3
	京畿加平郡守	1903.8	177	1903.8.16	存案2
	內藏院蔘政課長	1903.8.10	178	1903.8.17	報告3
	京畿捧稅官	1903.8.16	180	1903.8.18	報告3
	通津郡守	1903.8.17	181	1903.8.18	存案2
	通津郡守	1903.8.17	182	1903.8.18	存案2

1905년도『소장접수책』①은 하나의 접수책에 접수한 순서대로 문서를 기록하면서 각 문서에 연속된 접수 호수를 부여하고, 해당 문서의 업무 담당 기관을 구분하기 위해 접수책 하단에 종목과와 같은 과를 기록했던 것이다.

1905년도『소장접수책』①과 같이 내장원이 언제부터 과를 통합한 방식으로 접수책을 작성했는지는 1902년부터 1904년까지의 접수책이 없어 확인할 수 없지만, 접수 스탬프에 부여된 접수 호수를 통해 유추할 수 있다.

표9는 1902년과 1903년에 내장원이 받은 보고서에 찍힌 접수 스탬프의 사례를 제시한 것이다. 번호 1은 1902년에 전라도 각 군에서 보낸 보고이고, 번호 2는 1902년도 경기도 각 군의 보고, 번호 3은 1903년도 경기도 각 군의 보고이다.[28]

문서에 부여된 호수를 보면 1902년도 전라도 각군 보고, 1902년도 경기도 각군 보고 모두 호수가 1번부터 연속해서 부여되어 있다. 1901년도『보고접수책』은 도별로 구분되어 작성되었는데, 이와 마찬가지로 접수 스탬프 역시 도별로 구분해서 문서를 접수하고 호수를 각각 1번부터 부여했던 것이다.

번호 1의 사례를 보면, 접수 호수가 1에서 4까지, 24에서 27까지 연속해서 부여되었고, 그 가운데 접수 호수 2와 26의 문서는 종목과 문서철인『내장원경리원 각도각군보고존안』내별번호 17-1에 편철되어 있다. 번호 2도 접수 호수가 2번부터 15번까지 연속해서 부여되었고, 그 가운

---

28) 문서철명: 報告1=『全羅南北道各郡報告』(奎 19152) 3책 ; 報告2=『京畿各郡報告』5책 ; 報告3=『京畿各郡報告』6책 ; 存案1=『內藏院經理院各道各郡報告存案』1책 ; 存案2=『內藏院經理院各道各郡報告存案』3책.

데 접수 호수 14는 『내장원경리원 각도각군보고존안』내별번호 17-1의 문서철에 편철되어 있다. 이러한 방식은 번호 3의 경우도 마찬가지다.[29]

종목과 문서는 1901년도 『보고접수책』에 거의 기록되지 않았는데, 1902년부터 접수 스탬프를 찍으면서 장원과 문서와 종목과 문서를 구분하지 않고 연속된 접수 호수를 부여했다. 이는 1905년도 『소장접수책』 ①에서 과를 통합해서 접수책을 작성하면서 연속된 접수 호수를 부여했던 것과 동일한 방식이다. 이런 측면에 근거해 본다면 내장원에서 과를 통합해서 접수책을 작성하는 방식으로 전환한 것은 접수 스탬프를 찍고 접수 호수를 부여했던 1902년 7월을 전후한 시기인 것으로 보인다.

1905년도 『소장접수책』 ①에 기록된 과는 장원과, 종목과, 지응과(支應課), 차하소[上下所], 받자소[捧上所], 독쇄소(督刷所), 이정소(釐整所) 등이었지만, 소장접수책에는 과가 기록되지 않은 경우가 대부분이었다. 과가 기록되지 않은 문서는 대부분 장원과 문서철인 13도 각군 소장에 편철되어 있었다. 장원과 문서가 내장원 문서에서 대다수를 차지했기 때문에, 장원과는 따로 표기를 하지 않았던 것으로 이해된다.[30]

---

29) 표9 번호 1의 접수 호수 2는 문서 작성일이 1902년 3월 19일이지만, 접수 스탬프에 찍힌 접수 일자는 1902년 7월 20일로 작성일자와 접수일자의 간격이 크다. 存案1에 편철된 문서 가운데는 全羅北道觀察使 趙漢國이 보낸 보고서 3호와 4호가 있는데 2건의 문서년월일이 모두 1902년 3월 19일로 같지만 문서 내용은 달랐다. 접수 호수 2가 부여된 문서는 보고서 4호이다. 그런데 이들 보고서에 대해 내장원이 내린 지령의 날짜는 5월 3일(3호)과 7월 23일(4호)이다. 보고서 3호에는 접수 스탬프가 찍혀 있지 않았는데, 문서 작성일과 접수 일자, 지령 날짜가 이처럼 차이 나는 이유는 불분명하다.

30) 1905년도 『소장접수책』 ①에 업무 당당 기관인 장원과가 기록된 것은 17건이었다. 이들 가운데 문서 행방을 확인할 수 있었던 9건은 모두 13도 각군 소장이 아닌 다른 문서철에 편철되어 있었다. 과가 기록되지 않았던 문서 대부분이 장원과 문서철인 13도 각군 소장에 편철된 것과는 대조된다.

1900년 9월 기록과가 설치된 이후 독자적으로 문서를 수발하게 된 내장원은 접수한 문서에 도장 '내장원영수증'을 찍고, 접수한 문서를 업무 담당 기관인 각 과를 단위로 구분해서 문서 접수 장부를 작성했다. 그러나 1902년부터는 각 과별로 접수책을 작성했던 방식에서 과를 통합해 하나의 접수책에 작성하는 방식으로 전환했고 접수책에는 접수 호수와 업무 담당 기관을 기록하였다. 그리고 접수한 문서에는 접수일자·호수로 구성된 접수 스탬프를 찍어 점차 접수 체계가 정비되는 방향으로 나아갔던 것이다.

2장 공문서의 편철·분류 규정과 보존기간

국가 기구는 담당 업무를 처리하고, 완결된 사안의 문서는 편철해서 보존한다. 편철은 국가 기구가 공문서를 정리하고 분류해 모으는 과정에 해당하므로,[1] 문서의 편철체계는 문서의 분류체계를 반영할 수밖에 없다. 따라서 편철체계를 통해 분류체계를 파악할 수 있다.

그리고 편철된 공문서는 해당 문서가 지닌 역사적·행정적 가치에 따라 일정 기간 동안 보존하다 폐기할지, 영구 보존할지가 결정된다.[2] 국정 운영 과정에서 생산·유통된 공문서의 보존은 역사적 자료를 보존하는 측면과 함께 국정 운영의 참고 자료로 활용하기 위한 목적이 포함되어 있는 것이다. 따라서 어떤 문서를 얼마 동안 보존할 것인지 보존기간을 정하는 것은 해당 문서의 가치를 평가하는 것이므로 지배 정책의 방

---

1) 한국기록학회, 2008, 『기록학 용어 사전』, 역사비평사, 264쪽.
2) 이상민, 2001, 「영구보존문서의 선별과 가치평가」, 『기록보존』 14, 87~90쪽.

향성이 반영되어 있는 것이다.

조선왕조는 중앙과 지방 기관이 생산·유통한 공문서를 분류하고 모아서 첨지를 붙여 보관하도록 했지만, 편철 및 보존기간과 관련된 세부적인 사항까지 규정하지는 않았다. 또한 각 관청은 일반 공문서의 원본을 편철해서 보존하는 방식보다는 등록 형태로 보존·관리한 것이 일반적이었다.

그러다가 갑오개혁을 계기로 문서를 등록 형태로 보존·관리하던 방식에서 원본을 편철해서 보존하는 방식으로 변화되었다. 갑오개혁 이후 각 기관이 공문서 원본을 어떻게 편철하고 문서철을 얼마 동안 보존하도록 규정했는지, 공문서의 편철·분류 규정과 보존기간을 살펴본다.

1. 대한제국기 공문서의 편철과 분류 규정

1894년 7월 14일 제정된 '각부각아문통행규칙'(이하 '각부규칙各府規則')과 1895년 4월 1일 제정된 '각부처무규정통칙(各部處務規程通則)'(이하 '각부통칙各部通則')에는 문서의 생산·유통·보존 규정이 마련되어 있는데, 이 가운데 편철과 관련된 규정을 보면 다음과 같다.

가—1. 각 국과의 문서로서 이미 시행한 것은 記錄課에 보낸다. 다만 기밀에 속하는 문서만은 비서관이 대신의 명령을 받아 따로 둔다.3) ('각부규칙')

가—2. 처리가 끝난 문서는 審案과 그 일에 관계된 往復書와 附屬書까지 일체 정돈하여 기록과(課名은 各部分課規程에서 정하는 것에 따름)에 보내야 하나

3) 『法令集』 I, 「議案 各府各衙門通行規則」, 1894.7.14, 50쪽.

기밀에 속하는 문서는 秘書課長이 보관하는 것이 可함.4)('각부통칙')

'각부규칙'에서는 시행이 완료된 문서를 기록과에 보내도록 규정되어 있고 편철에 대한 세부 규정까지 마련되어 있지는 않았다. '각부통칙'도 심안(審案)·왕복서·부속서 등을 정돈해서 기록과에 보내는 것만 규정되어 있다. 보내야 할 문서 대상을 구체화한 것 외에는 '각부규칙'와 거의 동일한 내용이다. 이들 규정은 문서의 편철과 관련된 내용이라기보다는 보존과 관련된 규정에 가깝다고 할 수 있다. '각부규칙'와 '각부통칙'에 문서의 편철과 보존에 관한 규정이 소략한 것은 '각부규칙'의 제7조에 '법률, 칙령 범위 내에서 해당 府衙의 각 국과 및 所轄 屬司의 視務細則'을 각 大臣이 裁定할 수 있도록 했기 때문이다.5)

'각부규칙'·'각부통칙'을 바탕으로 각부부원청에서 제정한 문서의 편철과 관련된 규정으로는 군부, 경무청, 탁지부, 내부, 궁내부에서 작성한 것이 확인된다.

決處한 문서는 審議案 또는 所關 往復書까지 장래에 考據引證될 것은 일체 정돈하여 官房에 보내고 각자 보관하지 못하므로 各局(軍務局은 各課)에 謄字牒簿를 두지 않고 간략한 목록과 적요 등을 적절히 간편한 방법으로 두어 번잡함을 줄이고 간략하게 함이 可함. 官房에서 문서의 정돈, 보존, 참조를 위해 貸渡하는 방법 등은 따로 정한 규정을 따름.6)

---

4) 『法令集』I, 「閣令第1號 各部處務規程通則」, 1895.4.1, 301쪽.
5) 이경용, 2002, 「한말 기록관리제도－공문서 관리 규정을 중심으로」 『기록학연구』 6, 188쪽.
6) 『法令集』I, 「軍部制定 軍部處務規程」, 1895.4.1, 304쪽.

위 자료는 1895년 군부에서 제정한 문서의 편철·보존에 관한 규정이다. 군부는 처결한 심의안·왕복서 등 이후에 참고가 될 만한 각종 문서를 정리해서 대신관방에 보내도록 하고, 각 국과에서 문서를 따로 보관하지 못하도록 하였다. 군부는 문서를 국과별 분산이 아닌 대신관방 문서과에서 통합 보존하도록 해 문서의 보존 주체는 규정했지만, '각부규칙'·'각부통칙'과 마찬가지로 문서의 편철에 대한 세부 규정을 제정하지는 않았다.

문서의 편철과 관련된 세부 규정이 확인되는 것으로는 1895년 경무청 훈령 제6호의 '문서정리규칙'이 있다.[7] 경무청의 소속 기관으로는 관방제1과(官房第一課), 관방제2과, 총무국이 있었는데, 이 가운데 문서 관리 업무를 담당한 과는 관방제1과였다. 관방제1과는 공문서의 접수·발송·편찬·보존에 관한 업무를 담당하면서, 국과성안(局課成案)의 심사·상여(賞與)·징계처분·청원이력단자편찬(廳員履歷單子編纂)·통계 기타제표제도(統計其他諸表製圖) 등에 관한 사항도 담당하였다. 관방제2과는 회계 업무를, 총무국은 경찰 업무를 담당하였다.[8]

경무청이 제정한 '문서정리규칙'은 총 10조로 구성되어 있는데, 문서 편철과 관련된 조항별로 구분해서 살펴본다.

제2조 警務使 名目과 警務廳 名目으로 발송한 문서는 그 主任이 어떤 局, 어떤 課인지 상관없이 그 原案은 官房第一課에서 編綴하여 保存함이 可함.

제3조 各局課長 名目과 各局課 名目으로 발송한 문서의 原案은 각 局課에서

---

7) 『法令集』I, 「警務廳訓令第6號 文書整理規則」, 1895.7.1, 498-500쪽.
8) 『法令集』I, 「警務廳訓令第1號 警務廳處務細則」, 1895.윤5.5, 425-432쪽.

편철하여 보존함이 可함.

경무청 '문서정리규칙' 제2조와 제3조는 문서의 편철과 보존 주체를 규정한 것이다. 제2조에는 경무사와 경무청 명목으로 발송한 문서의 원안은 모두 관방제1과에서 편철 · 보존토록 규정하였고, 제3조에는 각 국과장과 각 국과 명목으로 발송한 문서의 원안은 각 국과에서 편철 · 보존토록 하였다. 경무청은 발송자를 기준으로 문서의 위계를 구분해 편철과 보존 주체를 구분하고, 관방제1과에서 통합하여 편철 · 보존하는 방식과 각 국과 단위로 분산해서 편철 · 보존하는 방식을 병행했던 것이다.

제9조 매년 각 국과에서 處置한 문서는 그 종류를 구별하고 수효를 통계하여 다음해 1월 10일까지 第一課에 差出함이 可함.
第一課에서는 각 국과에서 提送한 통계에 본 課에서 處置한 수효를 합하여 그 종류와 국과를 구분하여 明細한 통계표를 調製함이 可함.

제9조에는 각 국과에서 처리한 문서를 종류별로 통계를 내어 관방제1과에 제출토록 하고, 관방제1과는 국과별로 구분해서 통계표를 작성하도록 하였다. 주무관서인 국과를 구분하고 해당 국과에서 처리한 문서를 종류에 따라 통계를 냈듯이, 대한제국의 부-국-과 행정 체계에서 최하부단위인 과를 단위로 문서 종류별로 구분해서 1년 동안 처리한 문서를 파악하였던 것이다.

제4조 照會書에 대한 回答案과 訴願에 대한 指令案은 해당 照會書 또는 訴願書에 첨부해서 편철함이 可함.

제4조는 조회와 지령의 편철 방식을 규정한 것이다. 조회는 대등한 관리끼리 거래하는 문서로 조회를 받은 관리는 이에 대해 반드시 회답을 해야 했고, 회답한 문서를 조복(照覆)이라고 했다. 지령은 하관(下官)의 질품서(質稟書)와 청원서에 대해 상관이 지시하는 것이다.[9] 경무청은 갑오개혁기에 제정된 '공문의 종류 및 양식'의 규정에 근거해서 조회는 회답안인 조복과, 지령은 소원서(訴願書)와 조응해서 편철토록 한 것이다. 조회와 조복, 지령과 청원서처럼 서로 조응하는 문서를 함께 편철하도록 규정해 각 사안의 진행 상황을 파악할 수 있도록 한 것이다.

제1조 문서를 정리하기 위해서 官房第一課에 左開 簿册을 設함.

一 警務令草案綴, 一 警務使訓令草案綴, 一 內部大臣稟申草案綴, 一 各部大臣稟申草案綴, 一 內部大臣訓令綴, 一 各部大臣訓令綴(단 總理大臣訓令도 여기에 共綴하는 것이 可함)

一 諸官衙及各部各局課往復綴(단 警務使名目 警務廳名目 및 第一課長名目 第一課名目도 여기에 함께 편철하는 것이 可함)

一 各署長稟申綴, 一 各署往復綴(단 第一課長名目과 第一課名目으로 各警務署長 및 各警務署에 왕복한 문서를 편철함)

一 機密書類綴(단 특별히 警務使轉屬主事가 주관함)

一 廳員履歷書綴, 一 廳員訴願綴, 一 人民訴願綴, 一 黜陟及懲罰綴(단 內部大臣에게 稟申하는 것도 여기에 편철함)

一 賞與書綴(단 前項과 같음)

---

9) 『官報』, 1895.6.1.

一 諸報告綴, 一 電信往復綴, 一 日報綴, 一 統計綴, 一 官報綴, 一 雜書綴

제1조는 제 2, 3, 4조에 근거해서 관방제1과에서 편철, 보존할 문서철의 이름을 규정한 것이다. 부책(簿册)의 이름을 통해 문서의 편철과 분류 기준을 확인할 수 있다. 관방제1과는 공문서 관리뿐 아니라 상여(賞與)·징계처분(懲戒處分)·청원이력단자편찬(廳員履歷單子編纂)·통계기타제표제도(統計其他諸表製圖) 등에 관한 사항도 담당한 기구였다.

이를 염두에 두고 부책의 이름을 보면 훈령철·왕복철·기밀서류철·소원철·이력서철(履歷書綴)·출척급징벌철(黜陟及懲罰綴)·상여서철(賞與書綴)·기타 문서철 등으로 구분된다. 상여 업무와 상여서철, 징계처분 업무와 출척급징벌철, 청원이력단자편찬 업무와 이력서철이 조응하듯이, 경무청은 관방제1과의 업무내용에 따라 문서를 분류해서 편철하도록 규정한 것이다. 이는 국과를 단위로 각 국과가 담당한 업무내용에 따라 기능별로 문서를 분류하여 편철하는 기능별 분류체계로서 유별(類別)분류제의 성격이 반영된 것이다.[10]

일본은 1886년에 보존 대상 공문서의 보존기간을 정하고 동일 기능을 기준으로 구분·관리하는 종별보존제와 유별분류제를 동시에 도입하였고, 1897년경에 이르면 일본 문서관리의 일반적인 제도로 정착되었다.[11] 갑오개혁기의 공문서 제도는 일본의 공문서 제도를 상당 부분 참조해서 제정되었으므로,[12] '문서정리규칙'에 유별분류 규정이 명시적으

---

10) 이경용, 2002, 앞의 논문, 194쪽 ; 박성진·이승일, 2007, 「식민지 시기 공문서 보존기간 책정기준과 가치평가」『조선총독부공문서』, 역사비평사, 181쪽.
11) 박성진·이승일, 2007, 위의 책, 172-175쪽.
12) 이경용, 2002, 앞의 논문 ; 김건우, 2008,『근대 공문서의 탄생』, 소와당.

로 언급되지는 않았지만 경무청의 기능별 분류체계는 일본의 유별분류
제의 영향을 받은 것으로 보인다.

경무청은 담당 업무내용에 따라 기능별로 문서를 분류하고 편철하면
서, 거래기관을 구분해서 편철하였다. 훈령철에 경무령초안철 · 경무사훈
령초안철 · 내부대신훈령철 · 각부대신훈령철 등의 부책을 명시하고 있
듯이, 훈령을 발신 기관별로 구분하여 편철하였던 것이다. 왕복문서철도
각부각국과왕복철(各部各局課往復綴)과 각서왕복철(各署往復綴)을 구
분하였듯이 거래기관을 구분하여 문서를 편철하였다.

경무청은 업무내용과 거래기관을 기준으로 문서를 편철토록 규정했지
만, 거래기관을 기준으로 보면 두 가지 방식이 병행되었다. 경무청은 각
부대신(各部大臣)의 훈령을 내부대신훈령철과 각부대신훈령철로 구분
해서 편철하면서 각부대신의 훈령철에는 총리대신훈령도 함께 편철할
수 있다고 규정했다. 내부대신의 훈령만 따로 편철하면서 내부대신 외의
각부대신이 보낸 훈령은 하나의 문서철에 함께 편철하였던 것이다. 이에
따르면 경무청은 거래기관을 기준으로 단일 기관의 문서만을 편철한 문
서철과 거래기관이 2개 이상인 문서철로 구분되는 것이다.

경무청은 각 국과를 단위로 문서를 편철 · 보존하면서, 경무사와 경무
청 명목으로 발송한 문서는 관방제1과에서 통합해서 편철 · 보존하는 방
식을 병행하였다. 그리고 각 국과가 담당한 업무내용에 따라 기능별로
문서를 분류해서 편철토록 하였다. 경무청은 유별분류제의 성격을 반영
해 문서를 분류해서 편철토록 했지만, '문서정리규칙'에 유별분류와 관련
된 용어나 규정이 명시적으로 제시되어 있지는 않았다.

유별분류에 대한 규정은 1905년 3월 16일 훈령 제1호 탁지부 '처무규
정'에서 확인된다.

제17조 본부의 일체문서는 문서과 編纂主任이 수집하여 편찬보존 또는 폐기함
이 가하되 단 비밀문서는 문서과장이 此를 보존함이 가함이라

제18조 문서의 類別 및 보존기한은 별도로 此를 정함이라

제21조 문서는 그 類別에 의하여 簿書原書에 등록하고 書函을 구별하여 收藏
함이 가함이라

제22조 편찬문서는 보존기한의 장단을 응하여 粧冊의 精粗를 구별하되 總히
卷首에 목록을 付함이 가함13)

1895년의 경무청 '문서정리규칙'과 1905년의 탁지부 '처무규정'을 비
교해 보면 첫째, 경무청은 각 국과에서 문서를 편철해서 보존토록 했지
만, 탁지부는 문서과에서 문서를 수집해서 편찬 보존토록 한 차이가 있
다. 둘째, 분류체계에서 경무청 '문서정리규칙'에는 유별분류제에 관한
규정이 명시적으로 언급되어 있지 않았지만, 탁지부 '처무규정'에는 '문
서는 그 유별에 의하여 簿書原書에 등록하고 書函을 구별하여 收藏'토록
해 유별분류제가 명시적으로 규정되어 있다. 그렇지만 탁지부 '처무규정'
에 '문서의 유별 및 보존기한은 별도로 此를 정'한다고 해 유별분류에 대
한 세부 내용까지 확인되지는 않는다.

유별로 문서를 분류하고 편철토록 하면서 '편찬문서는 보존기한의 長
短을 응하여 粧冊의 精粗를 구별하되 모두 卷首에 목록을' 만들도록 해
보존기간에 따라 편철 방법을 달리하였다. 1908년 10월 제정된 내부의

---

13) 1905년 3월 16일 훈령 제1호 탁지부 '處務規程'(이경용, 2002, 앞의 논문, 196
쪽 재인용)

'문서취급규칙'에도 해당 사건(사안)이 완결되면 해당 주무국과에서 관계문서를 순서에 따라 편철한 다음 문서과로 인계하고, 문서과는 인계받은 문서를 '類別로서 목록을 붙이고' 이를 편찬·보존토록 하였다.[14)]

1905년 이후에 제정된 탁지부 '처무규정'과 내부 '문서취급규칙'에서 유별분류 규정이 확인되는 것으로 보아, 이 시기에는 유별분류제가 각부 부원청 전반에 적용되었던 것으로 보인다. 그렇지만 탁지부와 내부의 규정에서는 유별분류제의 내용을 확인할 수 없다.

유별분류에 대한 세부 규정은 1909년 6월에 제정된 궁내부기록편찬보존규정(宮內府記錄編纂保存規程 이하 '궁내부규정')에서 확인된다.[15)] '궁내부규정'에는 궁내부 각 관청에서 생산·접수한 모든 문서를 규장각 기록과에서 편찬·보존하도록 하였다. 궁내부 각 관청은 처분이 완결된 처분안·관계왕복문서·부속문서를 사건 종료 후 1년이 경과한 다음 해 4월말까지 규장각 기록과에 보내야 했으며,[16)] 규장각 기록과는 이 문서들을 기록편찬분류표와 보존기간에 따라 문서를 편찬·보존하였다. 다만 각 청과(廳課)에서 때때로 필요하거나, 빈번히 고증해야 할 문서는 기록과에 보내지 않고 해당 청과에서 보관할 수 있도록 하였다.

문서는 기록편찬분류표에 따라 문목(門目)으로 분류하고, 사건 완결월일의 순서에 따라 편찬하도록 하였다. 문서철의 두께는 2촌 5푼(≒8cm)을 한도로 성책(成冊)하되 양이 적을 경우에는 수년간 문서를 합철하고, 분책할 때는 표지에 책호(冊號)를 기록하도록 하였다.

기록편찬분류표는 문목을 총 15문(門) 56목(目)으로 구분하고, 15문

---

14) 이경용, 2002, 앞의 논문, 200−201쪽.

15) 『宮內府規例』, '宮內府記錄編纂保存規程', 163−174쪽.

16) 『宮內府規例』, '宮內府文書措辦規程', 154쪽 ; '宮內府記錄編纂保存規程', 163쪽.

에 포함되지 않는 기록은 잡서문(雜書門)을 따로 마련하여 분류하였다. 15문은 전례(典例)·품계(品階)·관직(官職)·관정(官廷) 등으로 각 기관이 담당한 업무에 따라 기능별로 구분되었고, 목은 문에 해당하는 세부 업무내용에 따라 56목으로 구분되었다. 궁내부는 국과에 기초하여 기관별로 문서를 분류하는 대신, 담당 업무에 따른 기능별로 문서를 분류하였다. 각 기관을 구분하고 담당 업무에 따라 기능별로 분류한 것은 아니지만, 각 기관별로 담당업무가 구분되었으므로·기능별 분류는 조직별 분류를 전제로 하였다고 할 수 있다.[17)]

유별분류는 담당 기관을 기준으로 업무 내용에 따라 기능별로 문서를 분류한 체계이다. 유별분류 규정은 1905년 이후부터 확인되지만, 기능별 분류체계가 이때부터 성립된 것은 아니었다. 1894년과 1895년의 '각부규칙'·'각부통칙'에는 각 국과의 문서를 기록과에 보내도록만 규정되어 있고, 편철과 관련된 세부 규정은 각부부원청에서 자체적으로 마련했다. 경무청 '문서정리규칙'에는 유별분류제가 명시적으로 규정되어 있지는 않았지만, 관방제1과에서 편철·보존할 부책(簿册) 이름과 관방제1과의 담당 업무 내용을 통해 국과를 단위로 각 과별로 업무 내용에 따라 기능별로 문서를 분류해서 편철하였음을 확인할 수 있었다. 대한제국은 1905년 이전부터 부-국-과의 행정체계에서 국과를 단위로 각 과별로 업무 내용에 따라 문서를 분류하고 편철한 체계가 성립되어 있었던 것이며, 이는 탁지부와 내장원의 문서철을 통해서도 확인된다.[18)]

---

17) 이경용, 2002, 앞의 논문, 209쪽. 이경용은 당시 궁내부 산하 각 기관의 통폐합으로 기관변동이 심해 조직별 분류 대신 기능별 분류를 채택했다고 파악하였다.
18) 탁지부와 내장원의 공문서 분류체계는 3장과 4장 참조.

2. 보존기간 규정과 기산(起算) 기준

문서의 유별분류 규정과 관련하여 주목되는 것은 보존기간 규정이다. 보존기간은 문서에 대한 가치 평가를 통해 문서를 얼마 동안 보존할 것인지 정하는 것이므로 지배 정책의 방향성이 반영된다고 할 수 있다.

그런데 갑오개혁기 문서 정리 방식을 규정한 '각부규칙' · '각부통칙'에는 공문서 보존과 관련해, 각 과는 사건이 완결된 문서의 심안 · 왕복서 · 부속서를 문서 보존기관에 보내고 보존기관인 기록과(이후 문서과)에서 이를 편철 · 보존하도록 규정되어 있지만, 보존기간에 대한 규정이 마련되어 있지는 않았다.[19] 당시 군부 · 경무청에서 자체적으로 제정한 문서 정리규칙에도 보존기간에 대한 규정이 마련되어 있지는 않았다.[20]

문서 보존기간에 대한 규정이 처음 확인되는 것은 1905년 3월 16일 훈령 제1호의 탁지부 '처무규정'에서이다. '처무규정'에는 '보존기한은 曆年을 從하여 처분완결한 翌年으로부터 기산'하도록 하고, '편찬문서는 보존기한의 장단을 응하여 粧冊의 精粗를 구별'하도록 하였다.[21] '처무규정'에는 보존기간의 기산 기준과 보존기간에 따른 편철 방식을 규정하였지만, '문서의 유별 및 보존기한은 별도로 此를 정'한다고 해서 보존기간의 구체적인 내용은 확인할 수 없다.

보존기간에 대한 구체적인 규정은 1909년 6월에 제정된 '궁내부규정'

---

19)『法令集』I,「議案 各府各衙門通行規則」, 1894.7.14, 49쪽 ;『法令集』I,「閣令第1號 各部處務規程通則」, 1895.4.1, 301쪽.

20)『法令集』I,「軍部制定 軍部處務規程」, 1895.4.1, 304쪽 ;『法令集』I,「警務廳訓令第6號 文書整理規則」, 1895.7.1, 498-500쪽.

21) 1905년 3월 16일 훈령 제1호 탁지부 '處務規程'(이경용, 2002, 앞의 논문, 196쪽 재인용).

에서 확인된다.[22] '궁내부규정'에는 '機密 通常 일체의 기록은 奎章閣 記錄課에서 이를 編纂 保存'하도록 하였고, 보존기간은 영구 · 10년 · 7년 · 3년으로 4종으로 구분하였다. '기록보존기한은 사건이 종결된 翌年부터 기산'하도록 해 보존기간의 기산 기준은 탁지부 '처무규정'과 같았다. 탁지부 '처무규정'과 '궁내부규정'에 따르면 보존기간의 규정은 최소한 1905년부터는 마련되었고, 보존기간은 사건이 처분 완결된 다음 해부터 기산토록 하였다.

1905년부터 유별분류제와 함께 보존기간 규정이 제정되었는데, 이 시기는 러일전쟁을 일으킨 일본이 대한제국에 고문을 파견해 본격적으로 내정에 간섭하고 있던 시기였다. 보존 대상 공문서의 보존기간을 정하고 동일 기능을 기준으로 구분 · 관리하는 종별보존제와 유별분류제가 정착되어 있었던 일본은 1904년 이후 대한제국의 내정에 본격적으로 간섭하면서 문서관리 규정에도 일본의 유별분류제와 보존기간제를 이식했던 것이다.

탁지부 '처무규정'에는 '문서의 유별 및 보존기한은 별도로 此를 정함이라'하여 보존기간의 구체적인 규정이 확인되지 않지만, 규장각에 소장된 탁지부 문서철을 통해 이 시기 적용된 보존기간을 파악할 수 있다.

규장각에 소장된 탁지부 문서철 가운데는 표지에 분류도장이 찍힌 것이 상당수 있다. 분류도장은 융희년간에 찍은 것과 조선총독부가 찍은 것으로 구분되는데, 이들 분류도장에는 보존기간을 파악할 수 있는 정보가 있다.[23]

---

22) 『宮內府規例』, '宮內府記錄編纂保存規程', 163-174쪽.
23) 분류도장에 관한 연구로는 이상찬, 1997, 「규장각 소장 자료의 공문서 분류도장에 대하여」『서지학보』 20 참조.

융희년간에 찍힌 분류도장은 그림1과 그림2의 두 종류가 있다. 그림1
의 분류도장은 보존년수, 호수(우측 공란), 기만연월(期滿年月)로 구성
되어 있고, 그림2는 보존년수, 책수, 호수, 기만년월, 문서보관기관으로
구성되어 있다. 이하 그림1은 공문서 분류도장으로, 그림2는 문서과보관
분류도장으로 칭한다.

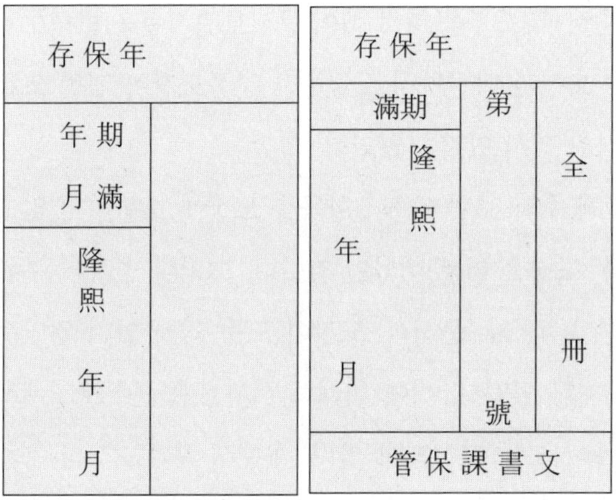

그림1 (좌)
공문서 분류도장
그림2 (우)
문서과보관 분류도장

 그림2의 문서과보관 분류도장을 기준으로 각 항목의 내용을 보면 보
존년수는 문서의 보존기간을, 기만년월은 문서보관의 만기 시점 곧, 폐기
시점을 의미한다. '全 冊'은 문서철을 하나의 단위로 묶은 책 수로 곧 한
질의 책 수를 의미한다. 책 수가 10이면 10책이 한 질로, 35면 35책이
한 질로 묶인 것이다. 호수는 한 질로 묶인 하나, 하나의 문서철에 연속
된 고유 번호 또는 기호를 부여한 것이다. 35책이 한 질이면 1에서 35까
지 연속된 번호 또는 기호가 호수로 부여되는 것이다. 그리고 '문서과보
관'이란 내용을 기입해, 문서보관기관을 밝혀두고 있다.

공문서 분류도장과 문서과보관 분류도장을 비교해 보면 구성 항목에 차이가 있다. 공문서 분류도장에는 한 질로 묶은 책 수와 문서보관기관의 항목이 없다. 대신 공문서 분류도장의 경우, 분류도장 옆에 '全 冊'이란 도장을 따로 찍어 책 수를 기록해 두고 있었다. 그러나 공문서 분류도장이 찍힌 모든 문서에 '全 冊' 도장이 찍혀 있는 것은 아니었다. 문서보관기관 항목 역시 공문서 분류도장 내에는 없지만, 공문서 분류도장이 찍힌 문서의 표지에 '문서과' 도장을 따로 찍어 문서보관기관을 밝혀두었다.[24] 그렇지만 책 수 도장과 마찬가지로 공문서 분류도장이 찍힌 모든 공문서에 '문서과' 도장이 찍혀 있지는 않았다.

공문서 분류도장은 책 수와 보관기관의 항목을 도장에 포함하지 않고 '全 冊' 도장과 '문서과' 도장을 따로 찍었던 것이다. 그러나 공문서 분류도장이 찍힌 문서철에 '全 冊'과 '문서과' 도장이 모두 찍혀 있지 않았듯이 분류도장으로는 한계가 있었다. 이에 반해 문서과보관 분류도장에는 책 수와 보관기관 항목이 모두 포함되어 있다. 공문서 분류도장의 문제점을 보완하여 문서과보관 분류도장을 새로 만들었던 것이다. 조선총독부도 대한제국기 공문서를 분류하면서 문서과보관 분류도장을 그대로 사용하였다.[25]

---

24) 공문서 분류도장이 찍힌 문서철에 '文書課' 도장이 없고 '理財局' 도장이 찍힌 경우도 있었다. 그러나 理財局은 1906년 3월 신설된 局으로 국고 · 금고에 관한 업무를 담당하였기 때문에(『官報』, 1906.3.24), 문서 보관 업무와는 상관이 없었다. 따라서 '理財局' 도장은 해당 문서의 업무를 처리한 기구를 밝혀 둔 것이지, 문서보관기관을 의미하는 것은 아니다. 이와 동일한 경우로, 문서과보관 분류도장이 찍힌 문서철에 '司稅局' 도장이 찍힌 경우가 있다. 문서과보관 분류도장을 찍고 문서를 보관한 기관은 문서과였지만, 해당 문서의 업무를 담당한 기구는 司稅局이었던 것이다.

25) 다만 이 시기는 대한제국이 일제에 강점된 시기였기 때문에 문서과보관 분류도

보존년수	기만년월	보존기간	문서 생산년도
10년	隆熙 4년 12월	1901~1910	1894~1898
10년	隆熙 5년 12월	1902~1911	1900~1901
10년	隆熙 7년 12월	1904~1913	1903
30년	隆熙 43년 12월	1920~1949	1895~1904
永	隆熙	永久	1906~1907

표1 공문서 분류도장의 보존년수와 기만년월

표1은 공문서 분류도장이 찍힌 문서철의 보존년수와 기만년월, 문서 생산년도를 제시한 것이다. 공문서 분류도장에서 확인된 보존년수는 10년·30년·영구(永久)였고, 기만년월은 융희 4년 12월·5년 12월·7년 12월·43년 12월이었다. 보존년수는 보존기간, 기만년월은 폐기 시점이므로, 보존년수 10년·기만년월 융희 4년 12월인 문서철은 기만년월인 1910년(융희 4년) 12월까지 10년간 보존된 뒤 폐기되는 것이다. 따라서 보존기간은 1901~1910년이 된다. 보존년수 10년·기만년월 융희 5년인 문서철은 1902년부터 1911년(융희 5년)까지, 보존년수 10년·기만년월 융희 7년인 문서철은 1904년부터 1913년(융희 7년)까지 10년간 보존된 뒤 폐기되는 것이다.[26]

영구 보존 문서철을 제외하면 공문서 분류도장이 찍힌 문서철의 생산년도는 1894~1903년으로 모두 갑오개혁기와 광무년간에 생산된 문서였다. 그리고 보존기간의 기산 시점도 기만년월이 융희 4년인 경우는 1901년(光武 5년), 융희 5년은 1902년(광무 6년), 융희 7년은 1904년

장에 융희 연호가 없다.
26) 공문서 및 문서과보관 분류도장 가운데 일부는 규장각 도서번호표에 가려져 그 내용을 파악할 수 없기 때문에, 확인 가능한 분류도장을 대상으로 살펴본다.

(광무 8년)으로 모두 광무년간이었다.[27] 문서 생산년도가 1894~1903
년이고 기산 시점도 광무년간인데 기만년월에 찍힌 연호는 광무가 아닌
융희였다. 보존기간의 기산 시점은 광무년간이었지만 기만년월 연호가
융희라는 것은 공문서 분류도장을 광무년간이 아닌 융희년간에 찍었다
는 것이다.

보존기간에 관한 규정이 처음 언급된 것은 1905년(광무 9년) 3월에
제정된 탁지부 '처무규정'이었지만, 규장각에 소장된 문서철에서 광무 연
호가 찍힌 분류도장은 확인할 수 없었다. 탁지부 '처무규정'에는 보존기
간제를 도입했지만, '문서의 類別 및 보존기한은 별도로 此를 정함이라'
고 규정해 보존기간의 구체적인 내용을 명시하지는 않았다. 광무 연호가
찍힌 분류도장이 확인되지 않고, 탁지부 '처무규정'에 구체적인 규정이
명시되지 않았던 점에 근거해 볼 때, 실질적으로 보존기간제를 적용해
문서철에 분류도장을 찍고 보존기간을 부여한 것은 융희년간부터였던
것으로 보인다.[28]

---

27) 확인된 공문서 분류도장 가운데 보존년수가 30년인 문서철은 2책 있었다. 그런
데 보존년수 30년·기만년월 융희 43년 12월인 경우, 1920년부터 1949년까지
보존되다 폐기되는 것으로 보존기간의 기산 시점이 융희 14년(1920년)이 된
다. 그러나 이 시기는 대한제국이 일제에 강점되어 융희연호를 사용하지 않았으
므로 기산 시점이 맞지 않다. 따라서 보존년수 30년·기만년월 융희 43년은 보
존년수나 기만년월이 잘못 기재되었던 것으로 보인다.
28) 광무 연호가 찍힌 문서철의 경우 보존기간이 완료되어 그 당시에 이미 폐기되었
을 가능성도 있다. 그러나 보존기간 규정이 확인된 1905년(광무 9년) 탁지부
'처무규정'을 기산 시점으로 해도 보존년수가 10년이면 보존기간이 1905~
1914년이 되므로 기만년월이 융희 4년(1910)·융희 5년(1911)인 문서철보다
폐기 시점이 늦다. 따라서 기만년월이 1910년·1911년인 문서철이 폐기되지
않은 상황에서 그 시기보다 늦은 기만년월의 문서철이 폐기되었을 가능성은 낮
다고 보여진다.

도서번호	내별번호	도서명	보존년수	호수	기만년월	스탬프	문서년도
奎 18154	99-92	公文編案	10	74-5	隆熙 5年	文書課	1901년
奎 18153	8-1	訓令存案	10	60-4	隆熙 7年	文書課	1903년

표2 공문서 분류도장 사례 I

그런데 보존년수와 기만년월을 보면, 융희년간에 분류도장을 찍으면서 보존년수를 10년으로 책정하였는데 기만년월은 융희 4년 · 5년 · 7년이었다. 보존기간은 사건이 종결된 다음해부터 기산한다고 규정했으므로 최소한 융희 1년(1907년)부터 보존기간을 부여했어도 보존년수가 10년이면, 1907년부터 1916년까지 10년간 보존되다 폐기되므로 기만년월은 융희 10년(1916년)이 되어야 한다. 그런데 공문서 분류도장에 부여된 기만년월은 융희 4년 · 5년 · 7년으로 보존기간의 기산 시점이 모두 광무년간이었다. 이처럼 융희년간에 분류도장을 찍었지만 기산 시점이 광무년간이었던 것은 공문서 분류도장을 찍은 시점을 기준으로 보존기간을 기산한 것이 아니라 문서 생산년도를 기준으로 보존기간을 기산하였기 때문이다.

표2는 『공문편안(公文編案)』 내별번호 99-92와 『훈령존안(訓令存案)』 내별번호 8-1에 찍힌 공문서 분류도장을 제시한 것이다. 『공문편안』은 문서년도가 1901년이고 『훈령존안』은 1903년이며, 기만년월은 각각 융희 5년과 7년이었다. 두 문서철뿐만 아니라 공문서 분류도장이 찍힌 문서철을 확인해 보면 문서년도가 1901년인 경우는 기만년월이 모두 융희 5년이었고, 1903년은 기만년월이 모두 융희 7년이었다. 이러한 규칙성은 문서 생산년도와 기만년월의 상관성을 보여주는 것이다.

보존년수 10년 · 기만년월 융희 5년인 문서철은 1902년부터 1911년

도서번호	내별번호	도서명	보존년수	호수	기만년월	스탬프	문서년도
奎 18154	99-8	公文編案	10	77-1	隆熙 4年	文書課	1894년
奎 18154	99-87	公文編案	10	61-1	隆熙 5年	文書課	1900년

표3 공문서 분류도장 사례 II

까지 보존되다 폐기되는데 문서 생산년도는 1901년이었다. 보존년수 10
년·기만년월 융희 7년인 문서철은 1904년부터 1913년까지 보존되다
폐기되는데 문서 생산년도는 1903년이었다. 이 두 경우는 문서 생산년
도 다음 해를 기점으로 보존기간을 기산한 것이다.

보존기간은 융희년간부터 부여했지만 탁지부 '처무규정'에 사건이 처
분 완결된 다음 해부터 보존기간을 기산토록 한 규정을 갑오개혁기와 광
무년간에 생산된 문서철에도 그대로 소급하여 적용한 것이다. 갑오개혁
기와 광무년간에 생산된 문서철에 분류도장을 찍고 보존기간을 부여한
것은 융희년간이었지만, 사건이 처분 완결된 다음 해부터 보존기간을 기
산토록 한 규정에 따라 보존기간을 부여한 시기가 아닌 해당 문서철의
생산년도를 기준으로 보존기간을 기산하였던 것이다.

표3은 『공문편안』 내별번호 99-8과 98-87에 찍힌 공문서 분류도장
을 제시한 것이다. 내별번호 99-87의 경우는 문서년도가 1900년인데
기만년월이 융희 5년이었다. 문서 생산년도를 기준으로 한다면, 기만년
월이 융희 4년(1910년)이 되어야 하지만 이 경우는 기만년월이 융희 5
년이었다.

이는 1894년도 문서인 내별번호 99-8도 마찬가지다. 이 역시 문서
생산년도를 기준으로 하면 보존년수가 10년이므로 기만년월은 광무 8년
(1904년)이 되어야 한다. 그러나 이 문서철은 기만년월이 융희 4년이었

다. 보존년수가 10년이고, 기만년월이 융희 4년인 문서철의 생산년도를 보면 1894년부터 1898년까지였다. 문서년도가 1894~1898년이었던 문서철은 생산년도가 각각 달랐지만 기만년월은 모두 융희 4년이었다.

위 사례들은 문서 생산년도를 기준으로 보존기간을 기산한 방식과 차이가 있다. 이러한 차이는 갑오개혁기와 광무년간에 생산된 공문서에 보존기간을 부여한 시기가 융희년간이었다는 점을 고려하고 살펴보아야 한다. 공문서 분류도장은 문서철의 생산년도를 기준으로 보존기간을 기산했다. 그런데 이 기준을 따를 경우 생산년도가 1894년인 문서는 기만년월이 광무 8년(1904년)이 되어 보존기간을 부여하였던 융희년간 당시에 바로 폐기시켜야 했다. 그러나 보존기간을 부여하면서 이들 문서철을 바로 폐기할 수는 없었기 때문에 문서 생산년도를 기준으로 보존기간을 기산할 수는 없었다. 따라서 이런 경우에는 일정 기간의 문서철을 묶어 기만년월, 즉 폐기 시점을 일치시키는 방향으로 보존기간을 부여하였던 것이다.

갑오개혁기와 광무년간에 생산된 문서철에 보존기간을 부여한 융희년간에는 1차적으로 사건이 처분 완결된 다음 해부터 보존기간을 기산토록 한 보존기간 규정에 따라 융희년간 이전에 생산된 문서철에도 문서 생산년도의 다음 해를 기준으로 보존기간을 기산하였다. 그런데 이 기준에 따라 보존기간을 기산하면 보존기간이 이미 지나서 보존기간을 부여함과 동시에 바로 폐기해야 하는 문서철이 있었기 때문에, 이런 경우 문서의 생산년도를 기준으로 기산하지 않고 폐기시점을 일치시키는 방향으로 보존기간을 부여하였던 것이다. 따라서 공문서 분류도장의 보존기간의 기산 기준은 문서보관의 만기 시점인 기만년월이 보존기간을 부여한 시기보다 앞서는가 뒤서는가에 따라 문서 생산년도의 다음 해를 기준으

보존년수	기만년월	보존기간	문서 생산년도
2년	隆熙 5년 12월	1910~1911	1893~1905
×	隆熙 7년 12월		1863~1904
×	隆熙 11년 12월		1890~[1895]
20년	隆熙 23년 12월	1910~1929	1895~1907
永久	隆熙		1867~1907

표4 융희년간 문서과보관 분류도장의 보존기간과 기만년월

로 할 것인지, 아닌지가 결정되었던 것이다.

그러므로 보존년수가 10년으로 같지만 기만년월이 융희 4년 · 5년 · 7년으로 다르다고 해서 공문서 분류도장을 찍고 보존기간을 부여한 시기까지 다른 것은 아니다. 오히려 이러한 기준으로 보존기간을 기산하였기 때문에, 같은 시기에 분류도장을 찍고 보존기간을 부여했을 가능성이 높다. 다만 생산년도를 기준으로 보존기간을 기산했기 때문에 융희년간의 어느 시점에 공문서 분류도장을 찍고 보존기간을 부여했는지는 단정할 수 없다.[29]

---

29) 이러한 한계는 있지만 보존기간의 기산 기준과 공문서 분류도장의 특징을 통해 보존기간을 부여한 시점을 추론해 본다. 먼저 공문서 분류도장에 부여된 기만년월을 보면 융희 1년 · 2년 · 3년은 없었고 융희 4년이 최상한선이었다. 다음으로 문서 생산년도의 다음 해를 기준으로 보존기간을 기산할 수 없었던 문서철의 기만년월은 모두 융희 4년이었다. 끝으로 기만년월이 융희 5년인 문서철 중에는 문서 생산년도가 1901년뿐 아니라 1900년인 경우도 있었다. 이러한 점에 미루어 본다면 공문서 분류도장을 찍고 보존기간을 부여한 시기는 1909년(융희 3년)이었을 것으로 보인다. 1900년도 문서철은 생산년도를 기준으로 할 경우, 기만년월이 융희 3년보다 늦은 융희 4년이라 보존기간 기산에 문제가 없었다. 그런데 이럴 경우 1900년 이전 문서는 기만년월이 융희 3년이 되어 바로 폐기 대상이 된다는 문제가 발생한다. 이에 1900년 문서의 기만년월을 융희 5년으로 하고, 그 이전 문서는 모두 융희 4년으로 기만년월을 일치시켰던 것으로 보인다.

번호	도서번호	도서명	내별번호	보존년수	기만년월	문서생산년도
1	奎16458	咸鏡北道觀察府管下各郡元續田丙申收租都成冊	1-1	2	5年 12月	1898
	奎16683	咸興郡陸續田畓收租成冊	1-1	2	5年 12月	1901
	奎16417	全羅南道突山郡甲辰條元都目成冊	1-1	2	5年 12月	1905
2	奎17883	平理院來去文	4-3	20	23年 12月	1901～1902
	奎17997	災結請議書	4-2	20	23年 12月	1899～1901
	奎17997	災結請議書	4-3	20	23年 12月	1901～1902
	奎17890	漢城裁判所來去文	×	20	23年 12月	1898～1903
	奎21222	忠淸道收入額書	×	20	23年 12月	1907
	奎20260	黃海道收入額書	×	20	23年 12月	1907

표5 문서과보관 분류도장의 기만년월과 문서 생산년도

다음으로 문서과보관 분류도장을 살펴본다. 표4에서 보듯이 융희년간
에 날인된 문서과보관 분류도장에서 확인된 보존기간은 2년 · 20년 · 永
久였고, 기만년월은 융희 5년 · 7년 · 11년 · 23년이었다. 보존년수 2년 ·
기만년월 융희 5년, 보존년수 20년 · 기만년월 융희 23년만 보존년수와
기만년월이 함께 기재되어 있었고, 기만년월이 융희 7년과 11년이었던
문서철에는 보존년수가 기재되어 있지 않았다. 기만년월이 융희 5년인
경우도 대부분은 보존년수가 기록되어 있지 않았다.

문서과보관 분류도장과 공문서 분류도장을 비교해 보면, 공문서 분류
도장은 갑오개혁기와 광무년간의 문서철에만 찍혀 있었지만, 문서과보
관 분류도장이 찍힌 문서철의 생산년도는 1863~1907년으로 갑오개혁
이전부터 융희년간까지 걸쳐 있었다.

다음으로 문서과보관 분류도장과 공문서 분류도장의 보존년수와 기만
년월이 달랐다. 기만년월이 다른 이유는 보존년수가 다르기 때문이기도
하지만 근본적으로는 보존기간의 기산 기준이 달랐기 때문이다. 공문서

분류도장은 보존년수가 같은 10년이라도 문서 생산년도에 따라 기만년월이 융희 4 · 5 · 7년으로 달랐다. 그런데 문서과보관 분류도장은 문서 생산년도에 상관없이 보존년수가 2년이면 기만년월은 융희 5년, 보존년수가 20년이면 기만년월은 융희 23년으로 보존년수가 같으면 기만년월도 같았다.

표5는 문서과보관 분류도장이 찍힌 문서철 가운데 생산년도가 1898 · 1901~1905 · 1907년인 문서철을 제시한 것이다. 해당 문서철의 생산년도를 기준으로 보존기간을 기산한 공문서 분류도장의 기준을 따르면, 번호 1의 1905년 문서철은 보존년수가 2년이므로 기만년월은 융희 1년(1907년)이 되어야 한다. 그러나 기만년월은 융희 5년(1911년)이었다.

다음으로 공문서 분류도장이 날인된 생산년도가 1901 · 1903년의 문서철은 보존년수가 10년이었고, 기만년월은 융희 5년과 7년으로 생산년도에 따라 기만년월이 달랐다. 그런데 번호 2를 보면 같은 시기에 생산된 1901 · 1903년의 문서였지만 문서과 분류도장이 날인된 경우는 보존년수가 20년이면 기만년월이 모두 융희 23년(1929년)으로 동일했다.

문서과보관 분류도장의 보존년수 2년 · 기만년월 융희 5년인 문서철은 1910년(융희 4년)부터 1911년(융희 5년)까지 2년간 보관된 뒤 폐기되는 것이고, 보존년수 20년 · 기만년월 융희 23년인 문서철은 1910년(융희 4년)부터 1929년(융희 23년)까지 20년간 보관된 뒤 폐기되는 것이다. 문서 생산년도에 상관없이 보존기간의 기산 시점이 모두 1910년이었다. 문서과보관 분류도장은 공문서 분류도장과 달리 문서철의 생산년도에 상관없이 분류도장을 찍고 보존기간을 부여한 시점을 기준으로 보존기간을 기산하였던 것이다. 이러한 기준은 조선총독부가 갑오개혁~대한제국기 공문서에 문서과보관 분류도장을 찍고 보존기간을 부여

번호	도서번호	도서명	내별번호	보존년수	기만년월	문서생산년도
1	奎 17666	忠淸南道溫陽郡量案	9-8	3	46年 12月	1901
	奎 18098	慶尙北道各郡年分都案	4-3	3	46年 12月	1905
2	奎 25031	咸鏡北道報告	×	5	48年 12月	1897~98
	奎 17682	忠淸北道忠州郡量案	98-1	5	48年 12月	1901
	奎 17688	慶尙南道陜川郡量案	20-1	5	48年 12月	1904
3	奎 20601	黃海道各邑火田成冊	×	10	53年 12月	1896
	奎 20418	江原道江陵郡都會嶺東九郡丁酉條火稅成冊	×	10	53年 12月	1898
	奎 21299	忠北管下各郡庚子條收租案	×	10	53年 12月	1901
	奎 19200	全羅南道各郡各年屯驛賭錢中布木貿納實數磨勘成冊	×	10	53年 12月	1903
4	奎 19164	各道各郡訴狀	12-10	10	54年 12月	1896~98
	奎 19144	訓令存案	14-2	10	54年 12月	1900
	奎 19145	電報存案	16-4	10	54年 12月	1902
	奎 19155	江原道各郡報告	8-6	10	54年 12月	1903~04

표6 조선총독부 문서과보관 분류도장 * 기만년월은 明治년간임.

한 경우에도 그대로 적용되었다.

표6에 제시된 번호 1~3을 보면, 문서 생산년도에 상관없이 보존년수가 3년·5년·10년이면 기만년월도 46년·48년·53년으로 동일하다. 보존년수 3년·기만년월 46년은 明治 44년(1911)−46년(1913), 보존년수 5년·기만년월 48년은 명치 44년(1911)−48년(1915), 보존년수 10년·기만년월 53년은 명치 44년(1911)−53년(1920)까지 보존되는 것이다. 이들 문서철은 생산년도에 상관없이 분류도장을 찍은 1911년(명치 44)을 보존기간의 기산 시점으로 삼았던 것이다. 번호 4의 경우, 보존년수가 10년이지만 기만년월이 54년인 것은 분류도장을 1912년(명치 45)에 찍었기 때문이다.

이처럼 문서과보관 분류도장 단계에서 보존기간의 기산 기준이 바뀐 것은 보존기간을 부여할 문서철의 양이 증가하고 문서년도의 폭이 커지면서 공문서 분류도장의 기산 기준을 적용하는 것에 한계가 있었기 때문이다. 공문서 분류도장이 찍힌 문서철은 갑오개혁기와 광무년간에 생산된 것이지만, 문서과보관 분류도장이 찍힌 문서철은 갑오개혁기 이전까지 확대되어 생산년도를 기준으로 보존기간을 기산할 수 없었던 것이다. 이에 융희년간 이전에 생산된 문서철이라도 사건이 처분 완결된 다음 해를 기준으로 보존기간을 기산해야 하는 문서철과 동일하게 취급하여 분류도장을 찍고 보존기간을 부여한 시점을 기준으로 보존기간을 기산하였던 것이다.

갑오개혁기에 제정된 문서 관리 규정에는 문서의 보존 규정만 마련되어 있었고, 보존기간에 대한 규정은 마련되어 있지 않았다. 문서 보존기간에 대한 규정은 1905년 3월 16일에 제정된 탁지부 '처무규정'에서 확인된다. 그러나 탁지부 '처무규정'에는 보존기간에 대한 언급은 있었지만 보존기간의 구체적인 규정이 마련되어 있지는 않았고, 탁지부 문서철에 분류도장이 날인된 시기는 모두 융희년간이었다. 그리고 보존기간에 대한 구체적 규정은 1909년 6월에 제정된 '궁내부규정'에서 확인되는 점으로 미루어 보아 보존기간 규정이 실질적으로 적용되기 시작한 것은 융희년간이었던 것으로 보인다.

3. 보존기간의 구분과 책정 기준

보존기간을 부여한 분류도장은 융희년간의 공문서 분류도장 · 문서과보관 분류도장과 조선총독부의 문서과보관 분류도장으로 구분된다. 공문서 분류도장 단계에서는 해당 문서철의 생산년도를 기준으로 보존기

제정년도	보존기간	보존기간 책정 기준
1909년	제1종 영구	永久 保存의 必要가 있다고 인정되는 것
	제2종 10년	十年間 保存의 必要가 있다고 인정되는 것
	제3종 7년	七年間 保存의 必要가 있다고 인정되는 것
	제4종 3년	三年間 保存의 必要가 있다고 인정되는 것
1911년	甲種 영구	永久 保存의 必要가 있다고 인정되는 것
	乙種 30년	三十年間 保存의 必要가 있다고 인정되는 것
	丙種 10년	十年間 保存의 必要가 있다고 인정되는 것
	丁種 3년	三年間 保存의 必要가 있다고 인정되는 것
	戊種 1년	一年間 保存의 必要가 있다고 인정되는 것
1913년	甲種 영구	1. 府郡에서 發한 訓令, 通牒들 가운데 例規로 삼을 만한 서류 2. 許容의 指令과 관련된 각종의 稟請, 請願 등으로 永續할만한 성질을 가진 사건에 관한 서류 3. 역사의 徵考로 해야 할 서류 4. 諸種의 臺帳原簿類 5. 前各號 외에 영구 참조할 필요가 있다고 인정되는 서류
	乙種 10년	1. 許容의 指令과 관련된 각종 稟請, 請願에 관한 서류로서 甲種에 속하지 않는 것 및 拒否의 指令과 관련된 각종 稟請, 請願 등에 관한 서류 2. 상급관청, 기타관공서와의 照覆서류로 후일의 참고가 될 만한 서류 3. 前二號 외 중요하다고 인정되는 서류
	丙種 3년	甲種과 乙種에 속하지 않는 서류

표7 보존기간의 구분과 책정 기준

간을 기산하였지만, 문서과보관 분류도장 단계에서는 분류도장을 찍은 시점을 기준으로 기산하였고, 이 기준은 조선총독부가 분류도장을 찍었던 시기까지 지속되었다.

이들 각 단계에서는 보존기간을 몇 종으로 구분했고, 보존기간의 책정 기준은 무엇이었는지 살펴본다. 1905년 탁지부 '처무규정'에는 보존기간의 세부 규정까지 제정되어 있지 않았기 때문에, 1909년에 제정된 '궁내부규정'과 식민지기에 제정된 보존기간 규정을 통해 보존기간의 종수와 책정 기준을 살펴보고, 이를 갑오개혁~대한제국기 문서철에 찍은 분류도장의 보존기간과 비교해 본다. 조선총독부가 갑오개혁~대한제국기 문서철에 분류도장을 찍은 시기는 1911~1916년이므로,[30] 식민지기 보존기간 규정은 이 기간에 제정된 규정에 국한하여 살펴본다.[31]

1909년 6월 제정된 '궁내부규정'은 보존기간을 영구 · 10년 · 7년 · 3년으로 4종으로 구분하였다. 1911년 '조선총독부처무규정(朝鮮總督府處務規程)'은 조선총독부 공문서에 적용한 것으로 보존기간은 영구 · 30년 · 10년 · 3년 · 1년으로 5종으로 구분하였다. 1913년 '부군처무규정준칙(府郡處務規程準則)'은 부군(府郡)의 문서 보존기간을 정한 것으로 보존기간은 영구 · 10년 · 3년으로 3종으로 구분하였다. 1909년 · 1911년 · 1913년 세 시기의 규정을 보면 보존년수와 종수가 모두 다르다.[32]

보존기간의 책정 기준을 보면 1909년과 1911년 규정은 몇 년간 보존할 '必要가 있다고 인정되는 것'이라 규정해, '필요'라는 추상적 기준만을 제시하고 구체적 기준을 마련하지는 않았다. 이러한 추상적 기준은 보존기간을 부여하는 담당자의 주관적 판단이 개입될 수 있는 한계가 있고,[33] 이 규정으로는 어떤 문서를 얼마만큼 보존하고자 하였는지 알 수가 없다.

1913년 '부군처무규정준칙'의 보존기간 책정 기준은 1909년과 1911년 규정보다 비교적 상세하다. 보존기간별로 훈령 · 청원 · 조복과 같은

---

30) 조선총독부는 분류도장을 대부분 1911~1912년에 찍었으며, 확인된 분류도장 가운데 가장 늦은 시기가 1916년이다.

31) 식민지기 보존기간 연구는 이경용, 2004, 「조선총독부의 기록관리제도」, 『기록학연구』 10 ; 박성진 · 이승일, 2007, 앞의 책 참조.

32) 『宮內府規例』 「宮內府記錄編纂保存規程」, 1909.6.11 ; 『朝鮮總督府委任規程 · 朝鮮總督府處務規程』(奎 20298), 「朝鮮總督府處務規程」, 1911.7.18 ; 『朝鮮總督府官報』, 「府郡處務規程準則」, 1913.3.6, 號外.

33) 박성진 · 이승일, 2007, 위의 책, 183쪽.

도장	보존기간					
공문서 분류도장	영구	30년	10년			
융희년간 문서과보관 분류도장	영구	20년	2년			
조선총독부 문서과보관 분류도장	영구	30년	20년	10년	5년	3년

표8 분류도장의 보존기간 구분

문서 종류를 제시하고, '例規로 삼을 만한 서류'·'永續할 만한 성질을 가진 사건에 관한 서류'·'역사의 徵考로 해야 할 서류'를 영구 보존 대상으로 분류했다. 담당 업무를 수행하는 과정에서 참고할 수 있는 중요도에 따라 보존기간을 구분한 것이다. 1913년 규정은 각 항목별로 문서 종류를 제시하고 있지만, 이 역시 보존기간의 책정 기준이 '예규'·'영속성'·'징고'라는 추상적 기준의 틀을 벗어나지는 못했다.

　1909년·1911년·1913년 규정에 마련된 보존기간과 분류도장에 부여된 보존기간을 비교해 본다. 표8에 제시한 분류도장의 보존기간을 보면 각 시기마다 보존기간이 달랐다. 융희년간에 보존기간을 부여한 공문서 분류도장의 보존기간은 영구·30년·10년으로 3종으로 구분되었고, 융희년간 문서과보관 분류도장의 보존기간은 영구·20년·2년으로 3종이었다. 그러나 표4에서 보았듯이, 문서과보관 분류도장이 날인된 기만년월이 융희 7년과 11년인 문서철에는 보존년수가 기록되어 있지 않았기 때문에, 보존년수는 3종 이상일 가능성이 높다.[34]

　이들 보존기간을 영구·10년·7년·3년으로 4종으로 구분한 1909년

---

34) 융희년간의 문서과보관 분류도장에 부여된 보존기간의 기산 시점이 1910년이었던 것으로 미루어 보아 기만년월이 융희 7년인 경우는 보존기간이 4년, 융희 11년은 8년이었을 것으로 보인다.

'궁내부규정'과 비교해 보면 보존기간과 종수가 다르다. 갑오개혁~대한
제국기에는 각부부원청에 일률적으로 적용되는 문서정리규칙을 제정하
지는 않았고, 중앙 차원에서 일반적 규정만 제정하고 세부규정은 각부부
원청에서 자체적으로 마련하였다.[35] 1909년 '궁내부규정'은 궁내부에
서 제정한 것이고, 분석 대상이 된 공문서 분류도장과 문서과보관 분류
도장이 찍힌 문서철은 탁지부 문서철로 분류도장의 날인 주체가 탁지부
였다.

'궁내부규정'과 공문서·문서과보관 분류도장의 보존기간이 일치하지
않았던 이유는 각부부원청에 일률적으로 적용한 보존기간 규정을 제정
하지 않고, 궁내부와 탁지부가 보존기간을 각각 자체적으로 제정하였기
때문인 것으로 이해된다. 융희년간에 탁지부가 날인한 공문서 분류도장
과 문서과보관 분류도장의 보존기간도 달랐는데, 이는 분류도장의 양식
과 보존기간의 기산 기준이 변경되면서 보존기간도 개정된 것으로 이해
된다.[36]

조선총독부가 식민지기에 생산된 공문서에 적용한 보존기간과 갑오개
혁~대한제국기 공문서에 분류도장을 찍으면서 부여한 보존기간을 비교
해 본다. 1911년에 제정된 '조선총독부처무규정'은 보존기간을 영구·
30년·10년·3년·1년으로 5종으로 구분하였고, 1913년에 제정된 '부
군처무규정준칙'은 보존기간을 영구·10년·3년으로 3종으로 구분하였
다. 이에 반해 조선총독부가 갑오개혁~대한제국기 공문서에 부여한 보

---

35) 이경용, 2002, 앞의 논문, 192쪽.
36) 공문서 분류도장과 문서과보관 분류도장의 보존기간이 영구·30년·10년과 영
　　구·20년·2년으로 각각 3종씩 따로 제정된 것이 아니라, 영구·30년·20년·
　　10년·2년으로 5종으로 구분되었을 가능성도 있다. 그러나 두 도장에서 보존기
　　간이 일치한 경우가 없기 때문에 5종이 통합되어 사용되었을 가능성은 낮다.

보존년수	도서명	도서번호	책수
10	公文編案	奎 18154	99
	訓令存案	奎 18153	8
	度支部公文	奎 19549	v2
	收到	奎 20309	1
	收到	奎 20357	1
30	訓令編案	奎 17876	v1
	存案冊	奎 20278	1
합계			112

표 9 공문서 분류도장의 보존년수별 문서 종류

존기간은 영구·30년·20년·10년·5년·3년으로 6종이었다.

　조선총독부가 찍은 문서과보관 분류도장의 보존기간 기산 시점은 대부분 1911~1912년으로, 1911년 '조선총독부처무규정'이 제정된 시기와 비슷하다. 그렇지만 1911년 '조선총독부처무규정'과 분류도장의 보존기간이 달랐는데, 조선총독부는 대한제국기 공문서와 조선총독부 공문서를 구분하고 각 문서철에 적용할 보존기간을 별도로 설정하였던 것이다.

　다음으로 각 문서철에 부여된 보존기간을 통해 분류도장을 찍었던 당시에는 어떤 문서를 얼마 동안 보존하고자 하였는지, 보존기간의 책정 기준을 살펴본다.

　표9는 공문서 분류도장이 날인된 문서철의 보존년수와 도서명을 제시한 것이다. 공문서 분류도장이 찍힌 문서철은 대부분 보존기간이 10년이었고, 30년은 2책에 지나지 않았다. 보존기간 10년이 부여된 문서철은 『공문편안』, 『훈령존안』, 『탁지부공문(度支部公文)』, 『수도(收到)』였다. 『공문편안』, 『훈령존안』, 『탁지부공문』은 탁지부가 각부부원청 또는

보존년수	분류	도 서 명	도서번호	책수
20년	문서류	警務廳來去文	奎 17886	v1
		公牒存案	奎 20060	1
		軍部來去案	奎 17878	v1, 2, 7
		宮內府去來文牒	奎 17882	v1-5
		法部來去文	奎 17884	4
		外部來去文	奎 17889	1
		議政府來去案	奎 17887	1
		掌禮院去來牒	奎 17885	2
		度支部內部公文來去牒	奎 17881	7
		度支部農商工部公文來去牒	奎 17880	v1-4
20년	대장류	各公廨	奎 20742	1
		慶尙南道巨濟郡鎭海灣軍港地測量處結戶及田畓斗落土主姓名調查成冊	奎 20138	1
		忠淸南北道結稅收入	奎 20764	1
		忠淸道收入額書	奎 21222	1
		黃海道收入額書	奎 20260	1
2년	대장류	江原道各郡各年結戶錢納未納區別成冊	奎 16477	1
		光陽郡甲辰條原都目收租案成冊	奎 16652	1
		咸鏡南道災實區別成冊	奎 17021	1
		咸鏡南道洪原郡收租成冊	奎 16704	1
		咸鏡北道觀察府管下各郡元續田丙申收租都成冊	奎 16458	1
		咸鏡北道十州實應役田畓免稅雜冊區別開錄成冊	奎 16632	1
		咸興郡陸續田畓收租成冊	奎 16683	1

표 10 융희년간 문서과보관 분류도장의 보존년수별 문서 종류

각도·각군과 거래한 조회·조복·훈령 등을 편철한 왕복문서철이다. 『수도』는 탁지부에서 각 부에 보낸 공문을 요약한 문서철이다. 보존년수 10년이 부여된 문서철은 탁지부가 중앙·지방 기관과 거래한 왕복문서 철에 해당하는 것이며, 보존년수 30년의 문서철도 10년 보존의 문서철 과 성격이 비슷하다.

　표10은 융희년간에 날인된 문서과보관 분류도장의 사례를 제시한 것

이다. 융희년간의 문서과보관 분류도장이 찍힌 문서철은 크게 문서류와 대장류로 구분된다. 보존기간 20년인 문서류는 『궁내부거래문첩』(奎 17882), 『法部來去文』(奎 17884), 『外部來去文』(奎 17889)처럼 대부분 탁지부가 각부부원청과 거래한 문서를 편철한 문서철로 공문서 분류도장의 보존기간 10년과 비슷한 성격의 왕복문서철이다.

대장류는 보존기간 20년과 2년으로 구분되는데, 보존기간 20년은 조세 및 회계 장부류로 『忠淸南北道結稅收入』(奎 20764), 『忠淸道收入額書』(奎 21222) 등이었고, 보존기간 2년은 『咸鏡南道災實區別成冊』(奎 17021), 『咸興郡陸續田畓收租成冊』(奎 16683), 『洪川郡各年結戶錢納未納區別成冊』(奎 16476) 등이었다. 주로 '재실(災實)', '속전(續田)', '납미납(納未納)'과 같이 장기적 보관을 필요치 않는 성격의 대장류를 보존기간 2년으로 책정하였다.

규장각 소장 문서철에 찍힌 분류도장 가운데 융희년간에 찍은 것은 일부이고 거의 대부분은 조선총독부가 찍은 것이다. 조선총독부가 찍은 분류도장 가운데서도 가장 큰 비중을 차지하는 보존기간은 10년으로 크게 문서류와 대장류로 구분되었다. 문서류는 공문서 분류도장 보존기간 10년과 문서과보관 분류도장 20년과 비슷한 성격의 왕복문서철로 『경기각군소장』(奎 19148), 『황해도각군보고』(奎 19157), 『훈령조회존안』(奎 19143), 『公函存案』(奎 20312), 『驛土所關文牒來案』(奎 17898의 3) 등이었다. 대장류는 결세·광무양안·역둔토·궁방전 관련 성책(成冊)과 회계 관련 장부류로 『慶尙南道前晋州府所管各郡乙未條田畓實結成冊』(奎 17927), 『陽川南山面驛村田畓秋收記』(奎 19586), 『壽進宮捧上冊』(奎 19031), 『明禮宮捧下冊』(奎 19006) 등이었다.

조선총독부가 날인한 분류도장 가운데 보존기간이 30년·20년인 문

보존년수	도서명	도서번호	책수
30년	御營廳鳳山於之屯秋收成冊	奎 20702	1
	親軍營捧上冊	奎 19330	3
	親軍營上下冊	奎 19329	1
	各道馱價式	奎 19321	1
	包蔘公司章程	奎 19323	1
	解由規則	奎 20358	1
	解由規則	奎 20362	1
	解由規則	奎 20794	1
20년	釜山營繕山及英國領事館山鑿平並海面埋築ニ關スル件	奎 21018	1

표11 조선총독부 문서과보관 분류도장의 보존년수별 문서 종류

서철은 추수기 · 회계장부류 · 장정 · 규칙 등으로 몇 십 책 정도이다. 이
들 문서철은 보존기간이 30년이지만, 보존기간 10년인 문서철과 문서
종류 · 성격에서 큰 차이가 없었다.

보존기간이 10년과 30년인 문서철을 비교해 보면 문서의 성격이 같거
나 비슷했지만, 보존기간이 다르게 부여된 경우도 있었다. 표11의 『解由
規則』은 '法律第四號 各府尹牧使郡守解由規則'(1899.6.28)으로 보존기
간이 30년이었지만, 이와 똑같은 문서인 『解由規則』(奎 15329, 奎
15330)은 보존기간이 10년이었다. 또 『御營廳鳳山於之屯秋收成冊』(奎
20702)은 보존기간이 30년이었는데, 이와 비슷한 성격의 「鳳山於之屯
收稅上納成冊」(『經理院秋收記』 1책, 奎 21895)은 보존기간이 10년이
었다. 이처럼 같거나 비슷한 성격의 문서철이었지만 보존기간이 다르게
부여된 것은 보존기간 구분의 구체적인 규정이 마련되지 못했기 때문인
것으로 보인다.

시기별로 각 문서철에 부여된 보존기간을 보면 융희년간 공문서 분류

도장은 10년, 문서과보관 분류도장은 20년, 조선총독부 문서과보관 분류도장은 10년이 가장 높은 비중을 차지하였다. 10년과 20년의 보존기간이 부여된 문서류는 주로 각부부원청·각도군(各道郡) 사이에 거래한 조회·조복·훈령·보고와 같은 왕복문서철로 비슷한 성격이었고, 대장류도 수조성책(收租成冊)·도조성책(賭租成冊)·추수기와 반자책과 같은 조세·회계 장부류로 비슷한 성격이었다.

융희년간 문서과보관 분류도장의 보존기간 20년과 다른 분류도장의 보존기간 10년이 부여된 문서철의 성격이 비슷하듯이, 10년과 20년의 차이는 문서의 중요도에 따른 것이 아니라, 공문서 분류도장과 문서과보관 분류도장의 보존기간 구분이 변경된 것에 따른 것으로 이해된다.

보존기간이 부여된 문서철을 1913년에 제정된 '부군처무규정준칙'의 보존기간 책정 기준에 대응해 보면, 보존기간별 문서철의 성격이 1913년의 책정 기준과 거의 비슷하다. '부군처무규정준칙'은 영구·10년·3년으로 보존기간을 구분하고, 영구 보존 대상에 포함되지 않는 품청(稟請)·청원이나 후일의 참고가 될 만한 조복 서류의 보존기간을 10년으로 규정하였다. 분류도장을 찍고 보존기간을 부여한 문서철의 보존기간이 10년·20년이었던 것도 조회·조복·훈령·보고처럼 후일의 참고가 될 만한 문서철에 해당하는 것이다. 다만 1913년 규정은 제종(諸種)의 대장원부류(臺帳原簿類)를 영구 보존토록 하였지만, 분류도장은 수조성책·도조성책·추수기와 반자책과 같은 대장류의 보존기간을 대부분 10년·20년으로 책정하여 차이가 있었다.

끝으로 영구 보존 대상의 문서철을 살펴본다. 1913년 '부군처무규정준칙'에는 예규(例規)나 영속할만한 성질을 갖는 사건에 대한 품청·청원, 역사의 징고(徵考)로 해야 할 서류를 영구 보존 대상으로 규정하였

번호	도서번호	책수	도서명	문서 분류
1	奎 20261	1	中和殿行閣三門所用物種價未撥冊	황실
2	奎 20273	1	嘉禮教是時各項器皿記	
3	奎 20276	1	咸寧殿新建豫算明細書	
4	奎 17966	6	忠淸南道各郡結戶錢攷	결호세
5	奎 19314	1	慶尙北道各郡丙午條租案	
6	奎 19322	1	度支部檢稅事目	
7	奎 20123	1	結稅戶稅ニ關スル報告書	
8	奎 20262	1	總收入槪算	
9	奎 20263	1	甲辰條結錢上納ニ關スル書類	
10	奎 20264	1	甲辰條結錢上納ニ關スル書類	
11	奎 20274	1	重要郡收稅額調	
12	奎 20275	1	歲入實地收捧額	
13	奎 20225	1	歲出臨時部一月至九月支用額歲出經向部各部經費支用額先支撥冊	회계
14	奎 20608	1	日人接濟次各處所鋪陳及柴油炭等下記	
15	奎 17876	v8	訓令編案	외획
16	奎 20950	1	漢城裁判所俸給支出請求權	외획/회계
17	奎 21763	1	元典圜局ニ關スル書類	전환국
18	奎 20259	1	水道其他起業資金書類	차관
19	奎 17877	v16-24	度支部各部院等公文來去文	해관
20	奎 21003	1	各部顧問案	고문안
21	奎 20986	1	官制及規程	관제개정

표12 분류도장의 영구 보존 대상 문서철

는데, 융희년간과 일제 초기에 분류도장을 찍고 영구 보존 대상으로 분류한 것은 어떤 성격의 문서철인지 살펴본다.

　표12는 영구 보존 대상으로 분류된 문서철 가운데 갑오개혁~대한제국기 문서철을 제시한 것이다.[37] 표에 제시된 문서철은 대부분 1책으로 분류되어 도서번호가 부여되었지만, 분류도장을 찍을 당시에는 여러 문

---

37) 『漢城裁判所俸給支出請求權』(奎 20950: 16번)에는 外劃, 郵遞司經費, 漢城裁判所職員俸雜給支出請求書 등의 문서가 편철되어 있다. 확인된 영구 보존 대상 전체 문서철은 <부표> 참조.

도서번호	책수	도서명	보존년수	책수	호수	연호
奎 20123	1	結稅戶稅ニ關スル報告書	永	14	93-9	
奎 20274	1	重要郡收稅額調	永	16	10-6	隆熙
奎 21763	1	元典圜局ニ關スル書類	永	3	234-3	

표13 영구 보존 대상 문서철의 책수와 호수

서철을 한 질로 묶고 영구 보존 대상으로 분류하였다.

도서번호 奎 20123이 부여된 『結稅戶稅ニ關スル報告書』의 책 수는 1 책이지만, 『結稅戶稅ニ關スル報告書』에 찍혀 있는 분류도장을 보면, 보존년수 永, 책수 14책, 호수 93-9가 부여되어 있다. 분류도장을 찍을 당시에는 14책을 한 질로 묶고 영구 보존 대상으로 분류하면서 호수를 93-1부터 14까지 부여하였던 것이다. 이는 『重要郡收稅額調』, 『元典圜局ニ關スル書類』도 마찬가지이다. 영구 보존 대상으로 분류된 문서철은 현재 확인된 것보다 더 많았던 것이다.

영구 보존 대상으로 분류된 문서의 성격을 보면 대부분 재정과 관련된 문서철이었다. 영구 보존 대상뿐 아니라, 융희년간과 일제 초기에 분류도장을 찍고 보존기간을 부여한 문서철 자체가 대부분 탁지부와 내장원 문서철로 주로 재정과 관련된 것이다. 분류도장이 재정과 관련된 문서철에 집중적으로 찍혀 있다는 점이 주목된다.

일본은 1904년 2월 러일전쟁을 일으키고, 1904년 5월 대한제국을 식민지화하기위한 기본 방침을 결정하면서 특히 재정 문제에 주안점을 두고 대한제국에 대한 지배력을 장악하기 위해 가장 먼저 대한제국의 국가재정을 장악하고자 하였다.[38] 분류도장이 재정 관련 문서에 집중적으로

---

38) 『日本外交文書』37권 1책, 「對韓方針竝ニ對韓施設綱領決定ノ件」, 1904.5.31, 353쪽.

날인되었듯이, 일본의 지배 정책이 공문서 관리에도 반영되었던 것이다.

또한 이토 히로부미는 농사개량·도로수축·배수·관개·식림(植林)·교육 등을 개선할 비용 1천만원을 일본에서 차관으로 들여올 것을 요구하면서,[39] 차관 도입을 통해서도 대한제국의 국가 재정에 영향력을 행사하려 하였다.

국가 재정의 장악과 차관도입을 통해 대한제국에 대한 지배력을 장악하고자 한 일본은 일본 화폐제도의 도입, 국고·회계제도 개편, 징수체계의 개편, 세원 조사, 황실재정의 해체 등 일련의 정책을 시행하며 대한제국의 국가 재정을 장악해 나갔다.[40] 융희년간과 일제 초기에 주로 재정 관련 문서철에 분류도장이 찍힌 것은 이러한 일본의 지배 정책이 반영된 산물이었던 것이다.

분류도장이 찍힌 재정 관련 문서철 가운데 영구 보존 대상으로 분류된 문서철을 기관별로 구분해 보면, 크게 황실과 국가 행정기구로 나뉜다. 황실 관련 문서는『中和殿行閣三門所用物種價未撥冊』,『咸寧殿新建豫算明細書』,『嘉禮敎是時各項器皿記』등으로 궁궐의 소용물종가(所用物種價)와 건설비용을 기록한 문서이다.[41] 중화전은 경운궁의 법전(法殿)이

---

39) 「韓國施政改善二關スル協議會 第一回 會議錄」『統監府文書』1, 국사편찬위원회, 138–139쪽.

40) 이윤상, 1996,「1894~1910년 재정 제도와 운영의 변화」, 서울대 박사학위 논문, 205쪽.

41)『嘉禮敎是時各項器皿記』의 경우, 표제가 '嘉禮敎是時各項器皿預記 舊未下追續排(一) 陽川郡各面結捴実數與面長姓名及保人(一)'으로 기록되어 있고, 문서철 목록에는 '嘉禮敎是時各項器皿預記' 등 황실 관련 문서 목록이 적혀 있지만, 실제 편철된 문서에는 '嘉禮敎是時各項器皿預記' 등 황실 관련 문서는 없고 대부분 경기도 각군 結稅 관련 문서만 편철되어 있다. 처음 문서를 편철할 때에는 '嘉禮敎是時各項器皿預記'를 함께 편철하였지만, 이후 어느 시점에서 '嘉禮

90 | 대한제국기 공문서 연구

고, 함녕전은 고종의 침전(寢殿)으로 고종이 아관파천 이후 경운궁에 옮겨 오고 황제권을 강화하는 과정에서 경운궁에 만든 건물이었다.42) 조선왕조에서는 책봉 · 가례 · 상례 · 궁궐 건설 등 왕실과 관련된 일을 의궤(儀軌)로 작성해 영구 보존하였는데, 『중화전행각삼문소용물종가미발책』 등은 궁궐의 건설 · 보수에 든 비용을 기록한 재정 관련 문서철로서 의궤는 아니었지만 영구 보존 대상으로 분류되었다.

국가 행정기구 문서철은 결호세 · 해관 · 외획 · 예산과 관련된 것이다. 『수도기타기업자금서류(水道其他起業資金書類)』(奎 20259)는 일본에서 들여온 차관을 '기업자금'으로 지출해 줄 것을 요청한 문서와 지출을 승인한 문서를 편철한 문서철이다. '기업자금'은 이토 히로부미가 농사개량 · 도로수축 등을 개선하기 위한 명목으로 일본에서 들여올 것을 요구한 차관으로, 인천 · 평양의 수도 건설비 · 공업전습소(工業傳習所) 운영비 · 학부 교육비 · 대한병원 건립비 · 한성재판소 건설비 · 각지에 설립된 농공은행 보조비 등으로 사용되었다. 일본은 차관을 통해 대한제국의 국가 재정을 통제하면서, 사회간접 자본을 확충하여 대한제국을 지배하기 위한 기반을 조성하였던 것이다.43) 이 과정에서 생산된 문서를 편철한 『수도기타기업자금서류』를 영구 보존 대상으로 분류하여 지배 정책의 자료로 삼았던 것이다.

일본은 대한제국의 국가 재정을 장악하기 위해 국가 재정의 근간이었

敎是時各項器皿預記'를 분책하여 따로 편철한 것으로 보인다.
42) 경운궁의 확장 건설은 이태진, 2000, 「대한제국의 서울 황성 만들기」 『고종시대사의 재조명』, 태학사 ; 한영우, 2002, 「1904~1906년 경운궁 중건과 ≪慶運宮重建都監儀軌≫」 『한국학보』 108, 일지사 참조.
43) 권태억, 1994, 「1904~1910년 일제의 한국 침략 구상과 '시정개선'」 『한국사론』 31, 244쪽.

던 결호세를 조사하였고,[44] 국가 재정의 세입 · 세출을 통제하기 위해 '세입세출처리순서(歲入歲出處理順序)'를 제정하고[45] 외획(外劃)을 폐지하였다.[46] 그리고 일본 화폐제도를 도입하면서 보조화(補助貨)가 남다(濫多)해 재정이 문란해졌다며 동화(銅貨)를 주조한 전환국(典圜局)을 폐지하고 창사(廠舍) · 기계 · 물품을 탁지부에서 검사하고 보관토록 하였다.[47] 이러한 일련의 과정에서 결호세 · 예산 · 회계 · 외획 · 전환국과 관련된 문서철 일부를 선별하여 영구 보존 대상으로 분류했던 것이다.

이밖에도 『탁지부각부원등공문래거문(度支部各部院等公文來去文)』 (奎 17877) 24책 가운데 관세과에서 편철한 9책의 문서철이 영구 보존 대상으로 분류되었다. 관세는 탁지부에서 독립되어 중앙에 총세무사청(總稅務司廳)과 지방에 해관(海關)을 두고 세무사(稅務司)가 관리했는데 이후 재정고문이 관세를 관할하였고, 1908년 1월 각부관제(各部官制)를 개정하면서 총세무사청이 폐지되고 탁지부대신이 관리하였다.[48]

독립회계로 처리된 관세수입이 국고로 들어오게 되면서 세입예산에서 지세 다음으로 높은 비중을 차지하였고,[49] 관세수입은 차관의 주요 담보 대상이었다.[50] 특히 일본은 대한제국을 강점한 뒤 대한제국과 다른 나라가 맺었던 조약을 무효화했지만, 관세는 조선총독부의 재정과 일본의 국제 정치적 상황으로 '구한국' 관세를 그대로 유지하며 새로운 관세

---

44) 이영호, 2001, 『한국근대 지세제도와 농민운동』, 서울대학교출판부.
45) 『法令集』 IV, 「度支部令第5號 歲入歲出處理順序」, 1905.6.24, 269-276쪽.
46) 『韓國財政整理報告』 1, 제1회, 6~20-23쪽.
47) 『法令集』 III, 「奏本 典圜局을 廢止하는 件」, 1904.11.28, 701쪽.
48) 『韓國財政施設綱要』, 96쪽.
49) 이윤상, 1996, 앞의 논문, 268-269쪽.
50) 『第三次統監府統計年報』 「韓國國債現在額」, 1908, 603쪽.

제도에 대한 대책을 마련하고 있었다.[51] 이런 상황에서 해관 관련 문서도 영구 보존 대상으로 분류하였던 것이다.

일본은 대한제국을 지배하기 위한 일련의 정책을 시행하는 과정에서 결호세·외획·화폐·예산·해관 관련 문서를 선별하여 지배정책의 예규나 참고 대상으로 삼기 위해 영구보존대상으로 분류하였던 것이다.

갑오개혁을 계기로 공문서 관리 규정이 새롭게 제정되었지만 보존기간에 대한 규정이 마련되지 않아 문서 관리체계에 한계가 있었다. 그러나 융희년간부터 보존기간제가 도입되어 분류도장을 찍고 문서 관리에 필요한 보존년수·기만년월·책수·분류호수 등을 부여하여, 문서의 분류·보존 체계의 틀을 갖추게 되었다.

그러나 이러한 분류도장이 대부분 재정 관련 문서철에 집중적으로 찍혀 있었듯이, 이는 일본이 대한제국에 대한 지배력을 장악하기 위해 재정 문제에 주안점을 둔 지배정책이 반영된 식민지화 과정의 산물이었다.

---

51) 송규진, 1997, 「1910년대 관세정책과 수이출입구조」, 『역사문제연구』 2, 역사비평사.

도서번호	도서명
奎 15336	度支定例
奎 15337	度支定例
奎 15338	度支定例
奎 15339	度支定例
奎 15340	度支定例
奎 15341	度支定例
奎 15342	度支定例
奎 15343	度支定例
奎 15344	度支定例
奎 15345	度支定例
奎 15346	度支定例
奎 15347	度支定例
奎 15348	度支定例
奎 15349의 1	度支定例
奎 15358	國婚定例
奎 15363	田制詳定所遵守條劃
奎 17876	訓令編案
奎 17877	度支部各部院等公文來去文
奎 17966	忠淸南道各郡結戶錢攷
奎 18016	釜山港出入口稅金總數成冊
奎 18017	仁川港銀號所收海關進出口稅銀數目及經費淸冊
奎 18161	都提調先生案
奎 18162	提調先生案
奎 18163의 1	宣惠堂上先生案
奎 18163의 2	宣惠堂上先生案
奎 18166	糧餉郎廳先生案
奎 18167	堂上先生案
奎 18168의 1	太倉先生案
奎 18168의 2	太倉先生案
奎 18169의 1	堂上先生案
奎 18169의 2	堂上先生案
奎 18173	參議先生案
奎 18175	端懿王后國恤謄錄
奎 18176	肅宗大王國恤謄錄
奎 18177	版籍司辛丑謄錄
奎 18178	賢嬪宮喪謄錄
奎 18179	孝顯王后國恤謄錄
奎 18180	文孝世子喪謄錄
奎 18181	仁敬王后國恤謄錄

도서번호	도서명
奎 18182	版籍司謄錄
奎 18183	別例房別謄錄
奎 18184	版籍司癸巳年謄錄
奎 19314	慶尙北道各郡丙午條租案
奎 19316	軍資監魚鱗
奎 19317	度支別貿
奎 19318	度支別貿
奎 19319	度支別貿
奎 19322	度支部檢稅事目
奎 19326	頒祿準折
奎 19327	例式通攷
奎 19332	度支別進排謄錄
奎 19333	度支別進排謄錄
奎 19334	度支別進排謄錄
奎 19335	別庫釐弊節目
奎 19337	唐藥材契變通節目
奎 19338	各宮房免稅情米釐正節目
奎 19339	全州益山屯釐正節目
奎 19345	全羅道全州府所在總衛營屯土所屬回浦面助沙里利東面馬峴里倉底民虛卜白骨蕩減及孔德堤冒耕畓作者成冊
奎 19350	各道錢穀年終會計請出
奎 19352	全羅道全州府益山郡所在總衛營屯畓量案
奎 20123	結稅戶稅ニ關スル報告書
奎 20225	歲出臨時部一月至九月支用額歲出經尙部各部經費支用額先支撥冊
奎 20259	水道其他起業資金書類
奎 20261	中和殿行閣三門所用物種價未撥冊
奎 20262	總收入槪算
奎 20263	甲辰條結錢上納ニ關スル書類
奎 20264	甲辰條結錢上納ニ關スル書類
奎 20273	嘉禮敎是時各項器皿記
奎 20274	重要郡收稅額調
奎 20275	歲入實地收捧額
奎 20276	咸寧殿新建豫算明細書
奎 20469	仁川港銀號所收海關進出口稅銀數目及經費淸冊
奎 20608	日人接濟次各處所舖陳及柴油炭等下記
奎 20950	漢城裁判所俸給支出請求權
奎 20986	官制及規程
奎 21003	各部顧問案
奎 21763	元典園局ニ關スル書類
奎 25025	度支定例

3장 탁지부의 공문서 편철과 분류

　왕권을 정점으로 한 의정부·6조 체제로 편제되어 있던 조선왕조의 국가 기구는 갑오개혁을 통해 의정부·궁내부·8아문 체제로 개편되었다. 국가 재정 업무를 담당한 탁지아문은 1895년 8아문이 7부로 개편되면서 탁지부로 개칭되었다. 1894년 6월 제정된 '탁지아문관제(度支衙門官制)'에 따르면 탁지아문에는 10국이 설치되었는데,[1] 1895년 3월 탁지부로 개칭되면서 5국으로 변경되었다.[2]

탁지부의 국과(局課)

　1) 사세국(司稅局): 지세과(地稅課), 잡세과(雜稅課), 관세과(關稅課)

　2) 사계국(司計局): 경리과(經理課), 감사과(監査課)

---

1) 『法令集』 I, 「議案 各衙門官制」, 1894.6.28, 6–7쪽.
2) 『法令集』 I, 「度支部分課規程」, 1895.3.26, 252–256쪽.

3) 출납국(出納局): 금고과(金庫課), 미름과(米廩課)

4) 회계국(會計局): 경비과(經費課), 조도과(調度課)

5) 서무국(庶務局): 국채과(國債課), 문서과(文書課)

탁지부는 5국 11과로 구성되어 국가 재정 업무를 담당했다. 사세국 지세과는 지세의 부과와 징수, 잡세과는 잡세의 부과와 징수, 관세과는 관세의 부과와 징수 업무를 담당했고, 사계국 경리과는 세입 세출의 예산 결산 업무를 담당했고, 감사과는 지방 예산의 승인, 보호회사의 회계 감독 등의 업무를 담당했다.

이후 1905년 4월 관제 개정으로 탁지부는 사세국, 사계국, 인쇄국, 출납국의 4국 9과 체계로 변화되었고, 과의 명칭도 변경되었다.[3] 사세국 지세과는 정세과(正稅課)로 변경되었고, 잡세과・관세과는 각세과(各稅課)로 통합되었고, 사세국에 양지과(量地課)가 새로 설치되었다. 국과의 변동은 있었지만 부－국－과 체계로 구성된 행정 체계는 변함이 없었다.

이 장에서는 탁지부가 부－국－과 체계를 바탕으로 국가 재정 업무를 수행하면서 제반 기구와 주고받은 문서를 어떻게 편철・분류하였고 조선총독부는 이들 문서철을 어떻게 재분류했는지 검토하고, 이를 바탕으로 대한제국기 탁지부 문서 분류체계의 원 질서를 파악해 보고자 한다.

1. 국과 단위의 공문서 편철과 각 과별 편철 기준

현재 규장각에 소장되어 있는 탁지부 문서철로는 『군부래거안(軍部來

---

3) 『法令集』 IV, 「度支部分課規程」, 1905.4.13, 101－104쪽.

내별번호	표제	文書起案 局課	거래기관	문서년도	목록	두께
7-1	軍部去來公文案	司稅局 地稅課	軍部	1896	있음	1.5
7-2	軍部去來牒	司稅局 地稅課	軍部	1897~1899	있음	1.5
7-3	公文去來牒	司稅局 雜稅課	軍部	1898~1899	있음	2.2
7-4	監査課議案	司計局 監査課	軍部	1903	없음	4
7-5	監査課議案	司計局 監査課	軍部	1904	없음	3.5
7-6	監査課議案	司計局 監査課	軍部	1905	없음	2.5
7-7	軍部 元帥府附	司稅局 地稅課	軍部/元帥府	1903~1905	있음	1.5

표1 『軍部來去案』(奎 17878, 7책) 각 문서철별 정보 * 두께 단위 : cm

去案)』(奎 17878, 7책), 『탁지부내부공문래거첩(度支部內部公文來去牒)』(奎 17881, 7책), 『탁지부농상공부공문래거첩(度支部農商工部公文來去牒)』(奎17880, 6책), 『탁지부각부원등공문래거문』(奎 17877, 24책), 『궁내부거래문첩(宮內府去來文牒)』(奎 17882, 8책) 등이 있다. 이들 문서철은 탁지부가 중앙 기관과 거래한 문서를 편철한 것인데, 이 가운데 먼저 『군부래거안』을 중심으로 탁지부의 편철 방식을 살펴본다.

표1의 『군부래거안』은 군부가 탁지부에 조회·조복한 문서와 이에 대해 탁지부가 회답한 조복·조회의 기안문을 탁지부가 편철한 문서철이다. 각 문서철의 편철 방식을 보면, 내별번호 7-1~6은 군부에서 보낸 조회·조복과 탁지부에서 작성한 조회·조복의 기안문이 조응해서 날짜순으로 편철되어 있었고, 내별번호 7-7은 군부와 원수부 두 기구의 문서가 함께 편철되어 있는데, 거래기관인 군부와 원수부를 구분한 다음 내별번호 7-1~6과 동일한 방식으로 편철되어 있다.

조회와 조복의 기안문을 조응해서 편철한 것은 경무청 '문서취급규칙' 제4조의 '조회서에 대한 회답안과 소원에 대한 지령안은 해당 조회서 또는 소원서에 첨부해서 편철'하도록 규정한 방식과 동일하다.[4] 1894년 7월 14일 '각부각아문통행규칙'과 1895년 3월 '각부관제통칙'을 제정해 공문서 관리 규정을 새롭게 제정했지만, 이들 규정에는 편철과 관련된 세부 규정이 마련되어 있지는 않았다.[5] 세부 규정은 각부부원청에서 자체적으로 마련했지만, 탁지부의 편철 방식이 경무청의 편철 규정과 동일했듯이 조회와 조복을 조응해서 왕복 문서를 편철하는 방식은 각 기관 사이에 일반적으로 공유되고 있었던 것이다.

문서철의 두께를 보면, 『군부래거안』 각 문서철의 두께가 일률적이지는 않지만 대략 1.5cm에서 4cm로 큰 차이가 나지는 않았다. 규장각에 소장된 대한제국기 공문서철의 두께는 대부분 『군부래거안』과 비슷하다. 1909년에 제정된 '궁내부규정'에는 문서철의 두께를 '二寸五分을 한도로 하여 此를 成冊하고' 양이 적을 경우에는 수년간 문서를 합철하고, 분책할 때는 표지에 책호를 기록하도록 하였다.[6] 문서철의 두께에 제한을 두고, 문서량에 따라 합철 또는 분책하도록 한 것이다. 대한제국기 공문서철의 두께와 '궁내부규정'에 근거해 보면, 문서철은 특정 두께로 고정된 것이 아니라 2촌 5푼(≒8cm)처럼 최고 한도만 제한하고 그 범위 내에서 편철하였던 것으로 보인다.

문서철의 두께를 염두에 두면서 각 문서철에 편철된 문서년도를 보면 1년 단위가 총 4책, 2년이 1책, 3년이 2책이다. 대부분 1년 단위로 편철되었지만 2 · 3년 단위의 문서철도 있다. 2~3년 간의 문서를 함께 편철한 문서철의 두께도 1.5~2.2cm로 1년 단위의 문서철과 비슷하다. 문서

---

4) 『法令集』 I, 「警務廳訓令第6號 文書整理規則」, 1895.7.1, 498−500쪽.
5) 대한제국기 공문서의 편철 규정은 2장 참조.
6) 『宮內府規例』, '宮內府記錄編纂保存規程', 163−174쪽.

량이 적을 경우에는 수년간의 문서를 합철토록 한 규정이 적용된 사례인 것이다.

『군부래거안』의 각 문서철은 목록이 있는 것과 없는 것으로 구분되었다. 1905년 탁지부 '처무규정' 제22조에 편찬 문서는 모두 권수(卷首)에 목록을 만들도록 했지만,[7] 내별번호 7-4~6의 문서철에는 목록이 기록되어 있지 않았다. 목록을 작성토록 한 규정이 일률적으로 지켜지지는 않았던 것이다. 다만 내별번호 7-6의 권수에는 내별번호 7-7의 목록을 기록한 재질과 같은 종이 몇 장이 여백인 채로 편철되어 있는데, 목록을 기록하지는 않았지만 목록을 작성하기 위한 종이는 편철하였던 것이다.

『군부래거안』 7책의 편철 상태를 각부부원청에서 자체적으로 마련한 경무청 · 탁지부 · 궁내부 규정과 비교해 보면 대체로 이들 규정과 합치됨을 알 수 있다. 각 기관별로 문서 편철 규정을 마련하였지만 일반적인 규정은 공유되고 있었던 것이다.

다음으로 『군부래거안』의 각 문서철별로 문서를 기안한 국과를 보면 탁지부 사세국 지세과(7-1 · 2 · 7) · 잡세과(7-3), 탁지부 사계국 감사과(7-4~6)로 2개 국, 3개 과로 구분되었다. 대한제국기 국가 기구가 부-국-과 체계로 구성되어 있듯이, 실무를 담당한 최하 행정기구인 과를 단위로 문서를 편철하였던 것이다.

이는 다른 문서철을 통해서도 확인된다. 표2의 『궁내부거래문첩』은 궁내부가 탁지부에 조회 · 조복한 문서와 이에 대해 탁지부가 회답한 조회 · 조복의 기안문을 조응하여 날짜순으로 편철한 문서철로 편철 방식은 『군부래거안』과 동일하다.

---

7) 1905년 3월 16일 훈령 제1호 탁지부 '처무규정'(이경용, 2002, 「한말 기록관리 제도-공문서 관리 규정을 중심으로-」 『기록학연구』 6, 196쪽 재인용)

내별번호	표제	문서년월	文書起案 局課	목록
8-1	宮內府 公文編集	1895.11~1896.7	(地稅課)	있음
8-2	宮內府去來公文案	1896.8~12	司稅局 地稅課	있음
8-3	宮內府去來牒	1897.1~12	司稅局 地稅課	있음
8-4	宮內府去來牒	1898.1~1899.11	司稅局 地稅課	있음
8-5	宮內府	1900.1~1905.10	司稅局 地稅課	없음
8-6	經理課	1903.3~1904.5	司計局 經理課	없음
8-7	公文去來牒	1895.10~1899.7	司稅局 雜稅課	있음
8-8	監査課議案	1902.12~1904.12	司計局 監査課	없음

표2 『궁내부거래문첩』(奎 17882, 8책) 각 문서철별 정보

『궁내부거래문첩』도 각 문서철별로 문서를 기안한 국과를 보면 탁지부 사세국 지세과(8-2~5)·잡세과(8-7), 사계국 경리과(8-6)·감사과(8-8)로 2개 국, 4개 과로 구분된다. 사세국 지세과·잡세과, 사계국 경리과·감사과가 담당 업무와 관련해 궁내부와 거래한 문서를 국과단위로 편철한 것이다.

내별번호 8-1에는 문서를 기안한 국과가 기록되어 있지 않지만 내별번호 8-2~5의 문서년월과 비교해 보면 사세국 지세과에서 기안한 문서로 이해된다. 기안문 양식을 보면 갑오개혁기에 처음 등장한 기안문은 기안이란 표시와 기안한 국과의 기록 없이 거래기관에 보내는 일반 문서와 동일한 양식으로 작성되었다. 이후 1896년 9월경부터 기안문의 첫머리에 결재자인 대신·협판(協辦)·국장·과장의 성명장을 찍어 기안문의 양식을 갖추기 시작하였으며, 1899년 2월경부터는 기안 용지가 인쇄된 기안문을 사용했다. 내별번호 8-1은 가장 초기의 기안문 양식이라 국과가 기록되지 않았던 것이다.

『궁내부거래문첩』의 문서철도 국과를 단위로 편철되었지만, 내별번호

8-2와 8-3에는 다른 과에서 기안한 문서 일부가 함께 편철되어 있었다. 내별번호 8-2와 8-3은 지세과에서 기안한 문서이지만, 8-2에는 잡세과에서 기안한 문서가 8건, 8-3에는 잡세과와 관세과가 기안한 문서가 각각 17건과 2건이 포함되어 있다. 내별번호 8-2와 8-3은 일부 문서이긴 하지만 과가 혼용된 형태인데, 과 단위의 편철 방식에 따르면 이들 문서 가운데 잡세과 문서는 내별번호 8-7에 편철되어야 한다.

내별번호 8-2 · 3에 편철된 잡세과 기안문과 내별번호 8-7에 편철된 잡세과 기안문의 문서년월을 비교해 보면, 잡세과에서 편철한 8-7의 문서년월은 1895년 10월부터 1899년 7월까지였다. 이를 세분하면 1895년 10월-1896년 10월, 1898년 3월-1899년 7월 두 기간으로 구분되었고,[8] 1896년 11월부터 1898년 2월까지의 문서가 없었다.

다음으로 내별번호 8-2에 편철된 잡세과 기안문의 문서년월은 1896년 10월 22일(1건), 11월(6건), 12월(1건)이었고, 내별번호 8-3은 1897년 3월부터 12월까지(17건)였다. 내별번호 8-2 · 3에 편철된 잡세과 기안문은 잡세과에서 편철한 내별번호 8-7에 빠져 있는 문서년월과 일치한다. 1896년 11월부터 1897년 12월까지의 잡세과 기안문이 잡세과 문서철이 아닌 지세과 문서철에 편철된 것이다.

1896년 11월부터 1897년 12월까지의 잡세과 기안문이 지세과 문서철인 내별번호 8-2와 8-3에 포함된 이유는 불분명하지만, 이 시기 특별한 사정으로 인해 지세과 문서에 편철된 것으로 이해된다. 잡세과 문서 일부가 지세과 문서철에 포함되어 있지만 국과 단위의 편철 원칙이 부정된 것은 아니며, 전체적인 틀에서는 국과 단위의 원칙이 지켜졌다.

---

8) 1895년과 1898년 문서는 각각 3건, 6건밖에 없고, 대부분 1896년과 1899년 문서였다.

탁지부는 국과 단위로 문서를 편철했지만, 각 국과별로 문서를 편철한 기준에는 차이가 있었다. 먼저 지세과에서 편철한 표1의 『군부래거안』 내별번호 7-1ㆍ2는 군부와 거래한 조회ㆍ조복을 편철한 문서철이고, 표2의 『궁내부거래문첩』 내별번호 8-1~5는 탁지부 지세과가 궁내부와 거래한 조회ㆍ조복을 조응해서 편철한 문서철이다. 그리고 각 문서철의 문서년도를 보면 대략 1~2년을 단위로 문서를 편철했지만, 『궁내부거래 문첩』 내별번호 8-5는 탁지부 지세과와 궁내부가 1900년부터 1905년 까지 6년간 거래한 문서가 하나의 문서철에 편철되어 있다.

『군부래거안』 내별번호 7-1ㆍ2는 지세과가 군부와 거래한 문서만 편 철되어 있고, 『궁내부거래문첩』 내별번호 8-1~5는 궁내부와 거래한 문 서만 편철되어 있듯이 지세과는 거래기관을 기준으로 문서를 편철하였 던 것이다. 지세과는 거래기관을 기준으로 1-2년 간 거래한 문서를 하 나의 문서철에 편철했지만, 각 기관과 거래한 문서량이 적을 경우에는 내별번호 8-5처럼 6년간 거래한 문서를 하나의 문서철에 함께 편철하 기도 했던 것이다. 지세과가 거래기관을 기준으로 단일 기관과 거래한 문서만 편철한 문서철로는 이외에 『탁지부내부공문래거첩』(奎 17881, 7책), 『평리원래거문(平理院來去文)』(奎 17883, 4책), 『법부래거문(法 部來去文)』(奎 17884, 4책), 『탁지부농상공부공문래거첩』(奎17880, 6 책) 내별번호 6-3 등이 있다.

지세과는 거래기관을 기준으로 문서를 편철했지만 하나의 문서철에 2 개 기관의 문서를 함께 편철하기도 했다. 표1의 『군부래거안』 내별번호 7-7은 지세과가 1903년부터 1905년까지 군부ㆍ원수부와 거래한 문서 가 함께 편철되어 있다. 내별번호 7-7은 두 기관과 거래한 문서가 함께 편철되어 있지만, 문서 앞부분에는 원수부와 거래한 문서가, 뒷부분에는

내별번호	표제	거래기관	文書起案 局課	문서년월
24-10	照會編案	宮內府·經理院·議政府·內部·外部 등	司稅局 正稅課	1906.2~1907.1
24-11	照會編案	法部·平理院·漢城裁判所·農商工部	司稅局 正稅課	1905~1907
24-12	照會編案	通信管理局·統監府·要塞司令部	司稅局 正稅課	1906.12~1907.11

표3 『탁지부각부원등공문래거문』(奎17877, 24책)의 지세과 문서철

군부와 거래한 문서가 편철되어 있다. 한 문서철 내에서 거래기관을 구분하여 편철한 것이다.

이와 동일한 방식으로 편철된 지세과 문서철로는 『탁지부각부원등공문래거문』 내별번호 24-13이 있다. 이 문서철에는 지세과가 1897년부터 1905년까지 농상공부·통신원과 거래한 문서가 함께 편철되어 있다. 편철 방식은 『군부래거안』 내별번호 7-7과 동일하게 내별번호 24-13의 앞부분은 농상공부와 거래한 문서가 편철되어 있고, 뒷부분은 통신원과 거래한 문서가 편철되어 있다.

한 문서철 내에서 거래기관을 구분하고 2개 기관의 문서를 함께 편철한 것은 거래한 문서량과 관련이 있다. 『군부래거안』 내별번호 7-7에 편철된 원수부와 거래한 문서는 1903년부터 1904년까지 3건에 불과했고, 『탁지부각부원등공문래거문』 내별번호 24-13에 편철된 통신원과 거래한 문서는 1901년부터 1905년까지 11건에 불과했다. 두 문서철의 표제를 보면 내별번호 7-7은 '군부 원수부부(元帥府附)'였고, 내별번호 24-13은 '농상공부 부통신원(附通信院)'이었다. 지세과는 군부·농상공부와 거래한 문서를 편철하면서 원수부와 통신원의 문서량이 적었기 때문에 성격이 비슷한 기구의 문서와 함께 편철했던 것이다. 지세과는 거래기관을 기준으로 문서를 편철하면서 문서량이 적을 경우에는 하나

의 문서철에 2개 기관의 문서를 함께 편철하면서 문서철 내에서 거래기관을 구분했던 것이다.

표3은 『탁지부각부원등공문래거문』에 분류되어 있는 지세과 문서철을 제시한 것이다. 표3의 문서철은 앞서 살펴본 문서철과 달리 하나의 문서철에 여러 기관과 거래한 문서가 함께 편철되어 있다.

지세과가 거래기관을 기준으로 단일 기관과 거래한 문서만을 편철한 『평리원래거문』의 마지막 문서년도는 1904년이었고, 『탁지부내부공문래거첩』, 『법부래거문』, 『궁내부거래문첩』, 『군부래거안』, 『탁지부농상공부공문래거첩』은 모두 1905년이었다. 이에 반해 표3의 문서철의 시작 연도는 평리원이 1905년이었고, 외부를 제외한 나머지는 1906년이었다.[9] 그리고 각 문서철은 1년 또는 2년을 단위로 편철되어 있다.

지세과는 1905 · 1906년을 기점으로 거래기관을 기준으로 단일 기관과 거래한 문서만을 편철하던 방식에서, 문서 시기를 기준으로 하나의 문서철에 여러 기관과 거래한 문서를 함께 편철하는 방식으로 변경했던 것이다. 표3의 문서철은 여러 기관의 문서를 함께 편철했지만, 문서철 내에서 기관별로 구분되어 있었다. 지세과는 1905 · 1906년을 기점으로 문서 시기를 기준으로 문서를 편철하면서 한 문서철 내에서 거래기관을 구분하는 방식으로 편철 방식을 변경했던 것이다.

지세과는 기본적으로 거래기관을 기준으로 문서를 분류하고 편철했지만, 관세과는 이와 달랐다. 표4는 『탁지부각부원등공문래거문』에 분류되어 있는 관세과 문서철을 제시한 것이다. 내별번호 24-16~18의 문서철에는 문서를 기안한 국과가 기록되어 있지 않지만, 내별번호 24-16~24

---

9) 내별번호 24-10의 외부만 문서년도가 1901~1905년이었다.

내별 번호	표제	거래기관	文書起案 局課	문서년월
24-16	關稅課公文編案	軍部·農商工部·外部·內部· 警務廳 등	(關稅課)	1895.4~8
24-17	關稅課公文編案	軍部·總稅務司·外部·內部	(關稅課)	1895.8~ 1896.2
24-18	關稅課公文編案	軍部·學部·農商工部·外部· 內部 등	(關稅課)	1896.3~6
24-19	關稅課公文編案	軍部·宮內府·農商工部·外部 등	司稅局 關稅課	1896.4~ 1897.12
24-20	關稅課公文編案	軍部·議政府·宮內府·外部· 內部 등	司稅局 關稅課	1898.1~12
24-21	關稅課公文編案	軍部·農商工部·元帥府·總稅 務司 등	司稅局 關稅課	1898.6~ 1900.1
24-22	關稅課公文編案	軍部·法部·農商工部·內部· 外部 등	司稅局 關稅課	1900.1~12
24-23	關稅課公文編案	軍部·法部·農商工部·元帥府 ·外部 등	司稅局 關稅課	1900.12~ 1902.3
24-24	關稅課公文編案	軍部·議政府·農商工部·元帥 府 등	度支部 關稅課	1903.1~ 1904.12

표4 『탁지부각부원등공문래거문』(奎 17877, 24책) 관세과 문서철

의 표제가 '관세과공문편안'으로 동일하고 문서년월이 순차적으로 연속

되듯이 이 역시 관세과에서 기안한 문서를 편철한 문서철이다. 내별번호

24-16~18에 편철된 문서는 기안문의 초기 양식이라 관세과가 기재되

어 있지 않았던 것이다.

　내별번호 24-16~24도 조회와 조복이 조응해서 편철되어 있지만, 지

세과 문서철과 달리 하나의 문서철에 여러 기관과 거래한 문서가 기관별

구분 없이 날짜순으로 편철되어 있었다. 지세과는 거래기관을 기준으로

문서를 분류하고 편철했지만, 관세과는 거래기관을 구분하지 않고 문서

시기를 기준으로 날짜순으로 편철하였던 것이다.

　표5는 잡세과가 편철한 문서철을 제시한 것이다. 『군부래거안』은 잡

세과가 군부와 거래한 문서만 편철되어 있고, 『궁내부거래문첩』은 궁내

부, 『탁지부농상공부공문래거첩』은 농상공부와 거래한 문서만 편철되어

도서번호	도서명	내별번호	문서 년월	거래기관
奎 17878	軍部來去案	7-3	1898~1899	군부
奎 17882	宮內府去來文牒	8-7	1895.10~1899.7	궁내부
奎 17880	度支部農商工部公文來去牒	6-1	1895.11.13~1896.8.28	농상공부
		6-2	1896.9.5~1897.1.4	
		6-4	1897.1.9~1897.11.29	
		6-5	1898.1.15~12.27	
		6-6	1899.1.2~12.30	

표5 탁지부 사세국 잡세과의 문서철

있다. 각 문서철에 모두 잡세과가 단일 기관과 거래한 문서만 편철되어 있으므로 지세과와 마찬가지로 거래기관을 기준으로 문서를 편철한 경우에 해당한다고 볼 수 있다. 그런데 잡세과는 이들 문서철과 같은 시기의 문서를 편철하면서 하나의 문서철에 여러 기관과 거래한 문서를 함께 편철하기도 했다.

표6은 『탁지부각부원등공문래거문』에 분류되어 있는 잡세과 문서철을 제시한 것이다. 이들 문서철에는 여러 기관과 거래한 조회·조복이 함께 편철되어 있는데, 각 문서철의 연도가 1년 또는 2년 단위로 구분되고 거래기관이 앞뒤로 중복되듯이 이 경우는 문서 시기를 기준으로 문서를 편철한 것이다. 문서 시기를 기준으로 문서를 편철한 관세과와 유사한 방식이지만, 관세과와 달리 하나의 문서철 내에서 거래기관이 구분되어 편철되어 있다.

잡세과 문서철의 특징은 단일 기관과 거래한 문서만을 편철한 문서철과 여러 기관의 문서를 함께 편철한 문서철이 같은 시기에 함께 나타나고 있다는 점이다. 이들 문서철을 문서년도 순으로 배열해 본다.

표7은 잡세과가 단일 기관의 문서를 편철한 문서철과 여러 기관의 문

내별번호	표제	거래기관	문서년월
24-1	公文去來牒	掌禮院·外部·內部·法部·學部 등	1897.5~1899.12
24-2	公文去來牒	法部·軍部·宮內府	1896.12~1898.12
24-3	公文去來牒	元帥府·宮內府·內藏院·掌禮院·軍部	1900.1~1901.2
24-4	公文去來牒	議政府·內部·農商工部·法部 등	1900.1~12
24-5	公文去來牒	宮內府·元帥府·外部·法部·內藏院 등	1901.1~12
24-6	公文去來牒	宮內府·議政府·外部·軍部·內藏院 등	1901.10~1903.11
24-7	公文去來牒	農商工部·通信院	1902.1~1904.1
24-8	公文去來牒	宮內府·議政府·法部·警務廳·法院 등	1904.3~12
24-9	公文去來牒	宮內府·經理院·農商工部·通信院 등	1905.1~12

표6 『탁지부각부원등공문래거문』(奎 17877, 24책)의 잡세과 문서철

서를 함께 편철한 문서철을 문서년도 순으로 함께 배열한 것이다.

잡세과는 1896(丙申)~1897년도 문서 가운데 농상공부와 거래한 문서만 따로 편철하였고, 법부·군부·궁내부와 거래한 문서는 함께 편철하였다(내별번호 24-2). 1898년~1899년도 문서는 농상공부와 군부 문서만 따로 편철하고, 나머지는 하나의 문서철에 편철하였다. 그리고 1900년 이후부터는 하나의 문서철에 여러 기관과 거래한 문서를 함께 편철하였다.

농상공부와 거래한 문서는 1896년부터 1899년까지 하나의 문서철에 편철했지만, 군부와 거래한 문서는 1897년에는 여러 기관의 문서와 함께 편철했다가 1898년~1899년에는 따로 편철하였다. 이처럼 두 가지의 편철 방식이 병행된 것처럼 보이는 것은 거래한 문서량의 차이에 따른 것이다.

단일 기관의 문서를 편철한 문서철이나 여러 기관의 문서를 편철한 문서철이나 문서 건수는 40~50건으로 비슷하다. 잡세과는 문서 시기를 기준으로 문서를 편철했지만, 특정 기관과 거래한 문서량이 많은 해는 단

내별번호	표제	거래기관	문서년도	건수
8-7	公文去來牒	궁내부	1895~1898	79
6-1	農商工部公文編案		1896	43
6-2	農商工部公文編案	농상공부	1896	54
6-4	農商工部去來牒		1897	44
24-2	公文去來牒	법부, 군부, 궁내부	1897~1898	58
6-5	公文去來牒	농상공부	1898	35
6-6	公文去來牒		1899	38
7-3	公文去來牒	군부	1898~1899	68
24-1	公文去來牒	외부, 내부 등	1897~1899	47
24-3	公文去來牒	궁내부, 군부 등	1900	51
24-4	公文去來牒	의정부, 농상공부 등	1900	44
24-5	公文去來牒	궁내부, 농상공부 등	1901	41
24-6	公文去來牒	궁내부, 의정부 등	1901.10~1903.11	49
24-7	公文去來牒	농상공부, 통신원	1902.1~1904.1	40
24-8	公文去來牒	궁내부, 의정부 등	1904.3~12	46
24-9	公文去來牒	궁내부, 의정부 등	1905.1~12	40

표7 탁지부 사세국 잡세과 문서철 * 문서 건수는 조응한 조회·조복을 1건으로 계산함.

일 기관의 문서철로 따로 편철했던 것이며, 문서량이 적은 해에는 여러 기관의 문서와 함께 편철했던 것이다.

잡세과는 관세과처럼 문서 시기를 기준으로 문서를 편철했는데, 관세과는 한 문서철 내에서 기관의 구분 없이 문서년월 순으로 편철했지만, 잡세과는 한 문서철 내에서 기관을 구분해서 편철하였다.

대한제국기 탁지부는 국과를 단위로 각 과별로 문서를 분류하고 편철했지만, 각 과별로 문서의 편철 기준은 달랐다. 지세과는 거래기관을 기준으로 문서를 편철했고, 잡세과와 관세과는 문서 시기를 기준으로 문서를 편철하였다. 문서 시기를 기준으로 문서를 편철한 경우도 한 문서철 내에서 거래기관을 구분하고 날짜순으로 편철한 방식과 기관의 구분 없이 날짜순으로만 편철한 방식으로 구분되었다.

2. 조선총독부의 재분류 기준과 탁지부 문서 분류체계의 원 질서

규장각에 소장된 대한제국기 공문서에 부여된 도서명과 도서번호는 대부분 조선총독부가 대한제국기 공문서를 재분류하면서 부여한 것이다. 이에 먼저 조선총독부의 재분류 기준을 검토하고 이를 바탕으로 대한제국기 탁지부의 공문서 분류체계의 원 질서를 파악해 보고자 한다.

앞서 제시한 표1의 도서명 『군부래거안』 도서번호 奎 17878은 조선총독부가 탁지부와 군부가 거래한 문서를 편철한 7책의 문서철을 한 질로 묶어 분류한 것이다. 문서철마다 부여된 내별번호는 대략 연도순으로 부여된 것으로 보이지만, 내별번호 7-2(1897~1899)와 7-3(1898~1899)의 연도가 중복되고, 내별번호 7-4 · 5 · 6(1903~1905)과 7-7(1903~1905)의 연도가 중복된다.

탁지부는 국과를 단위로 문서를 편철하였듯이, 『군부래거안』의 문서철은 탁지부 사세국 지세과(7-1 · 2 · 7) · 잡세과(7-3), 탁지부 사계국 감사과(7-4~6)로 과별로 구분되었고, 각 문서철의 표제도 '군부거래공문안(軍部去來公文案)'(7-1) · '공문거래첩(公文去來牒)'(7-3) · '감사과의안(監査課議案)'(7-4)으로 기안한 국과마다 달랐다.

표제가 다르고 국과 단위로 편철된 7책의 문서철을 한 질로 묶고 『군부래거안』 奎 17878이라는 도서명과 도서번호를 부여한 것이다. 이를 문서철의 편철 단위인 국과를 기준으로 배열해 보면 표8과 같다.

『군부래거안』의 문서철에 부여된 내별번호 순서에 따르면 문서년도가 중복되었지만 각 과별로 문서철을 구분해서 배열해 보면 문서년도가 순

지세과			잡세과			감사과		
내별번호	표제	연도	내별번호	표제	연도	내별번호	표제	연도
7-1	軍部去來公文案	1896	7-3	公文去來牒	1898~1899	7-4	監査課議案	1903
7-2	軍部去來牒	1897~1899				7-5	監査課議案	1904
7-7	軍部元帥府附	1903~1905				7-6	監査課議案	1905

표8 『軍部來去案』(奎17878, 7책)의 국과별 배열

차적으로 연속되는 것을 확인할 수 있다. 『군부래거안』은 각 과를 단위로 구분되는 서로 다른 성격의 문서철이 혼용되어 한 질로 분류되어 있는 것이다. 이는 표2의 『궁내부거래문첩』도 마찬가지인데, 표제가 다르고 국과 단위로 편철된 8책의 문서철을 한 질로 묶어 『궁내부거래문첩』 奎17882라는 도서명과 도서번호를 부여한 것이다.

표2에 제시한 각 문서철의 문서년도를 보면 내별번호 8-1부터 8-5까지는(1895~1905) 문서년월이 순차적으로 연속되지만, 내별번호 8-6~8(1895~1904)을 포함해서 전체적으로 보면 문서년월이 중복되고 순차적이지 않았다. 이 역시 지세과를 단위로 편철된 내별번호 8-1~5의 문서철과 잡세과·경리과·감사과를 단위로 편철된 문서철을 함께 묶어서 분류했기 때문이다.

표9의 『경부래거문(警部來去文)』은 경무청이 탁지부에 조회·조복한 문서와 이에 대해 탁지부가 회답한 조복·조회의 기안문을 탁지부가 편철한 문서철이다. 『경부래거문』 역시 문서년도가 중복되었는데, 사계국 감사과가 편철한 문서철과 사세국 지세과가 편철한 문서철을 함께 묶어 분류했기 때문이다.

표10의 『탁지부내부공문래거첩』은 탁지부와 내부가 거래한 조회·조복을 조응해서 편철한 문서철이다. 『탁지부내부공문래거첩』은 앞서 살

내별번호	표제	문서년도	거래기관	文書起案 局課
2-1	監査課議案	1899 ~ 1904	警務廳	司計局 監査課
2-2	警務廳	1901 ~ 1904	警務廳	司稅局 地稅課

표9 『警部來去文』(奎 17888, 2책) 편철 기관과 거래기관

펴본 『군부래거안』, 『궁내부거래문첩』과 달리 문서년도가 중복되지 않고 내별번호 순서대로 순차적으로 연속된다. 『탁지부내부공문래거첩』이 이와 같은 이유는 이들 문서철을 모두 사세국 지세과에서 편철하였기 때문이다.[10]

『군부래거안』, 『궁내부거래문첩』, 『경부래거문』, 『탁지부내부공문래거첩』의 분류 양상을 통해 도서명과 도서번호를 부여한 조선총독부의 재분류 기준을 파악할 수 있다. 『군부래거안』 7책은 탁지부 사세국 지세과 · 잡세과, 사계국 감사과가 군부와 거래한 문서를 편철한 문서철로 탁지부와 군부가 거래한 문서철이라는 공통점을 갖는다. 『궁내부거래문첩』 역시 탁지부 사세국 지세과 · 잡세과, 사계국 감사과 · 경리과가 궁내부와 거래한 문서를 편철한 문서철로 탁지부와 궁내부가 거래한 문서철이라는 공통점을 갖는다. 『경부래거문』 2책은 탁지부 사계국 감사과, 사세국 지세과가 경무청과 거래한 문서를 편철한 것이고, 『탁지부내부공문래거첩』의 7책 역시 탁지부와 내부가 거래한 문서를 편철한 문서철이다.

조선총독부는 탁지부 사세국 또는 사계국의 각 과가 거래한 기관이 군

---

10) 내별번호 7-1은 초기의 기안문 양식이라 국과가 없지만, 문서철의 측면 하단과 내별번호 7-2의 문서년월의 연속성에 근거하여 지세과로 파악하였다. 내별번호 7-1과 7-2 문서철의 측면 하단에는 '內 丙申 一', '內 丙申 二'가 각각 기록되어 있다. 내별번호 7-1과 7-2는 1896년(丙申)에 내부와 거래한 문서를 '一'과 '二'로 나누어 편철한 연속된 문서철인 것이다.

내별기호	표제	문서년월
7-1	內部 公文編案	1895.11~1896.7
7-2	內部公文編案	1896.8~12
7-3	內部去來牒	1896.12~1897.7
7-4	內部去來文牒	1897.8~1897.12
7-5	內部去來文牒	1898.1~10
7-6	內部去來牒	1898.12~1900.11
7-7	內部	1901.1~1905.10

표10 『탁지부내부공문래거첩』(奎 17881: 7책)
각 문서철별 정보

부이면 각 과를 구분하지 않고 군부와 거래한 문서철을 함께 묶고 『군부래거안』이란 도서명을 부여했던 것이다. 조선총독부는 국과 단위로 편철된 문서철을 국과 단위가 아닌 탁지부와 군부, 탁지부와 내부라는 부와 부를 연계한 부 단위로 재분류했던 것이다.

대한제국기 공문서를 부 단위로 재분류하면서 도서명도 『탁지부내부공문래거첩』, 『탁지부농상공부공문래거첩』처럼 부를 단위로 부여했다. 군부와 궁내부의 경우에는 『규장각도서한국본종합목록』에 도서명이 『군부래거안』과 『궁내부거래문첩』으로 부여되어 있지만, 『조선총독부고도서목록보유』에는 『탁지부군부래거문(度支部軍部來去文)』과 『탁지부궁내부래거문(度支部宮內府來去文)』으로 부여되어 있다.11)

이들 문서철은 단일 기관과 거래한 문서만 편철되어 있었기 때문에 각 부를 단위로 재분류하는데 큰 문제가 없었다. 그런데 탁지부는 문서를 편철하면서 지세과처럼 거래기관을 기준으로 단일 기관과 거래한 문서만을 하나의 문서철에 편철하기도 했지만, 관세과와 잡세과처럼 여러 기관과 거래한 문서를 하나의 문서철에 함께 편철하기도 했다. 하나의 문서철에 2개 이상의 기관과 거래한 문서가 함께 편철되어 있는 문서철은 특정 부를 기준으로 재분류할 수가 없었다. 이에 조선총독부는 2개 이상

---

11) 『탁지부내부공문래거첩』과 『탁지부농상공부공문래거첩』의 경우, 『조선총독부고도서목록보유』에는 도서명이 『탁지부내부래거문(度支部內部來去文)』과 『탁지부농상공부래거문(度支部農商工部來去文)』으로 부여되어 있다.

내별 번호	표제	거래기관	文書起案 局課
24-1	公文去來牒	掌禮院·外部·內部·法部·學部 등	
24-2	公文去來牒	法部·軍部·宮內府	
24-3	公文去來牒	元帥府·宮內府·內藏院·掌禮院·軍部	
24-4	公文去來牒	議政府·內部·農商工部·法部 등	司稅局 雜稅課
24-5	公文去來牒	宮內府·元帥府·外部·法部·內藏院 등	
24-6	公文去來牒	宮內府·議政府·外部·軍部·內藏院 등	
24-7	公文去來牒	農商工部·通信院	
24-8	公文去來牒	宮內府·議政府·法部·警務廳·法院 등	
24-9	公文去來牒	宮內府·經理院·農商工部·通信院 등	司稅局雜稅課·各稅課
24-10	照會編案	宮內府·經理院·議政府·內部·外部 등	
24-11	照會編案	法部·平理院·漢城裁判所·農商工部	司稅局 正稅課
24-12	照會編案	通信管理局·統監府·要塞司令部	
24-13	農商工部 附通信院	農商工部,·通信院	
24-14	量地衙門附營建都監	量地衙門,·營建都監	司稅局 地稅課
24-15	公文去來牒	外部·議政府·仁川監理·總稅務司 등	司稅局 各稅課
24-16	關稅課公文編案	軍部·農商工部·外部·內部·警務廳 등	
24-17	關稅課公文編案	軍部·總稅務司·外部·內部	(關稅課)
24-18	關稅課公文編案	軍部·學部·農商工部·外部·內部 등	
24-19	關稅課公文編案	軍部·宮內府·農商工部·外部 등	
24-20	關稅課公文編案	軍部·議政府·宮內府·外部·內部 등	
24-21	關稅課公文編案	軍部·農商工部·元帥府·總稅務司 등	司稅局 關稅課
24-22	關稅課公文編案	軍部·法部·農商工部·內部·外部 등	
24-23	關稅課公文編案	軍部·法部·農商工部·元帥府·外部 등	
24-24	關稅課公文編案	軍部·議政府·農商工部·元帥府 등	

표11 『탁지부각부원등공문래거문』(奎 17877, 24책)의 각 문서철별 정보

기관의 문서가 함께 편철되어 있는 문서철은 단일 기관의 문서철과 구분해서 따로 분류하였다.

표11의 『탁지부각부원등공문래거문』에 분류된 문서철의 특징은 『군부래거안』, 『궁내부거래문첩』 등과 달리 하나의 문서철에 2개 이상의 거래기관의 문서가 함께 편철되어 있다는 점이다. 조선총독부는 부를 단위로 재분류하고 도서명도 문서를 거래한 각 부를 단위로 부여했지만, 표11의 문서철들은 특정 부를 기준으로 분류할 수가 없었다.

연도	군부		궁내부		내부	
	내별번호	하단 측면정보	내별번호	하단 측면정보	내별번호	하단 측면정보
1896	7-1	軍 丙申	8-1	宮 丙申 一	7-1	內 丙申 一
			8-2	宮 丙申 二	7-2	內 丙申 二
1897	7-2	軍 丁酉戊戌己亥	8-3	宮 丁酉	7-3	內 丁酉 一
					7-4	內 丁酉 二
1898			8-4	宮 戊戌己亥	7-5	內 戊戌
1899						
1900					7-6	內 己亥庚子
1901			8-5	宮 自庚子至乙巳		
1902						
1903					7-7	內部 辛壬癸甲乙
1904	7-7	軍附元 癸甲乙				
1905						
1906	24-10	照 光十一	24-10	照 光十一	24-10	照 光十一

표12 탁지부 사세국 지세과 문서철의 측면 하단정보 * 군부: 『군부래거안』, 궁내부: 『궁내부거래문첩』, 내부: 『탁지부내부공문래거첩』.

이에 조선총독부는 2개 이상의 기관과 거래한 문서가 함께 편철된 문서철은 단일 기관의 문서만 편철된 문서철과 구분해서 따로 모아 분류하고 도서명도 『탁지부각부원등공문래거문』처럼 특정 부의 명칭을 부여하지 않았던 것이다. 『궁내부거래문첩』이나 『탁지부내부공문래거첩』과 달리 2개 이상 기관과 거래한 문서가 편철된 문서철이 『탁지부각부원등공문래거문』에 분류되어 있는 이유가 여기에 있었다.

조선총독부는 1차적으로 부를 단위로 문서철을 분류하면서 편철되어 있는 문서의 거래기관의 복수 여부를 기준으로 문서철을 구분해, 『군부래거안』, 『궁내부거래문첩』 등의 문서철과 『탁지부각부원등공문래거문』의 문서철을 전혀 별개의 문서철처럼 재분류했다. 그렇지만 『탁지부각부원등공문래거문』의 각 문서철도 국과를 단위로 편철되어 있듯이 조선총독부가 분산해서 분류한 이들 문서철은 서로 연계된 문서철이었다.

표12는 『군부래거안』, 『궁내부거래문첩』, 『탁지부내부공문래거첩』에 분류되어 있는 지세과 문서철과 『탁지부각부원등공문래거문』 내별번호 24-10의 지세과 문서철의 하단 측면 정보를 제시한 것이다.

『궁내부거래문첩』 내별번호 8-1과 8-2 문서철의 하단 측면에는 '宮丙申 一', '宮 丙申 二'라고 기재되어 있다. 1896년(丙申)에 궁내부와 거래한 문서를 두 문서철로 나누어 편철하면서 순번 '一'과 '二'를 부여한 것이다. 지세과는 단일 기관별로 문서를 편철하면서 1년간 거래한 문서량이 많은 경우에는 두 개로 나누어 편철하면서 해당 문서철이 연속된 것임을 표시하기 위해 하단 측면에 순번 '一'과 '二'를 부여하였던 것이다. 이에 반해 거래한 문서량이 적을 경우에는 『군부래거안』 내별번호 7-2, 『궁내부거래문첩』 내별번호 8-5, 『탁지부내부공문래거첩』 내별번호 7-7처럼 여러 해 동안 거래한 문서를 모아 함께 편철하였다.

그런데 내별번호 24-10은 군부, 궁내부, 내부와 거래한 문서가 함께 편철되어 있고, 하단 측면에는 '照 光十一'이라고 기재되어 있다. 내별번호 24-10의 문서철에는 1906~1907년에 지세과가 여러 기관과 거래한 문서가 함께 편철되어 있는데, 하단 측면에 문서년도(光十一)를 적고 거래기관대신 '照'라고 기재했다. 이는 24-10의 표제인 '조회편안(照會編案)'을 지칭하는 것이다.

지세과는 1905·1906년을 기점으로 편철 기준을 거래기관에서 문서시기로 변경했기 때문에 1905년의 문서철과 달리 내별번호 24-10에는 군부, 궁내부, 내부와 거래한 문서가 함께 편철되어 있는 것이다. 이들 문서철이 현재는 『군부래거안』, 『궁내부거래문첩』과 『탁지부각부원등공문래거문』으로 따로 떨어져서 전혀 별개의 문서철처럼 분류되어 있지만, 군부·궁내부·내부의 각 문서철의 문서년도가 내별번호 24-10까지 순

農商工部		宮內府		軍部	
문서년도	내별번호	문서년도	내별번호	문서년도	내별번호
1896	6-2	1895-1899	8-7	1897-1898	24-2
1897	6-4				
1898	6-5	1898	24-2	1898-1899	7-3
1899	6-6				
1900	24-4	1900	24-3	1900	24-3
1901	24-5	1901	24-5	1901	24-5
1902~1903	24-7	1902	24-6	1902	24-6
1904	24-8	1904	24-8		
1905	24-9	1905	24-9		

표13 사세국 잡세과 문서철 비교 * 농상공부: 『탁지부농상공부공문래거첩』, 궁내부(8-7): 『궁내부거래문첩』, 군부(7-3): 『군부래거안』(奎 17878), 내별번호 24-*: 『탁지부각부원등공문래거문』

차적으로 이어지듯이 『군부래거안』 내별번호 7-7, 『궁내부거래문첩』 내별번호 8-5와 『탁지부각부원등공문래거문』 24-10는 서로 연계된 문서철인 것이다.

이는 잡세과의 문서철도 마찬가지이다. 표13은 잡세과가 단일 기관과 거래한 문서만을 편철한 문서철과 여러 기관과 거래한 문서를 함께 편철한 문서철을 거래기관별로 구분해서 함께 제시한 것이다. 농상공부를 기준으로 보면 잡세과는 1899년까지는 농상공부와 거래한 문서만 편철했지만, 1900년부터는 여러 기관과 거래한 문서와 함께 편철했다. 이들 문서철이 『탁지부농상공부공문래거첩』과 『탁지부각부원등공문래거문』으로 따로 떨어져서 분류되어 있지만, 문서년도가 순차적으로 연속되듯이 이들 문서철도 서로 연계된 문서철인 것이다. 이는 군부·궁내부와 거래한 문서를 편철한 문서철 역시 마찬가지다.[12]

표14는 『탁지부각부원등공문래거문』 가운데 관세과에서 편철한 문서

내별 번호	표제	문서 순서	하단 측면 정보	文書起案 局課	문서년월
24-16	關稅課公文編案	一	一關	(關稅課)	1895.4~8
24-17	關稅課公文編案	二	二關	(關稅課)	1895.8~1896.2
24-18	關稅課公文編案	三	三關	(關稅課)	1896.3~6
24-19	關稅課公文編案	四	四關 開五百五 光元	司稅局 關稅課	1896.4~1897.12
24-20	關稅課公文編案	五	五關 光二	司稅局 關稅課	1898.1~12
24-21	關稅課公文編案	六	六關 光三	司稅局 關稅課	1898.6~1900.1
24-22	關稅課公文編案	七	七關 光四	司稅局 關稅課	1900.1~12
24-23	關稅課公文編案		八關 光四光六	司稅局 關稅課	1900.12~1902.3
24-24	關稅課公文編案		九關 光七光八	司稅局 關稅課	1903.1~1904.12
24-15	公文去來牒		十 光九光十	司稅局 各稅課	1905.1~1906.12

표14 『탁지부각부원등공문래거문』(奎 17877, 24책)의 관세과 문서철

철을 제시한 것이다. 지세과와 잡세과 문서철과 달리 관세과 문서철이
『탁지부각부원등공문래거문』에 함께 분류되어 있는 것은 관세과는 문서
시기를 기준으로 법부·군부·농상공부 등과 거래한 문서를 하나의 문
서철에 함께 편철하였기 때문이다.

관세과는 문서를 편철하면서 각 문서철의 표지에 '一'에서 '七'까지 순
번을 부여하였다. 내별번호 24-23, 24-24, 24-15에는 문서철의 순서
를 기재하지 않았지만, 문서철의 하단 측면에 순번·업무 담당 기관·문
서년도를 기재해 1~7책까지의 문서철과 연속된 문서철임을 표기했다.

내별번호 24-15에는 편철기관을 표시한 '관(關)'을 기재하지 않았는
데, 이는 탁지부 국과의 변경에 따른 것이다. 내별번호 24-15의 앞부분

---

12) 『궁내부거래문첩』 내별번호 8-7과 『군부래거안』 7-3의 문서년도를 보면 『탁
지부각부원등공문래거문』의 내별번호 24-2와 문서년도가 중복된다. 궁내부의
경우는 1898년도 문서가 주로 내별번호 8-7에 편철되어 있었지만 일부 문서가
24-2에 포함되어 있었기 때문이고, 군부는 1898년 문서 가운데 일부가 내별번
호 7-3에 포함되어 있었기 때문이다.

몇 건의 문서는 기안자가 관세과장이었고, 그 외는 기안자가 각세과장 (各稅課長)이었다. 1905년 4월 관제 개정으로 사세국 잡세과 · 관세과가 각세과로 통합되어 관세과가 없어졌기 때문에 업무 담당 기관이자 편철기관인 '관'을 기재하지 않고 문서철의 순서와 연도만 기재했던 것이다. 내별번호 24-15는 내별번호 24-24에 연속된 문서철이었지만 대한제국기 공문서를 재분류하는 과정에서 내별번호가 잘못 부여된 것이다.

잡세과와 관세과가 각세과로 통합되었지만, 각세과는 관세와 관련된 1905년도 문서는 『탁지부각부원등공문래거문』 내별번호 24-15에 편철하고, 일반 잡세와 관련된 1905년도 문서는 내별번호 24-9에 편철하였다(표11 참조). 각세과로 통합된 이후에도 관세와 일반 잡세와 관련된 문서를 업무내용에 따라 분류해서 편철하였던 것이다.

조선총독부는 부를 단위로 대한제국기 공문서를 재분류했지만, 『군부래거안』, 『궁내부거래문첩』, 『탁지부내부공문래거첩』 등에 한 질로 묶여 분류된 각 문서철의 편철 단위는 국과였다. 경무청 '문서정리규칙' · '궁내부규정'에서도 최하부단위인 과를 단위로 문서를 편철하도록 규정했듯이, 대한제국기에는 부-국-과의 행정체계에서 국과를 단위로 각 과별로 문서를 편철하였던 것이다.

그러나 조선총독부는 국과를 단위로 각 과별로 문서를 분류하여 편철한 대한제국기 공문서 분류체계를 무시하고, 각 국과 단위의 문서철을 한 질로 묶어 탁지부와 군부처럼 부와 부를 연계한 부 단위로 재분류하고 도서명과 도서번호를 부여했다. 이로 인해 하나의 도서명에 성격을 달리하는 문서철이 혼용되어 분류되었고 문서년도가 중복되었던 것이다.

한편 조선총독부는 부를 단위로 대한제국기 공문서를 재분류했기 때문에 하나의 문서철에 편철된 문서의 거래기관이 복수인 경우는 각 부를

내별번호	표제	거래기관	문서년도
6-1	報告書綴	忠淸北道稅務監, 忠州稅務所, 各郡	1907
6-2	報告書綴	羅州·順天 稅務官	1907
6-3	報告書綴	忠淸北道稅務監, 淸州·永同·忠州 稅務官, 各郡	1907
6-4	報告書綴	忠淸北道稅務監, 淸州·忠州 稅務官, 各郡	1907
6-5	報告書綴	公州·洪州·鴻山·天安 稅務官	1907
6-6	報告書綴	全羅南道 各郡	1907

표15 『報告書綴』(奎17995, 6책)의 문서 정보

단위로 분류할 수 없었다. 이에 조선총독부는 2개 이상의 기관과 거래한 문서가 함께 편철된 경우에는 『탁지부각부원등공문래거문』에 따로 분류했다. 그러나 『탁지부각부원등공문래거문』에 분류된 문서철 역시도 국과를 단위로 각 과별로 문서가 편철되어 있었듯이, 각 부를 단위로 재분류되어 있는 각 국과의 문서철과 서로 연계된 문서철이었다.

국과를 단위로 각 과별로 편철·분류된 문서철을 조선총독부가 부와 부를 연계한 부 단위로 분류하면서 문서철에 편철된 거래기관의 복수 여부를 기준으로 대한제국기 공문서를 재분류함에 따라, 서로 다른 성격의 문서철이 혼용되어 분류되어 있기도 하고, 서로 연계된 문서철이 전혀 별개의 문서철처럼 따로 떨어져 분류되어 있기도 한 것이다.

탁지부는 국과를 단위로 각 과별로 문서를 편철하면서 업무내용에 따라 문서를 분류해서 편철하였다. 표15의 『보고서철(報告書綴)』은 탁지부 사세국 정세과에서 조세와 관련해서 충청북도·전라남도 세무감, 각군세무관, 각군과 거래한 보고서와 훈령을 편철한 문서철이다. 『보고서철』의 문서는 도별로 충청북도와 전라남도가 구분되어 있고, 동일 도내에서도 군별로 지역이 구분되어 편철되어 있다.

탁지부가 충청북도 세무감·세무관·각군과 거래한 문서를 편철한 내별번호 6-1 · 3 · 4의 각 문서철은 문서를 거래한 관원과 지역이 구분되어 편철되어 있지만, 6-1 · 3 · 4 전체를 아울러 보면 충청북도 세무감 · 청주세무관 등이 각 문서철에 중복되어 나타난다.

각 문서철의 내용을 보면 내별번호 6-1은 주로 결수(結數) · 호총(戶總) 조사와 재결(災結) · 호세(戶稅) 감면에 관한 것이고, 내별번호 6-3에는 결호세(結戶稅) 징수표를 보고한 보고서가 편철되어 있고, 내별번호 6-4는 화폐 문제 · 납입 고지서 · 세무시찰 등 세무와 관련된 것이다. 정세과가 충청북도 세무감 · 충주세무관 등과 1907년에 거래한 문서였지만 내별번호 6-1 · 3 · 4에 따로 분류해서 편철한 것은 각 문서철의 내용이 다르듯이 업무내용에 따라 문서를 분류해서 편철했기 때문이다.

다음으로 전라남도 문서철인 내별번호 6-2 · 5 · 6을 보면, 6-2는 전라남도 나주 · 순천세무관과 거래한 문서철로 나주와 순천이 구분되어 편철되어 있고, 6-5도 동일 방식으로 공주 · 홍주 · 홍산 · 천안 세무관과 거래한 문서가 편철된 것이다. 6-6은 전라남도 각 군수와 거래한 문서를 편철한 것으로 각 군이 대체로 구분되어 있지만, 일부 군의 문서는 편철 순서가 뒤섞여 있다. 전라남도 『보고서철』은 지역별로 구분하여 편철하면서도 세무관, 군수와 거래한 문서를 구분하여 편철한 것이다.

각 문서철의 내용을 보면 내별번호 6-2는 결호세 징수표와 관련된 보고서로 내별번호 6-3(충청북도)과 동일한 내용이고, 내별번호 6-5는 서원 횡포 · 의병봉기 · 거납 등 세무 진행 상황 및 문제점과 관련된 내용이며, 내별번호 6-6은 세금 납부와 영수증 수취와 관련된 내용이다. 이들 문서철도 업무내용에 따라 문서를 분류해서 편철한 것이다.

『보고서철』은 1907년 조세 업무와 관련하여 사세국 정세과에서 세무관 · 각군과 거래한 문서를 편철한 것으로, 정세과를 단위로 관원과 지역

내별번호	표제	거래기관	文書起案 局課	문서년월	두께
12-1	訓令編案	各道・各郡	度支部	1895.7~1896.11	1.6
12-2	訓令編案	各道・各郡		1897.4	1.5
12-3	訓令編案	各道・各郡		1897.5	1.2
12-4	訓令編案	各道・各郡		1897.6	1.1
12-5	訓令編案	各道・各郡		1899.7~9	2.5
12-6	訓令編案	各道・各郡		1899.10~12	2.5
12-7	訓令編案 電郵司費	各道・各郡	司稅局 地稅課(正稅課)	1902.1~1903.11	3.0
12-8	訓令編案	各道・各郡		1903.1~2	2.5
12-9	訓令編案	各道・各郡		1903.3~4	3.0
12-10	訓令編案	各道・各郡		1903.7~8	2.0
12-11	訓令編案 電郵兩司	各道・各郡		1904.5~1905.9	1.8
12-12	訓令編案	各道・各郡		1907.1~4	1.5

표16 『訓令編案』(奎 17876, 12책) 각 문서철별 정보

을 구분하고 업무내용에 따라 문서를 분류하여 편철한 것이다.

정세과(=지세과)가 업무 내용에 따라 문서를 분류한 『報告書綴』의 문서 시기는 1907년으로 유별분류 규정이 제정된 1905년 탁지부 '처무 규정' 이후에 작성된 것이지만, 지세과가 업무 내용에 따라 문서를 분류 해서 편철한 것은 1905년 이전 시기의 문서에서도 확인된다.

표16의 『훈령편안(訓令編案)』은 탁지부에서 조세와 관련해 각도・각 군에 보낸 훈령을 편철한 문서철이다. 내별번호 12-1은 탁지부에서 각 도・각군에 보낸 훈령을 기록한 등사본으로 훈령을 작성한 국과가 기록 되어 있지 않으며, 나머지 12-2~12는 탁지부 사세국 지세과(정세과) 에서 각도・각군에 보낸 훈령의 기안문이다.

『훈령편안』의 각 문서철은 지역별 구분 없이 분서년월 순으로 편철되 어 있다. 각 문서철은 한 달 또는 두세 달을 단위로 편철되어 있는데, 내 별번호 12-7과 12-11은 2년간의 문서가 함께 편철되어 있고, 내별번 호 12-7(1902~1903년)과 12-8~10(1903년)의 문서년도가 중복된

내별번호	표제	文書起案 局課	문서년월
6-1	農商工部公文編案	(雜稅課)	1895.11.13～1896.8.28
6-2	農商工部公文編案	司稅局 雜稅課	1896.9.5～1897.1.4
6-3	農商工部電郵費去來牒	司稅局 地稅課	1896.10.10～1897.12.26
6-4	農商工部去來牒	司稅局 雜稅課	1897.1.9～1897.11.29
6-5	公文去來牒	司稅局 雜稅課	1898.1.15～12.27
6-6	公文去來牒	司稅局 雜稅課	1899.1.2～12.30

표17 『탁지부농상공부공문래거첩』(奎 17880, 6책) 각 문서철별 정보

다. 모두 지세과에서 편철한 문서철이지만 이러한 차이가 있는 것은 이
들 문서철이 원래 12책으로 함께 분류된 것이 아니었기 때문이다.

『훈령편안』은 조세와 관련한 내용이지만 내별번호 12-7과 12-11은
모두 우체 및 전선 비용과 관련된 문서로 다른 문서철과 차이가 있었다.
내별번호 12-7과 12-8~10은 지세과에서 편철한 문서철이고 문서년
월이 중복되지만 따로 편철된 것은 같은 국과 내에서도 업무내용에 따라
기능별로 문서를 분류·편철하였기 때문이다. 내별번호 12-7과 12-11
은 『훈령편안』이 아니라 『탁지부농상공부공문래거첩』(奎 17880, 6책)
의 내별번호 6-3과 연계된 문서철이다.

표17의 『탁지부농상공부공문래거첩』은 탁지부와 농상공부가 거래한
문서를 편철한 문서철로 6책이 한 질로 분류되어 도서번호 奎 17880이
부여되어 있다.[13] 각 문서철별로 문서를 기안한 국과를 보면 내별번호

---

13) 내별기호 6-1은 초기의 기안문 양식으로 국과가 기록되어 있지 않은데, 맨 마
지막 문서 1건의 기안 국과가 사세국 정세과였으므로, 사세국 정세과 문서철일
가능성이 있다. 그런데 내별번호 6-1·2·4·5·6의 문서년도가 순차적으로
연속되고 문서의 성격도 유사하며, 잡세과 문서철인 내별번호 6-2의 문서철에
도 일부 지세과 문서가 혼용되어 있는 점에 미루어 보아 내별번호 6-1은 잡세
과에서 편철한 문서철로 이해된다.

6-1·2·4·5·6은 사세국 잡세과, 6-3은 사세국 지세과로 『탁지부 농상공부공문래거첩』의 문서철도 국과를 단위로 각 과별로 편철되었다.

내별번호 6-3은 각 지방 전보사(電報司)·우편사(郵遞司) 경비 지급과 관련된 문서이고, 6-1·2·4·5·6은 우체사업 수입금·전보사 수입금·포사세 및 각종 잡세 수입금과 관련된 문서를 편철한 문서철이다. 내별번호 6-3과 6-1·2·4·5·6은 우체·전보와 관련된 문서철이지만, 문서의 편철기관이 잡세과와 지세과로 구분되었다.

사세국 잡세과는 잡세의 부과·징수와 관유재산수입(官有財産收入), 관업(官業)이익금, 벌금 등 기타 잡수입에 관한 업무를 담당하였다.[14] 따라서 관업이익금인 우체사업 수입금·전보사 수입금 및 각종 잡세 수입금과 관련된 문서는 잡세과가 편철한 내별번호 6-1·2·4·5·6의 문서철에 편철되어 있는 것이다.

이에 반해 내별번호 6-3은 각 지방 전보사·우체사 경비 지급과 관련된 문서철로 사세국 지세과에서 편철하였다. 내별번호 6-3에 편철되어 있는 문서 내용을 보면, 농상공부의 공전 지급 요청(조회) → 이에 대한 사계국의 사세국 통첩 → 사세국 지세과의 각 부군(府郡) 훈령 체계로 되어 있다. 농상공부는 전보사·우체사 경비를 해당 사업비의 예산에서 지급하기로 했으나 노정이 멀고 험해 예산 지급이 어렵다며, 전보사·우체사 경비를 전보사·우체사가 있는 부군 공전(公錢)에서 지급해 줄 것을 탁지부에 요청하였다. 이에 사계국은 탁지부대신의 승인을 받고 사세국에 통첩하여 이를 시행해 줄 것을 요청하였고, 사세국 지세과에서는 각 부군에 훈령을 내려 부군의 공전에서 전보사·우체사 경비를 지급하

---

14) 『法令集』I, 「勅令第54號 度支部分課規程」, 1895.3.26, 253쪽.

도록 하였다.[15)

농상공부 → 사계국 → 사세국 지세과의 과정을 거친 것은 국과의 담당 업무와 관련이 있다. 사계국은 '세입세출의 예산결산', '예산관항(預算款項)의 나용급예산외지출(挪用及預算外支出)'에 관한 사항을 담당하였고, 사세국 지세과는 '전세(田稅)와 유세지(有稅地)', 지세의 부과징수, 지세의 예산결산에 관한 업무를 담당하였다.[16)

전보사 · 우체사 경비 지급은 예산과 관련된 문제였기 때문에 농상공부는 사계국에 요청하였던 것이고, 이 예산을 각 부군의 공전에서 지출하기로 결정하였으므로 사계국은 지세를 담당한 사세국 지세과에 이 내용을 통첩하였고, 사세국 지세과는 각 부군에 공전을 지출하도록 훈령을 내린 것이다.

내별번호 6-3의 문서 내용은 농상공부의 조회 → 사계국의 통첩 → 사세국 지세과의 훈령으로 되어 있지만, 문서는 사계국의 통첩과 사세국 지세과의 훈령만 편철되어 있다. 농상공부의 조회 내용은 사계국이 사세국에 보낸 통첩에 기술되어 있는데, 농상공부 조회 문건은 탁지부에서 접수한 뒤 예산 관련 내용이라 사계국에 배부되었기 때문이다. 따라서 내별번호 6-3의 문서철에는 사계국이 보낸 통첩과 사세국 지세과가 부군에 내린 훈령의 기안문만 편철되어 있는 것이다. 사세국 지세과에서 부군에 내리기 위해 기안한 훈령에는 사세국장 · 사계국장 도장이 모두 날인되어 있는데, 업무가 2개 국과 관련되어 있었기 때문이다.

『훈령편안』의 내별번호 12-7과 12-11도 각 지방의 전보사 · 우체사 · 전선 가설 경비 지급과 관련된 문서로 『탁지부농상공부공문래거첩』의

---

15) 『度支部農商工部公文來去牒』(奎 17880) 3책, 1896.10.10, 1896.10.11.
16) 『法令集』 I, 「勅令第54號 度支部分課規程」, 1895.3.26, 252-255쪽.

도서번호	도서명	내별번호	표제	문서년월
奎 17880	度支部農商工部公文來去牒	6-3	農商工部電郵費去來牒	1896.10~1897.12
奎 17892	電郵費訓令編案	1-1	電郵費訓令編案	1900~1901
奎 17876	訓令編案	12-7	訓令編案 電郵司費	1902~1903
奎 17876	訓令編案	12-11	訓令編案 電郵兩司	1904~1905

표18 電報司・郵遞司 경비 관련 문서철

내별번호 6-3과 동일하게 통신원의 공전 지급 요청(조회) → 이에 대한 사계국의 사세국 통첩 → 사세국 지세과의 각 부군 훈령 체계로 되어 있고, 문서는 사계국의 통첩과 사세국 지세과의 훈령만 편철되어 있다. 『탁지부농상공부공문래거첩』의 내별번호 6-3(1897년)과 『훈령편안』의 내별번호 12-7・11(1902~1903년)은 전보사・우체사・전선 가설 경비 지급과 관련된 동일한 내용이지만 발신 주체가 농상공부와 통신원으로 달랐던 것은 전보사・우체사 업무를 담당한 농상공부 통신국(通信局)이 1900년 3월 23일 통신원으로 독립하였기 때문이다.[17]

『훈령편안』의 내별번호 12-7・12-11과 『탁지부농상공부공문래거첩』의 내별번호 6-3은 지세과가 업무내용에 따라 기능별로 문서를 분류해서 편철한 동일한 내용・형식의 문서철인 것이다. 이와 동일한 문서철로는 『전우비훈령편안(電郵費訓令編案)』(奎 17892)도 있다.

표18의 문서철은 모두 전보사・우체사의 경비 지급과 관련하여 탁지부 사세국 지세과에서 편철된 동일한 내용・형식의 문서철이다. 지세과는 1895년부터 1907년까지 각도・각군에 보낸 훈령을 편철하면서 전보사・우체사의 경비 지급과 관련한 문서는 따로 분류해서 편철하였던 것

---

17) 『法令集』 III, 「勅令第11號 通信院官制」, 1900.3.23, 53쪽.

이다.

편철은 문서를 정리하고 분류해 모으는 과정이므로, 문서의 편철체계
는 문서의 분류체계를 반영할 수밖에 없다. 따라서 업무 내용에 따라 문
서를 분류해서 편철한 지세과의 편철 방식을 통해 볼 때, 지세과의 공문
서 분류체계는 기능별 분류체계의 성격을 갖는다고 할 수 있다.

1905년 이전에 작성된 탁지부 문서 관리 규정을 확인할 수 없어 기능
별 분류 규정과 기능별 분류가 어느 정도 세분화되어 있었는지 분류 항
목을 파악할 수는 없다. 그렇지만 지세과의 담당 업무가 '田制及有稅地',
'租稅의 賦課와 徵收', '地稅의 豫算決算', '稅務의 管理監督'에 관한 사항
으로 분화되어 있었고, 지세과가 각 군에 내린 같은 시기의 훈령이었지
만 업무 내용에 따라 문서를 따로 분류해서 편철한 측면과 1895년 경무
청 '문서정리규칙'에 업무 내용에 따라 기능별로 문서를 분류해서 편철토
록 한 점에 미루어본다면 탁지부 역시 1905년 이전부터 국과를 단위로
문서를 분류하면서, 각 과에서는 업무 내용에 따라 기능별로 문서를 분
류해서 편철하였음을 확인할 수 있다.

그러나 조선총독부가 부를 단위로 대한제국기 공문서를 재분류함에
따라 기능별 분류체계도 해체되었다. 이로 인해 표18에서 보듯이 현재는
전보사·우체사의 경비 지급과 관련된 문서철을 함께 찾아보기 힘들 만
큼 전혀 다른 상태로 분류되어 있다. 내별번호 6-3은 표제에 농상공부
기관이 포함되어 있어 탁지부와 농상공부를 연계하여 부 단위로 재분류
한 문서철에 포함된 것으로 보이며, 내별번호 12-7과 12-11은 탁지부
와 지방 사이에서 거래된 문서철인 훈령편안과 표제가 비슷하여 이들 문
서철에 포함시켜 재분류한 것으로 보인다.

『훈령편안』은 탁지부 사세국 지세과에서 각도·각군에 보낸 훈령을

편철한 문서철이지만, 같은 시기에 작성된 내별번호 12-7과 12-8~10의 문서는 구분되어 따로 편철되었다. 지세과는 담당 업무내용에 따라 기능별로 문서를 분류해서 편철하였기 때문이다.

그러나 조선총독부가 부를 단위로 대한제국기 공문서를 재분류함에 따라 탁지부의 국과를 단위로 한 분류체계와 아울러 기능별 분류체계도 해체되었다. 이로 인해 동일한 내용·형식의 문서철이 흩어져 다른 성격의 문서철과 함께 혼용되어 분류되어 있는 것이다.

4장 내장원의 공문서 편철과 분류

1895년 4월 설치된 내장원의 소속 기구로는 보물사(寶物司)와 장원 사(莊園司)가 있었다. 보물사는 왕실의 보물을 보관하는 업무를 담당하였고, 장원사는 세전장원과 기타 재산 및 회계 업무를 담당하였다.[1] 설치 당시에는 소속 기구가 2司만 있었지만, 대한제국기에 내장원이 둔토, 역토, 삼정, 광산, 포사세, 해세 등 각종 국가 재원을 관할하며 거대 재정기구로 확대됨에 따라 해당 재원을 관리하는 과도 증설되었다.

1899년 8월 내장사가 내장원으로 개편되면서 하급 기관으로 장원과 (莊園課), 종목과(種牧課), 수륜과(水輪課)가 설치되었고,[2] 1899년 12

---

1) 『法令集』 I, 「布達第1號 宮內府官制」, 1895.4.2, 310쪽.
2) '內藏司는 以內藏院으로 改稱ㅎ고 所屬職員을 左갓치 增置ㅎ며 物品司官制를 改正 ㅎ미라 (중략) 內藏院 皇室寶物을 保存ㅎ고 世傳莊園과 蔘政과 磺務와 其他財産과 種牧을 管理ㅎ며 本院會計事務를 掌ㅎ되 左갓치 置ㅎ니 莊園 種牧 水輪 三課를 分 ㅎ미라'(『法令集』 II, 「布達第50號 宮內府官制 改正」, 1899.8.24, 545쪽).

월에는 삼정과(蔘政課)가 설치되었다.[3] 종목과는 1896년 10월 궁내부 소속 기관으로 설치되어 종목(種牧)과 관련된 업무를 담당하였으나,[4] 1899년 8월 내장원으로 소속이 변경되면서[5] 포사세도 함께 관리하였다. 수륜과는 1899년 1월 내장사 소속 기관으로 설치되어[6] 1899년 내장원으로 명칭이 변경될 때까지도 내장원 소속이었으나, 1899년 8월 28일 내장원에서 궁내부로 소속이 변경되었다.[7] 이후 내장원은 1905년 관제 개정을 통해 경리원으로 명칭이 변경되었고, 소속 기구는 서무과(庶務課), 삼정과, 장원과, 지응과(支應課), 종목과로 개편되었다.[8]

내장원 소속 기구는 관할 재원과 관련된 업무를 수행하며 다양한 공문서를 생산·유통하였다. 이들 기관이 거래한 상당량의 공문서가 현재 규장각에 소장되어 있다. 규장각에 소장된 내장원의 대표적인 문서철로는 『훈령조회존안』(奎 19143, 89책), 13도 각군 보고·소장(181책, 본문에서는 표1의 문서철을 13도 각군 보고·소장으로 총칭한다), 『각도각군소장』(奎 19164, 12책), 『각부군래첩』(奎 19146, 13책), 『내장원경리원 각도각군보고존안』(奎 19163, 17책), 『훈령존안』(奎 19144, 14책) 등이 있다. 이들 문서철은 현존하는 내장원 문서철 가운데 분량에서도 큰 비중을 차지할 뿐 아니라, 내장원의 재정운영 실태를 분석하는 자

---

3) '第二十六條 宮內府職員中 內藏院種牧課職員次에 蔘政課를 增設ᄒ야 左갓치 定ᄒ미라'(『法令集』 II, 「布達第53號 宮內府官制 改正」, 1899.12.1, 587쪽).

4) '第二十六條 宮內府職員中 外事課次의 種牧課를 增設ᄒ야 左갓치 定홈. 種牧課 種牧의 係屬ᄒᄂ 事務를 掌理ᄒ고 課員을 監督홈'(『法令集』 II, 「布達第17號 宮內府官制 改正」, 1896.10.3, 186-187쪽).

5) 『法令集』 II, 「布達第50號 宮內府官制 改正」, 1899.8.22, 545-546쪽.

6) 『法令集』 II, 「布達第45號 宮內府官制 改正」, 1899.1.23, 441쪽.

7) 『法令集』 II, 「布達第51號 宮內府官制 改正」, 1899.8.28, 555쪽.

8) 『法令集』 IV, 「布達第126號 宮內府官制 改正」, 1905.3.4, 53쪽.

도서번호	도서명	책수	도서번호	도서명	책수
奎 19147	京畿各郡報告	14	奎 19148	京畿各郡訴狀	25
奎 19149	忠淸南北道各郡報告	13	奎 19150	忠淸南北道訴狀	17
奎 19152	全羅南北道各郡報告	9	奎 19151	全羅南北道各郡訴狀	8
奎 19153	慶尙南北道各郡報告	12	奎 19154	慶尙南北道各郡訴狀	12
奎 19155	江原道各郡報告	8	奎 19156	江原道訴狀	8
奎 19157	黃海道各郡報告	8	奎 19158	黃海道各郡訴狀	10
奎 19160	平安南北道各郡報告	11	奎 19159	平安南北道各郡訴狀	10
奎 19161	咸鏡南北道各郡報告	8	奎 19162	咸鏡南北道各郡訴狀	8
합계		83	합계		98

표1 13도 각군 보고·소장 도서명과 책수

료로도 많이 활용되고 있다. 내장원을 대표한다고 평가할 수 있는 이들 문서철을 중심으로 내장원의 공문서 분류체계의 원 질서를 살펴본다.

1. 내장원의 공문서 분류체계

내장원의 문서철 가운데 먼저 『내장원경리원 각도각군보고존안』(奎 19163, 17책, 이하 『보고존안』으로 약칭함)을 중심으로 공문서 분류체계를 살펴본다.

표2에 제시한 『보고존안』은 내장원이 각부부원청·지방·민으로부터 받은 조회·보고서·청원서 등을 편철한 문서철이다. 17책이 한 질로 묶여 도서번호 奎 19163이 부여되어 있으며, 내별번호는 대체적으로 문서년도 순으로 부여되어 있지만 문서년도가 중복되어 배열되어 있다.

『보고존안』은 17책이 한 질로 분류되어 있지만, 수신기관을 보면 크게 궁내부와 내장원으로 구분된다. 내별번호 17-9·11의 2책은 경리원경이 궁내부대신에게 보고한 문서로 각 문서에는 경리원경지장(經理院卿之章), 경리원인(經理院印), 궁내대신지장(宮內大臣之章), 궁내부인(宮

내별번호	발신자	수신자	문서년월	문서 내용
17-1	各部·道·郡	內藏院·種牧課長	1900~1902	庖肆稅와 羊·馬 관련
17-2	各道·郡	內藏院	1900~1901	庖肆稅
17-3	各道·郡·鐵道院	內藏院	1903	庖肆稅
17-4	捧稅官·宮內府官員등	內藏院·經理院	1904~1907	비용 지급, 捧稅官 赴任 등
17-5	各道·郡·民	內藏院	1904	庖肆稅와 農圃·菜田 관련
17-6	種牧課長	內藏院·經理院	1904~1906	菜蔬價 등 비용 지급 요구
17-7	各郡·派員·民	內藏院·經理院	1905	庖肆稅와 農圃·菜田 관련
17-8	各郡·派員	經理院	1906	庖肆稅와 草坪·牧羊 관련
17-9	經理院	宮內府	1906	任免, 驛土, 牧場, 官蔘 등
17-10	各郡	經理院	1906.12~1907.2	庖肆稅
17-11	經理院	宮內府	1906.8~1907.11	官員, 財源 관련
17-12	庖肆主人·民	經理院	1906	庖肆稅와 司圃田·菜田 관련
17-13	忠南安眠島派監	經理院	1906~1907	安眠島 進上燒木 發送
17-14	民·庖肆派員	經理院	1907.1~4	庖肆稅 및 菜田 관련
17-15	種牧課長	經理院	1907	菜蔬價 등 비용 지급 요구
17-16	各郡·庖肆派員	經理院	1907.3~12	庖肆稅와 菜田·黑牛 관련
17-17	民·庖肆派員	經理院	1907.3~9	庖肆稅와 農圃 관련

표2 『내장원경리원 각도각군보고존안』(奎 19163)의 수발신자와 문서 내용

內府印)의 관장(官章)·관인(官印)과 궁내부 접수 스탬프가 찍혀 있다. 내별번호 17-9·11의 문서철에 편철된 문서들은 1907년 경리원이 각 부부원청에 발송한 문서를 기록한 『각부부원송달부(各府部院送達簿)』(奎 20052)의 궁내부 항목에서도 확인된다. 내별번호 17-9·11은 궁 내부가 경리원으로부터 받은 문서를 편철한 문서철로 편철 주체가 궁내 부였던 것이다.

이에 반해 내별번호 17-9·11을 제외한 나머지 15책은 내장원이 각 부·도·군·민으로부터 받은 문서를 편철한 것이다. 15책을 문서 내용 별로 구분해 보면 크게 세 종류로 구분된다. 내별번호 17-4·6·15의

3책(이하 A라 칭함)은 비용 지출과 관련된 문서철이며, 내별번호 17-1 ·2·3·5·7·8·10·12·14·16·17의 11책(이하 B라 칭함)은 주로 포사세와 관련된 문서철이며, 내별번호 17-13의 1책(이하 C라 칭함)은 안면도 진상(進上) 소목(燒木)과 관련된 문서철이다.

A는 봉세관(捧稅官)·종목과장·내장원관원 등이 내장원에 업무와 관련한 각종 비용을 지출해 줄 것을 요청한 보고서·청원서 등을 편철한 문서철이다. 경리원에서 회계 업무를 담당한 기관은 지응과(支應課)였고, 내별번호 17-4의 표지에는 문서 처리기관인 '지응과'가 적혀 있다. A는 지응과가 담당 업무를 처리하면서 수신한 문서를 편철한 문서철인 것이다.

A 3책의 문서년도를 보면 내별번호 17-4는 문서년도가 1904-1907년, 내별번호 17-6과 15는 1904-1906년과 1907년으로, 내별번호 17-4와 내별번호 17-6·15의 문서년도가 중복된다. 지응과에서 처리한 같은 시기의 문서였지만 따로 분류해서 편철한 것은 업무내용이 달랐기 때문이다.

각 문서철의 발신자와 문서 내용을 보면, 내별번호 17-4는 봉세관·수조관(收租官)·궁내부관원 등이 각종 비용을 지급해 줄 것을 요청한 보고서와 청원서였고, 내별번호 17-6과 15는 모두 종목과장이 보낸 보고서로 채소가(菜蔬價) 등 황실 공급 물자, 위양비(喂養費), 목장(牧場) 원역(員役) 등 종목과에서 필요한 비용을 청구한 것이다. 지응과는 비용 지출과 관련된 문서라도 지출 대상과 업무내용에 따라 문서를 분류해서 편철하였던 것이다.

17책 가운데 가장 큰 비중을 차지하는 B는 주로 포사세와 관련된 것으로 내장원이 포사세를 비롯해 농포(農圃) 등을 관리하면서 각 부·도

· 군 · 민으로부터 받은 조회 · 보고서 · 청원서 등을 편철한 문서철이다. 내장원에서 포사세를 담당한 과는 종목과였다. 종목과는 종목 관련 업무를 담당하면서,[9] 1900년 1월 포사세가 농상공부에서 내장원으로 이속되면서[10] 포사세도 관리하였다.

내장원은 1902년 7월부터 문서를 접수할 때 각 문서에 접수 스탬프를 찍었고, 1906년 7월부터는 접수 스탬프에 문서 처리기관인 배부처를 기입하였다.[11] B 가운데 내별번호 17−5 · 8 · 10 · 12 · 14 · 16 · 17의 문서에는 접수 스탬프가 찍혀 있으며, 접수 스탬프의 배부처에는 종목과가 적혀 있다. 민들이 제출한 소장을 접수하면서 작성한 내장원의 1905 · 1906년도 『소장접수책』(奎 21203, 奎 21204)에도 포사세 · 농포 등과 관련한 소장에는 접수부 하단에 업무 담당 기관인 종목과를 기록해 두었고,[12] 이들 문서는 내별번호 17−7과 12의 문서철에서 확인된다. B는 종목과에서 담당 업무를 처리하는 과정에서 수신한 문서를 편철한 종목과 문서철인 것이다.

C 1책은 1906~1907년 사이에 충청남도 안면도 파감(派監)이 경리원에 보낸 보고서로 모든 문서가 안면도 진상 소목을 올려 보내니 자문(尺文)을 내려 줄 것을 요청하는 내용이다. B와 마찬가지로 C 문서에도 접수 스탬프가 찍혀 있으며 배부처로 종목과가 적혀 있다. C 역시 종목

---

9) '第二十六條 宮內府職員中 外事課次의 種牧課를 增設ᄒ야 左갓치 定홈. 種牧課 種牧의 係屬ᄒᄂ 事務를 掌理ᄒ고 課員을 監督홈'(『法令集』 II, 「布達第17號 宮內府官制 改正」, 1896.10.3, 186−187쪽).
10) 『農商工部來去文』 9책, 1900.3.23.
11) 접수 스탬프와 관련해서는 김도환, 「甲午改革 以後 內藏院 · 經理院의 公文書 分類 · 管理」 『규장각』 37, 2010 참조.
12) 『訴狀接受』(奎 21023), 『訴狀接受冊』(奎 21024)

과에서 편철한 문서철이지만 문서 내용이 진상 소목과 관련된 것으로 B와 구분된다.

C의 문서 시기는 1906–1907년으로 B의 내별번호 17–8·10·12·14·16·17과 중복된다. 종목과에서 처리한 같은 시기의 문서였지만 지응과 문서철인 A처럼 구분해서 따로 편철했는데, 이 역시 B와 C의 업무내용이 다르듯이 종목과도 업무내용에 따라 문서를 분류해서 편철하였던 것이다.

『보고존안』 17책의 문서철은 수신기관별로 보면 궁내부와 내장원으로 구분되는데, 문서를 편철하고 보존한 주체가 전혀 다른 두 기관의 문서철이 혼용되어 있는 것이다. 다음으로 내장원이 수신한 문서철인 15책은 종목과와 지응과 문서철로 구분되었다. 『보고존안』의 각 문서철이 각 과를 단위로 구분되듯이 내장원도 탁지부와 마찬가지로 과를 단위로 각 과별로 문서를 편철하였고, 각 과는 업무내용에 따라 문서를 분류해서 편철했다.

이러한 구분은 17책이 한 질로 묶인 『보고존안』의 분류가 대한제국기 내장원의 공문서 분류체계의 원 질서가 아니라는 것을 의미한다. 『보고존안』은 17책이 한 질로 묶여 대체적으로 문서년도 순으로 내별번호가 부여된 것으로 보이지만 수신기관·문서를 편철한 과·문서 성격 등을 구분해서 보면, 수신기관이 다른 궁내부와 내장원의 문서철이 함께 분류되어 있으면서, 문서의 성격이 다른 종목과와 지응과의 문서철이 앞뒤로 혼용되어 있는 것이다.

이러한 『보고존안』 17책의 문서철을 먼저 1단계로 문서 수신기관인 궁내부와 내장원을 구분하고, 내장원 문서철인 15책을 각 과를 단위로 문서 성격에 따라 구분해서 분류해 본다.

수신기관			내별번호	표제	문서년월	문서종류
宮內府			17-9	報告存檔	1906	報告書(11)
			17-11	報告存檔	1906.8~1907.11	報告書(74)
內藏院	支應課	A-1	17-6	報告存案	1904~1906	報告書(153)
			17-15	報告存案	1907	報告書(67)
		A-2	17-4	報告存案	1904~1907	報告書(54), 請願書(32), 手本(5), 請求書(4), 牒呈(3), 照會(2), 訓令(2), 等狀(1)
	種牧課	B 가	17-1	報告存案	1900~1902	報告書(88), 照會(19), 通牒(8), 訓令(3), 請願書(1)
			17-2	報告照會存檔	1900~1901	報告書(52), 照會(20)
			17-3	報告存案	1903	報告書(58), 照會(5), 請願書(2), 質稟書(1)
			17-5	報告訴狀存檔	1904	請願書(50), 報告書(37), 照會(8)
			17-7	報告存案	1905	請願書(34), 報告書(33), 照會(1), 公函(1)
		나	17-8	報告存案	1906	報告書(64), 照會(4), 請願書(2), 公函(1)
			17-10	報告存案	1906.12~1907.2	報告書(33), 請願書(1)
			17-16	報告存案	1907.3~12	報告書(52)
		다	17-12	報告訴狀存案	1906	請願書(57), 報告書(8)
			17-14	報告存案	1907.1~4	請願書(51)
			17-17	報告存案	1907.3~9	請願書(43), 報告書(5)
		C	17-13	橈木報告存案	1906~1907	報告書(39)

표3 『내장원경리원 각도각군보고존안』의 재배열 * 문서 종류의 ( )는 문서 건수. A-1의 발신자는 종목과장, A-2의 발신자는 봉세관·궁내부관원인 문서철. 각 문서철에는 다른 연도의 문서가 일부 포함된 경우가 있으나 주된 시기의 연도를 제시함.

표3은 문서 수신기관인 궁내부와 내장원을 1단계로 구분하고, 그 하부 단위인 과를 기준으로 문서 성격에 따라 분류한 것으로 『보고존안』 17책이 '내장원 – 지응과 – A-1·2', '내장원 – 종목과 – B·C'체계로 분류되었다. 문서 처리기관, 문서 내용과 상관없이 문서년도 순으로 배열되어 있었던 문서철이 과를 기준으로 전혀 다른 모습으로 분류되었다.

A-1의 경우 두 문서철의 내별번호가 17-6과 17-15로 부여되어 전

혀 연속성이 없는 문서철처럼 분류되어 있다. 그러나 이들 문서철은 종목과장이 채소 값 등의 비용을 지급해 줄 것을 요청하며 지응과에 보낸 1904부터 1907년까지의 문서를 지응과가 두 문서철로 편철한 것으로 서로 연속된 동일한 성격의 문서철이었다. 그리고 A−2도 지응과에서 편철한 문서철로 A−1과 같은 시기의 문서였지만, 문서 성격이 달랐기 때문에 따로 편철했던 것이다.

다음으로 종목과 문서철도 B와 C로 구분되어 분류되었다. B는 포사세와 관련된 문서였고, C는 소목과 관련된 문서였기 때문에 따로 분류해서 편철했던 것이다.

내장원의 문서철이 종목과와 지응과로 구분되고 이들 과는 업무내용에 따라 문서를 분류해서 편철했듯이, 내장원의 공문서 분류체계는 과를 단위로 각 과별로 업무내용에 따라 기능별로 문서를 분류해서 편철한 기능별 분류체계라 할 수 있다.

끝으로 B의 문서철에 부여된 내별번호는 문서년도를 고려해서 부여되었지만, 문서 종류와 문서년도를 고려해서 분류해 보면 내별번호 순서와 다른 모습으로 배열된다. 문서년도를 보면 '가'는 순차적인데, '나'와 '다'는 문서년도가 1906~1907년으로 중복되지만 따로 편철되었다. 문서 종류를 보면 '나'의 문서철은 보고서 중심으로 편철되었고, '다'의 문서철은 청원서 중심으로 편철되어 있다. 이에 반해 '가'의 1904~1905년도 문서철은 보고서와 청원서가 함께 편철되어 있다. 종목과에서는 1905년까지는 포사세와 관련한 보고서와 청원서를 함께 편철했지만, 1906년부터는 보고서와 청원서를 따로 구분해서 편철했던 것이다. 따라서 '나'·'다'의 내별번호 17−8·10·12·14·16·17의 문서철은 문서년도와 아울러 문서 종류도 함께 고려해 서로 연관된 문서철을 묶어 '나'와 '다'로 분류

도서명	내별번호	문서철 하단 측면 정보	문서년월
訓令存案	14-1	一 自一月六月至四年	1900.1~6.
	14-2	一 自七月十一月至四年	1900.7~11.
	14-3	自五年一月五月至 一	1901.1~5.
	14-4	■(一) 自五年六月十二月至	1901.6~12.
	14-5	■(一) 自六年一月五月至	1902.1~5.
	14-6	六年自六月至十二月 一	1902.6~12.
	14-7	一 七年一月以六月至	1903.1~5.
	14-8	一 七年七月以十二月至	1903.7~12.
	14-9	一 光武八年一月以五月至	1904.1~5.
	14-10	一 光武八年六月以十二月至	1904.6~12.
	14-11	一 光武九年一月以十二月至	1905.1~12.
	14-12	光武十年一月以十二月至 一	1906.1~12.
	14-13	一 光武十一年一月以隆熙元年十一月至	1907.1~1907.11.
	14-14	隆熙元年十一月 照會訓令	1907.11.

표4 『훈령존안』의 책 순서와 문서년월 * ■는 내용을 판독할 수 없는 것. 이하 같음.

되어야 한다.

『보고존안』은 17책이 한 질로 묶여 분류되어 있지만, 각 문서철은 편철 기관인 과와 문서 성격별로 구분이 되었다. 내장원은 각 과별로 업무 내용에 따라 기능별로 문서를 분류해서 편철했지만, 조선총독부는 도서번호를 부여하면서 과를 단위로 한 분류체계를 무시하고 종목과와 지응과 문서철을 비롯해 궁내부 문서철까지 한 질로 묶어 재분류하였다. 그 결과 다른 성격의 문서철이 함께 혼용되어 분류되었고, 대한제국기 내장원의 공문서 분류체계는 해체되었던 것이다.

지응과 문서철로는 『통첩편안(通牒編案)』(奎 20311, 奎 20313, 각 1책), 『궁내부훈령편안(宮內府訓令編案)』(奎 20055, 1책)이 있다. 지응과의 『통첩편안』은 대부분 종목과장 · 전경리원기사(前經理院技師)가 지응과장에게 비용 청구와 관련해 보낸 통첩 · 조회가 편철되어 있다. 『궁내부훈령편안』은 1906~1907년 문서로 주로 궁내부대신이 경리원에 보낸 훈령과 경리원 소관 경비예산명세서 등이 편철되어 있으며 문서철 표지에 문서 처리기관인 지응과가 적혀 있다.

『보고존안』에 분류된 종목과 문서철 외에 종목과에서 편철한 문서철 로는 『훈령존안』(奎 19144, 14책)이 있다. 표4의 『훈령존안』은 내장원 이 중앙과 지방 기관에 보낸 조회·훈령을 편철한 문서철로 훈령이 대부 분을 차지한다. 『훈령존안』은 14책이 한 질로 분류되어 있으며 각 문서 철은 6개월 또는 1년 단위로 편철되어 있는데, 내별번호 14-14는 한 달 간의 문서가 편철되어 있다. 그리고 각 문서철의 하단 측면을 보면 내별 번호 14-1~13은 '自-至'로 편철된 문서의 기간을 기록했지만, 내별번 호 14-14는 문서 종류가 기록되어 있다. 이처럼 문서 시기와 하단 측면 에 기재된 방식이 달랐던 것은 내별번호 14-1~13과 내별번호 14-14 는 문서의 편철 기관이 달랐기 때문이다.

내별번호 14-1~13은 내장원에서 주로 포사세와 관련해 중앙과 지방 기관에 보낸 조회·훈령을 편철한 문서철로 훈령이 대부분을 차지한다. 그런데 내별번호 14-14는 포사세가 아닌 주로 역둔토와 관련해서 내장 원이 중앙과 지방 기관에 보낸 조회·훈령이 편철되어 있다. 문서 내용 이 다르듯이 내별번호 14-14는 종목과에서 편철한 내별번호 14-1~13 과는 다른 성격의 문서철이다.

내별번호 14-14와 연속된 문서철은 『훈령조회존안』(奎 19143, 89 책)의 내별번호 89-89였다.[13] 『훈령조회존안』은 주로 역둔토와 관련 하여 내장원이 중앙과 지방 기관에 보낸 조회·훈령이 편철되어 있는 문 서철이다. 내별번호 14-14는 조선총독부가 도서번호와 도서명을 부여

---

13) 『訓令存案』 내별번호 14-14와 『訓令照會存案』 내별번호 89-89의 연속성에
   대해서는 『訓令照會存案』 8, 서울대학교규장각(영인본) 해설 참조.

하면서 『훈령조회존안』이 아닌 종목과 문서철인 『훈령존안』에 잘못 분류한 사례인 것이다.

『훈령조회존안』과 『훈령존안』 내별번호 14-14에는 표지에 업무를 담당한 과가 기록되어 있지 않지만 관련 문서철을 통해서 해당 과를 파악할 수 있다. 『훈령조회존안』과 『훈령존안』 내별번호 14-14에는 주로 역둔토와 관련된 문서가 편철되어 있는데, 이와 관련된 문서철로는 13도 각군 보고·소장과 『각부군래첩』이 있다.

13도 각군 보고·소장의 표지에도 업무 담당 기관인 과가 기록되어 있지 않지만, 이들 문서철에 편철된 문서에 찍힌 접수 스탬프를 통해 과를 파악할 수 있다. 내장원은 지방 기관과 민들이 제출한 보고와 소장을 접수하면서 해당 문서에 접수 스탬프를 찍었다. 접수 스탬프 가운데 일부에는 문서 배부처가 기록되어 있는데, 확인된 배부처는 장원과와 서무과로 410여 건이었다. 이 가운데 서무과는 4건에 불과하였고 나머지 400여 건은 모두 장원과였다. 13도 각군 보고·소장의 문서는 장원과에서 배부받아 처리한 장원과 문서철인 것이다.

『훈령조회존안』은 내장원이 각부부원청과 지방에 보낸 조회·조복·훈령을 편철한 문서철이기 때문에 접수 스탬프가 찍혀 있지 않았다. 『각부군래첩』은 대부분 각부부원청이 내장원에 보낸 조회·조복을 편철한 문서철이지만 배부처가 기록된 접수 스탬프는 장원과 17건, 서무과 2건, 종목과 1건, 지응과 1건에 불과했다.[14] 『훈령조회존안』과 『각부군래첩』은 접수 스탬프가 없거나 배부처가 기록된 접수 스탬프가 적어 접수 스

---

14) 奎 19146의 도서명은 『各府郡來牒』이지만, 문서철 표지에 적힌 원 표제는 '各府部來牒'이다. 이 역시 도서명을 잘못 부여한 사례인데, 원 표제인 '各府部來牒'이 문서 성격을 더 정확히 반영한 것이다.

번호	문서 내용	발신자	수신자	문서년월	접수 스탬프	출처
1	충북 각군 院畓을 학교에 부속시켜 달라는 報告書 第5號	忠北觀察使	內藏院卿	1900.10.17	×	忠清南北道各郡報告 2책
	충북 院畓을 학교에 부속시켜 달라는 照會 第2號	學部大臣	內藏院卿	1900.10.27	×	各府郡來牒 3책
	院畓을 학교에 부속시킬 수 없다는 照覆 2號	內藏院卿	學部大臣	1900.10.30	×	訓令照會存案 12책
2	原州鎭衛隊에서 未納한 賭價를 督納토록 해 달라는 報告書 第33號	江原道收租官	經理院卿	1906.11.11	104(1906 112■, 莊園課)	江原道各郡報告 7책
	原州鎭衛隊에 移劃한 도조 代錢을 완납케 해 달라는 照會 第17號	經理院	軍部大臣	1906.12.21	×	訓令照會存案 80책
	原州隊에 驛租代價를 清償토록 督飭했다는 照覆 第11號	軍部大臣	經理院卿	1906.12.29	132(1906 12■■■)	各府郡來牒 12책

표5 『훈령조회존안』·『각부군래첩』·13도 각군 보고의 연계성

탬프만으로 과를 파악할 수 없지만, 13도 각군 보고와 비교를 통해 장원과에서 편철한 문서철임을 확인할 수 있다.

표5의 번호 1은 충청북도 각 군 원답(院畓)을 학교에 부속시키는 것과 관련해 충청북도 관찰사가 내장원에 보낸 보고와 이와 관련해 내장원과 학부 사이에 거래한 조회·조복이다. 번호 2는 원주대(原州隊)에서 미납한 역조대가(驛租代價)와 관련해 수조관이 경리원에 보낸 보고와 이와 관련해 경리원과 군부 사이에 거래한 조회·조복이다. 내장원·학부·충청남도관찰사, 경리원·군부·수조관 사이에 거래한 보고·조회·조복의 세 문서들은 서로 연관된 문서들인 것이다.

번호 2의 문서를 보면 강원도 수조관이 원주 진위대(鎭衛隊)에서 도가(賭價)를 미납한 문제로 경리원에 보고를 하자, 경리원이 군부에 조회를 해서 미납한 대전(代錢)을 납부할 수 있도록 조처해 줄 것을 요구했고, 이에 대한 답신으로 군부가 경리원에 조복을 보낸 것이다. 원주 진위대의 도조 대전 미납 문제로 거래한 보고서, 조회, 조복이 각각 13도 각

번호	문서 내용	발신자	수신자	문서년월	출처
1	創設私庖한 자를 嚴繩하라는 訓令 1號	內藏院卿	仁川府尹	1901.1.19	訓令存案 3책
	日本人이 官許로 設庖한 것이라 私屠를 禁戢하기 어렵다는 報告書	仁川府尹	內藏院卿	1901.1.24	報告存案 2책
2	仁川에 私設庖肆한 자를 捉囚하라는 照會 5號	內藏院卿	警部大臣	1901.3.12	訓令存案 3책
	私設庖肆한 자를 漢城裁判所에 送致했다는 照覆 第3號	警部大臣	內藏院卿	1900.4.18	報告存案 1책
3	未納한 庖肆稅를 督捧하라는 訓令 1號	內藏院卿	漣川郡守	1901.12.21	訓令存案 4책
	庖肆主人이 春夏七朔을 廢庖하여 五朔의 庖稅만 보낸다는 報告書 第1號	漣川郡守	內藏院卿	1901.12.	報告存案 1책
4	開城府 私屠를 禁斷하라는 訓令 1號	內藏院卿	開城府尹	1902.1.4	訓令存案 5책
	開城府 私屠를 嚴禁했다는 報告書 1號	開城府尹	內藏院卿	1902.1.12	報告存案 1책
5	安城郡 庖肆稅를 不納한 자를 捉囚하여 상납겠다는 報告書 第11號	安城郡守	內藏院卿	1903.12.20	報告存案 3책
	未納한 庖肆稅를 督捧하라는 訓令 5號	內藏院卿	安城郡守	1903.12.24	訓令存案 8책
6	庖肆稅가 農商工部로 이속되었으니 簿冊을 보내 달라는 照會 第1號	農商工部大臣	內藏院卿	1904.3.11	報告存案 5책
	應捧實數成冊을 보낸다는 照覆 1號	內藏院卿	農商工部大臣	1904.3.16	訓令存案 9책

표6 『훈령존안』과 『보고존안』의 연계성

군 보고와 『훈령조회존안』, 『각부군래첩』에 편철되어 있는 것이다.

장원과 문서철인 13도 각군 보고와 연계된 문서가 『각부군래첩』과 『훈령조회존안』에 편철되어 있는 것에서 확인되듯이, 『각부군래첩』과 『훈령조회존안』도 장원과에서 편철한 문서철인 것이다. 또한 번호 2의 『각부군래첩』에 편철된 군부 조복의 접수 스탬프에는 배부처가 기재되어 있지 않지만, 수조관이 보고한 문서에 배부처로 장원과가 적혀 있는 것에서도 『각부군래첩』은 장원과에서 편철한 것임을 확인할 수 있다.

장원과는 동일한 사안으로 지방에서 받은 보고·소장은 13도 각군 보고·소장에, 각부부원청에서 받은 문서는 『각부군래첩』에, 각부부원청과 지방에 보낸 문서는 『훈령조회존안』에 편철하였던 것이다.

이는 종목과의 문서철을 통해서도 확인된다. 표6의 번호 1은 내장원이 인천부윤에게 사포(私庖)를 설치한 자를 처벌하고 사포는 혁파토록 내린 훈령과 이에 대한 답신으로 인천부윤이 내장원에 보고한 문서이다. 훈령과 보고가 서로 조응하는 문서인 것이다. 이는 나머지 번호의 조회·조복, 훈령·보고도 마찬가지이다. 종목과도 각부부원청과 지방으로부터 받은 조회·조복·보고는 『보고존안』에, 각부부원청과 지방에 보낸 조회·조복·보고는 『훈령존안』 내별번호 14-1~13에 편철하였던 것이다.

종목과의 『훈령존안』은 장원과의 『훈령조회존안』에 해당하는 문서철이고, 종목과의 『보고존안』은 장원과의 『각부군래첩』과 13도 각군 보고·소장에 해당하는 문서철인 것이다. 『훈령존안』과 『훈령조회존안』은 같은 시기에 내장원이 보낸 문서를, 『보고존안』·『각부군래첩』과 13도 각군 보고·소장은 내장원이 받은 문서를 편철한 동일한 성격의 문서철이지만, 각 문서의 내용은 중복되지 않았다. 이는 내장원은 과를 단위로 각 과별로 업무내용에 따라 기능별로 문서를 분류해서 편철했기 때문이다.

2. 수발신 문서를 구분한 편철

내장원은 탁지부와 마찬가지로 과를 단위로 각 과별로 업무내용에 따라 기능별로 문서를 분류해서 편철했는데, 각 문서철의 편철 방식에서는 탁지부와 차이가 있었다.

표7은 내장원이 각 기관·민들과 거래한 문서를 편철한 문서철을 과별로 구분한 것이다. 『각부군래첩』을 제외하면 과별로 편철한 각 문서철의 제목에 소장·보고·훈령·조회·통첩처럼 모두 문서 종류가 포함되어 있다. 『경기각군소장』(奎 19148), 『경기각군보고』(奎 19147), 『통

과	도서번호	도서명	책수	문서년도
장원과	奎 19164	各道各郡訴狀	12	1895~1899
	奎 19148	京畿各郡訴狀	25	1900~1907
	奎 19147	京畿各郡報告	14	1900~1907
	奎 19146	各府郡來牒	13	1895~1907
	奎 19143	訓令照會存案	89	1899~1907
	奎 19144	訓令存案	v14	1907.11
종목과	奎 19163	報告存案	12	1900~1907
	奎 19144	訓令存案	v1-13	1900~1907
지응과	奎 19163	報告存案	3	1904~1907
	奎 20055	宮內府訓令編案	1	1906~1907
	奎 20313	通牒編案	1	1906
	奎 20311	通牒編案	1	1907

표7 내장원의 각 과별 문서철

첩편안』(奎 20311)은 모두 제목과 동일하게 소장, 보고, 통첩만 편철되어 있었다. 이에 따른다면 내장원은 문서 종류별로 구분해서 문서를 편철했다고 볼 수 있다.

그런데 문서 종류에 기초해서 제목을 부여했지만, 제목에 2개의 문서 종류가 포함된 경우도 있었다. 종목과와 지응과의 문서철이 함께 분류되었던 『보고존안』(奎 19163)은 표3에서 보듯이 원 표제가 '보고조회존당', '보고소장존당' 같은 경우도 있었고, 문서철에도 보고서·조회·청원서가 함께 편철되어 있었다.

장원과 문서철인 『훈령조회존안』도 제목에 2개의 문서 종류가 포함되어 있으며 편철된 문서도 조회·조복·훈령이 함께 편철되어 있었다. 종목과 문서철인 『훈령존안』(奎 19144)에는 제목에 문서 종류가 하나만 있지만 편철된 문서에는 훈령뿐 아니라 조회가 일부 포함되어 있었다. 문서 종류가 제목에 포함되지 않은 『각부군래첩』에는 조회·조복을 중

번호	문서 내용	발신자	수신자	문서년월	출처
1	내장원에 驛田畓과 漁鹽船稅가 移付되었으니 문부를 보내 달라는 照會 1號	內藏院卿	度支部大臣	1900.9.3	訓令照會存案 11책
1	各道各郡驛土執賭成冊 등을 보낸다는 照覆 第1號	度支部大臣	內藏院卿	1900.9.30	各府郡來牒 3책
2	平壤隊 軍餉錢을 驛賭錢에서 割給해 달라는 照會 第2號	度支部大臣	內藏院卿	1900.10.6	各府郡來牒 3책
2	平壤隊 軍餉錢을 驛賭錢으로 지급할 수 없다는 照覆 3號	內藏院卿	度支部大臣	1900.10.12	訓令照會存案 12책
3	撥價買收한 停車場 토지 값을 다시 지급할 수는 없다는 照會 第1號	鐵道院總裁	內藏院卿	1903.8.27	報告存案 3책
3	京仁鐵道 停車場 토지 외 범입된 公廨家舍와 菜田價를 보내 달라는 照覆 2號	內藏院卿	鐵道院總裁	1903.9.	訓令存案 8책
3	公廨瓦家의 영수증을 보내니 금액을 推去하라는 照會 第2號	鐵道院總裁	內藏院卿	1903.9.28	報告存案 3책
3	公廨는 1等 基址이므로 2-3等으로 打算한 영수증을 돌려보낸다는 照覆 3號	內藏院卿	鐵道院總裁	1903.10.16	訓令存案 8책
3	公廨瓦家를 一等으로 계산할 수는 없다는 照會 第3號	鐵道院總裁	內藏院卿	1903.10.17	報告存案 3책

표8 상호 연관된 조회 · 조복 문서

심으로 훈령 · 통첩이 함께 편철되어 있었다.

문서 종류는 문서 명칭을 통해 문서 성격과 거래기관 간의 위계를 보여주는 역할을 한다. 그런데 문서의 등급이 다른 조회와 훈령, 조회와 보고 같은 문서를 함께 편철했다는 것은 거래기관의 위계가 문서 편철의 1차 기준은 아니었다는 것이고, 이는 문서 종류별로 문서를 편철하지 않았다는 것이다.

그리고 내장원은 서로 연계된 문서를 조응해서 함께 편철하지 않았다. 장원과의 『훈령조회존안』과 『각부군래첩』, 종목과의 『훈령존안』과 『보고존안』은 서로 연계된 문서철이지만 문서는 따로 편철되어 있다.

표8의 번호 1은 역둔토 이부와 관련해 내장원이 탁지부에 보낸 조회와 이에 대해 탁지부가 답신한 조복이며, 번호 2는 평양대(平壤隊) 군수(軍需)와 관련해 탁지부가 내장원에 보낸 조회와 이에 대해 내장원이 답

번호	문서 내용	발신자	수신자	문서년월	출처
1	高陽郡 草坪稅額 愆納한 草坪監官을 起上하라는 訓令 13號	內藏院卿	京畿觀察使	1901.9.16	訓令照會存案 23책
	高陽郡 草坪監官을 拘留했다는 報告書 8號	京畿觀察使	內藏院卿	1901.9.21	京畿各郡報告 3책
2	長湍郡 西籍板積坪洑 上流에 新築한 洑를 撤毁하고 崔永雲을 捉囚하라는 訓令 13號	內藏院卿	長湍郡守	1902.5.25	訓令照會存案 31책
	築洑한 者를 捉囚치 못했고 該洑毁破는 指令을 기다려 擧行하겠다는 報告 第2號	長湍郡守	內藏院卿	1902.5.29	京畿各郡報告 5책
	洑를 撤毁하고 築洑한 자를 捉囚하라는 指令			1902.6.4	京畿各郡報告 5책
	新築한 洑를 毁破하고 築洑한 者는 捉囚치 못했다는 報告書 第3號	長湍郡守	內藏院卿	1902.6.9	京畿各郡報告 5책

표9 훈령과 보고의 연계성 * 번호 2의 指令은 報告 第2號의 문서 말미에 적혀 있음.

신한 조복이다. 번호 3은 경부철도 정거장으로 들어간 공해가사(公廨家舍)와 채전(菜田) 값 지불을 둘러싸고 철도원과 내장원 사이에 계속해서 거래한 조회·조복을 순서대로 나열한 것이다.

조복은 조회에 대한 답신으로 조회·조복은 동일한 사안을 처리하는 과정에서 거래한 서로 조응하는 문서이다. 그러나 장원과와 종목과 모두 조회·조복을 조응해서 함께 편철하지 않고 내장원이 발신한 조회·조복은 『훈령조회존안』과 『훈령존안』에, 수신한 조회·조복은 『각부군래첩』과 『보고존안』에 편철하였다.

이는 훈령에서도 동일한 모습으로 나타났다. 내장원은 관할 재원과 관련된 사안으로 지방에 훈령을 내렸으며 지방은 이와 관련해 답신할 사안이 있으면 대부분 보고서 형식으로 문서를 보냈다. 지방에서 내장원에 보낸 보고서의 상당수는 '本院第■■號訓令을 奉准ᄒ온즉 內開에'로 시작하고 있다. 훈령에 대한 답신으로 보고서를 보낸 것이며, 이 보고서에 대해 내장원은 다시 지령(指令)을 내렸다.

표9의 번호 1은 高陽郡 草坪監官 起上과 관련해 내장원이 내린 훈령

과 이에 대한 답신으로 경기관찰사가 보고한 문서이다. 번호 2는 훈령·보고·지령·보고가 연속된 문서이다. 長湍郡 西籍 板積坪洑 상류에 보(洑)를 신축한 문제와 관련해 1902년 5월 25일 내장원이 훈령을 내렸고, 이에 대해 장단군수가 5월 29일 답신으로 보고를 하였다. 이 보고에 대해 내장원은 보를 무너뜨리고 보를 쌓은 자를 잡아 가두라는 지령을 내렸고, 이 지령에 대한 답신으로 6월 9일 다시 보고를 한 것이다. 훈령과 보고·지령은 연계된 문서이지만 조회·조복과 마찬가지로 훈령은 『훈령조회존안』에, 보고는 『경기각군보고』에 분리해서 각각 편철하였다.

이처럼 문서 종류가 다른 훈령과 조회를 함께 편철하면서 서로 조응하는 조회·조복을 따로 분리하여 편철한 것은 해당 문서가 수신 문서인지 또는 발신 문서인지 수발신 여부에 따라 문서를 분류해서 편철했기 때문이다. 내장원은 문서의 수발신 여부를 기준으로 문서를 편철했기 때문에 문서 종류는 다르지만 내장원이 보낸 훈령과 조회는 『훈령조회존안』에, 내장원이 받은 조회·조복·훈령은 『각부군래첩』에 편철하였던 것이다.

앞서 본 표7의 문서철을 수발신을 기준으로 보면, 장원과의 수신 문서철은 『각도각군소장』·『경기각군소장』·『경기각군보고』·『각부군래첩』이고, 발신 문서철은 『훈령조회존안』이다. 종목과의 수신 문서철은 『보고존안』이고, 발신 문서철은 『훈령존안』이다. 지응과의 『궁내부훈령편안』·『통첩편안』은 모두 수신 문서철이다.

그런데 13도 각군 보고·소장은 조회·조복과 달리 보고와 지령, 소장과 지령이 조응하여 편철된 모습을 보인다. '공문의 종류와 양식'에 '指令은 下官의 質稟書와 請願書에 대하여 지시하는 것'이고 '報告書는 上官의 回覆을 要하지 않'는다고 규정되어 있다.[15] 소장은 청원서에 해당하므로 답신으로 지령을 내려야 했지만, 내장원은 소장뿐 아니라 거의 모든

보고서에 대해서도 지령을 내렸다. 단 지령을 내릴 경우, '공문의 종류와
양식'에는 지령은 '下官의 질품서와 청원서의 하단에 적을 수 없으며 반
드시 질품서와 청원서를 接到한 해당 관청의 印札紙로 따로 작성'하도록
규정하였다. 그러나 내장원은 소장과 보고서의 지령을 해당 문서의 말미
에 기록하였다. 지령을 소장과 보고서의 말미에 적지 않고 별도의 지령
지에 지령을 적은 것은 1904년 7월부터 일반화되었다.

내장원뿐 아니라 탁지부도 지령지를 따로 만들지 않고 소장과 보고서
의 말미에 지령을 적어 처리한 것으로 보인다.

이전에 外邑에서 京司에 보고하는 文牒은 原狀 외에 書目이 있어 原狀은 京司
에 留考하고 書目은 題辭를 적어 돌려보냈다. 그런데 1895년 4월에 제도를 새
로 정한 이후로 外邑에서 質稟과 報告書를 신식에 따라 單狀으로 보내어 本部
에서 指令을 별도로 작성하여 사안에 따라 판별하여 처리하고, 本件 文案은 本
部에 두고 참고자료로 삼았다. 그러나 이는 文簿가 번거롭고 많아 일일이 指令
을 행하기 어려워 本件 文案에 題辭를 적으면 本部에 두고 참고할 것이 없어 사
안을 따로 등록해서 두어야 하는 어려움이 있다. 이에 훈령을 하니 이후부터는
質稟과 報告는 原本 외에 副本을 따로 작성하도록 하고 原本은 題辭를 적어 돌
려 보내고, 副本은 本部에 두고 참고자료로 삼을 것이다.[16]

위 자료는 탁지부가 보고서 작성 방식과 관련해 각부(各府)에 내린 훈
령이다. '공문의 종류 및 양식'의 제정으로 공문시 체계에 변화가 생겼고,

---

15) 『官報』, 1895.6.1.
16) 『公文編案』(奎 18154) 12책, 1895.9.21.

x

각부에서는 이전과 달리 보고서를 단장(單狀)으로 작성해 보냈다. 이에 탁지부는 보고서에 대한 지령을 따로 작성해 보냈고, 보고서는 탁지부에 보관하였다. 그러나 보고서에 대해 일일이 지령을 따로 작성하기 어려워 이전처럼 보고서에 직접 제사(題辭)를 기록해 보냈다. 그렇다 보니 이제 탁지부에서 근거 자료로써 보고서를 따로 등록해서 보관해야 하는 번거로움이 있었다. 이에 탁지부는 각부에 훈령을 내려 이후부터는 질품서나 보고서든 모두 원본과 부본 2부를 작성해 보내도록 하고, 지령은 원본에 기록해 보내고 부본은 탁지부에 보관하겠다고 하였다.

탁지부는 지방에서 단장으로 보고서를 올려 보내 지령지를 따로 작성하거나 보고서를 등록해서 보관해야 하는 번거로움 때문에 보고서를 2통 작성해서 올리도록 하고 원본의 보고서에 지령을 직접 적어 보내는 방식을 채택했던 것이다.

내장원이 편철한 보고서와 소장 말미에도 지령이 적혀 있었는데, 탁지부와 동일한 방식으로 하급 기관에서 제출한 보고서 말미에 지령을 적어 1통은 보내고 1통은 보관했던 것이다. 이런 방식이 1904년 7월부터 변화되기 시작하였다. 이 시기부터는 보고서와 소장 말미에 지령을 적지 않고 지령지에 따로 지령을 적고, 보고서·소장과 함께 조응해서 편철하였다.

이 경우는 수발신 문서를 분리해서 편철한 방식과는 다르다. 수발신 여부를 기준으로 문서를 편철한다면 보고서·소장과 지령지는 따로 분류되어 편철되어야 했지만 1904년 7월 이후에도 보고서·소장은 지령지와 함께 편철되었다. 지령지를 따로 만든 이후에도 두 문서를 함께 편철한 것은 수발신 여부를 기준으로 한 내장원의 편철 방식이 변화된 것이 아니라, 지금까지 보고서·소장 말미에 지령을 적었던 방식을 답습한

번호	문서 종류	발신자	수신자	문서년월	출처	문서 순번	
1	指令	經理院	抱川郡守	1906.1.15	報告存案 8책	1	1
	報告書 第2號	抱川郡守	經理院卿	1906.1.14	報告存案 8책		2
2	照覆 第2號	警務廳警察課長	經理院種牧課長	1906.1.13	報告存案 8책	2	×
3	指令	經理院	濟州郡守	1906.10.27	報告存案 8책	37	1
	報告書 第7號	濟州牧使	經理院卿	1906.9.5	報告存案 8책		2
4	照會 第1號	掌禮院卿	經理院卿	1906.11.29	報告存案 8책	38	×
5	照會	經理院	警務廳警察課長	1906.1.4	訓令存案 12책	2번 조응	
6	照覆 第1號	經理院	掌禮院卿	1906.12.4	訓令存案 12책	4번 조응	

표10 『報告存案』 내별번호 17-8의 편철 방식

양태로 이해된다.

　표10은 『보고존안』 내별번호 17-8의 편철 상태를 제시한 것이다. 번호 1은 『보고존안』 내별번호 17-8의 첫 번째 문서인데 지령과 보고서가 함께 편철되어 있고, 두 번째 문서인 번호 2는 조복만 편철되어 있다. 번호 3의 37번째 문서도 지령과 보고서가 함께 편철되어 있고, 번호 4의 38번째 문서는 조회만 편철되어 있다. 조복과 조회만 편철된 번호 2와 4의 연관 문서는 번호 5와 6으로 『훈령존안』에 따로 편철되어 있다. 동일한 문서철에 지령과 보고는 조응해서 편철되어 있지만, 조회나 조복은 여전히 수발신 문서가 구분되어 편철되어 있다.

　문서의 수발신 여부를 기준으로 문서를 편철한 방식은 변함이 없었지만, 13도 각군 보고·소장은 문서 말미에 지령을 기록하던 방식을 답습하여 보고와 지령을 조응해서 함께 편철하였던 것이다.

　내장원은 수발신 여부를 문서 편철 기준으로 삼으면서, 중앙기관에서 보내온 문서는 『각부군래첩』에, 지방과 민이 제출한 보고·소장은 13도 각군 보고·소장에, 내장원이 보낸 문서는 『훈령조회존안』, 『훈령존안』

도서명	내별번호	책 순서	문서년월
訓令照會存案	89-1	一號	1899.8
	89-2	二號	1899.9
	89-3	三號	1899.10
	89-4	四號	1899.11
	89-5	五號	1899.12
	89-86	第捌拾柒△	1907.6~7.
	89-87	第捌拾玖號	1907.8.
	89-88	第玖拾號	1907.9.
	89-89	第玖拾△△	1907.10.
各府郡來牒	13-1	×	1895.7~1897.7.
	13-2	×	1897.8~1899.12.
	13-3	×	1900.1~12.
	13-4	×	1901.1~12.
	13-5	×	1902.1~12.
	13-6	×	1903.1~12.
	13-7	上	1904.1~7.
	13-8	下	1904.8~12.
	13-9	上	1905.1~4.
	13-10	下	1905.5~12.
	13-11	上	1906.1~6.
	13-12	下	1906.6~12.
	13-13	×	1907.1~1907.11.

표 11 『훈령조회존안』·『각부군래첩』의 책 순서와 문서년월 ＊ △는 확인되지 않는 부분.

에 편철하여, 수발신을 구분한 범위 내에서 거래기관과 문서 종류를 고려해서 문서를 편철하였던 것이다.

수발신 문서를 구분한 다음, 한 책 단위의 문서철은 어떤 방식으로 편철했는지 살펴본다. 『훈령조회존안』, 『각부군래첩』은 문서 시기를 기준으로 각 문서철이 구분되어 편철되어 있다. 『훈령조회존안』은 문서철이 약 한 달 단위로 편철되었고, 『각부군래첩』은 1년 또는 약 6개월을 단위로 편철되었다. 각 문서철에 편철된 문서 기간은 다르지만 모두 문서 시기를 기준으로 문서를 편철하였고, 거래기관이나 지역을 구분하지는 않 았다.

다음으로 문서를 편철하면서 『훈령조회존안』은 각 문서철마다 연속된 책 순서를 부여하였지만, 『각부군래첩』은 연속된 책 순서를 부여하지는 않았다. 다만 『각부군래첩』은 같은 해의 문서철이 2책으로 나누어 편철 될 경우에는 표지에 上·下를 기재해 2책이 서로 연속된 문서철임을 표 시해 두었다.

표12의 『각도각군소장』(奎 19164)은 13도의 각군과 민이 내장원에 제출한 보고와 소장을 편철한 문서철이다. 奎 19164의 현재 도서명은 『각도각군소장』이지만, 표지에 적힌 원 표제는 '각도각군소장'(1–9책) 과 '각도각군보고'(10–12책)로 구분된다. '각도각군소장'은 1895년부 터 1899년까지 각 도의 민들이 내장원에 제출한 소장을, '각도각군보고' 는 1896년부터 1899년까지 각 군에서 내장원에 보낸 보고를 편철한 문 서철이다.

그렇지만 도서명이 『각도각군소장』으로 부여되어 문서 종류가 다른 소장과 보고가 한 질로 분류되어 있다. 대한제국기에는 소장과 보고를 따로 편철하고 분류했지만, 이 역시 도서명과 도서번호를 부여하고 재분 류하는 과정에서 원 질서가 훼손된 것이다.

'각도각군소장'과 '각도각군보고' 역시 지역의 구분 없이 문서 시기를 기준으로 문서를 나누어 편철하였다. 각 문서철의 문서 기간은 대략 1년 또는 6개월 정도이며, 『각부군래첩』과 마찬가지로 같은 해의 문서철이 2 책 또는 3책으로 나누어 편철될 경우에는 표지에 上·中·下를 기재해 각 문서철이 서로 연속된 문서철임을 표시해 두었다.

그런데 내별번호 12–4와 5는 1897년도 문서를 2책으로 나누어 편철

표제	내별번호	책 순서	표지 문서년도	문서년월
各道各郡訴狀	12-1	×	開國五百四年度	1895.8~12.
	12-2	上	建陽元年度	1896.1~9.
	12-3	下	建陽元年	1896.10~12.
	12-4	×	建陽二年	1897.1~7.
	12-5	×	光武元年度	1897.8~12.
	12-6	×	光武二年度	1898.1~12.
	12-7	上	光武三年度	1899.1~6.
	12-8	中	光武三年度	1899.7~10.
	12-9	下	光武三年度	1899.10~12.
各道各郡報告	12-10	×	建陽元年二年光武元年二年	1896.5~1898.11.
	12-11	上	光武三年度	1899.1~10.
	12-12	下	光武三年度	1899.11~12.

표12 『各道各郡訴狀』(奎 19164) 책 순서와 문서년월

했지만 표지에 上·下를 기재하지 않았다. 이는 두 문서철의 구분 시기가 1897년 7월과 8월로 광무 연호를 사용한 시점이 기준이 되었기 때문이다. 동일한 1897년이지만, 건양과 광무 연호를 구분하여 다른 시기로 구분한 당대의 관점을 보여준다.

『훈령조회존안』, 『훈령존안』, 『각부군래첩』, 『각도각군소장』의 문서철은 지역이나 기관의 구분 없이 문서 시기를 단위로 편철되어 있지만, 『경상남북도각군보고』(奎 19153), 『경상남북도각군소장』(奎 19154) 같은 13도 각군 보고·소장은 다른 양상을 보인다.

13도 각군 보고·소장은 1900년부터 1907년까지 13도 각 군과 민이 내장원에 제출한 보고와 소장을 편철한 문서철이다. 1895년부터 1899년까지 편철된 '각도각군소장'(1~9책)과 '각도각군보고'(10~12책)의 연속된 문서철인 것이다.

13도 각군 보고·소장의 각 문서철은 표13의 『경상남북도각군보고』

	慶尙南北道各郡報告(奎19153)		慶尙南北道各郡訴狀(奎19154)	
내별번호	책 순서	문서년도	책 순서	문서년도
12-1	×	光武四年度	×	光武四年度
12-2	×	光武五年度	×	光武五年度
12-3	×	光武六年度	×	光武六年度
12-4	×	光武七年度	×	光武七年度
12-5	上	光武八年度	上	光武八年度
12-6	下	光武八年度	下	光武八年度
12-7	上	光武玖年度	上	光武九年度
12-8	下	光武九年度	下	光武九年度
12-9	上	光武十年度	上	光武十年度
12-10	下	光武十年度	下	光武十年度
12-11	上	光武十一年	上	光武十一年度
12-12	下	光武十一年度隆熙元年附	下	光武十一年度 隆熙元年附

표 13 경상남북도각군보고 · 소장 책 순서와 문서년도

처럼 대략 1년 또는 6개월을 단위로 날짜순으로 편철되어 있고 『각도각
군소장』과 마찬가지로 같은 해의 문서철에는 표지에 上·下를 기재하였
다. 문서 시기를 기준으로 각 문서철이 편철된 것은 『각도각군소장』과
동일하지만, 13도 각군 보고·소장은 도별 구분이 이루어져 있다.

　거래기관이나 지역의 구분 없이 편철된 다른 문서철과는 달리 13도
각군 보고·소장에 지역별 구분이 적용된 것은 내장원의 업무 확대와 관
련된 것으로 보인다. 내장원은 1899년 둔토, 광산, 1900년 역토 등 각종
재원을 장악하며 대한제국기 거대 재정기구로 확대되있다. 내장원의 관
할 재원이 증가함에 따라 재원을 매개로 중앙 및 지방 기관·민과 맺는
관계는 확대되었다. 그 가운데 재원의 소재지에 있는 지방 기관 및 민들
과 맺는 관계는 더욱 확대되었고, 이는 문서 거래량이 증가하는 현상을
수반할 수밖에 없었다. 이에 따라 이들 문서를 효율적으로 관리하기 위

해 도를 단위로 지역을 구분한 다음 시기별로 문서를 나누어 편철하였던 것이다.

내장원은 수발신 문서를 기준으로 문서를 구분한 다음 문서 시기를 기준으로 문서를 편철하면서, 관할 재원이 증대되어 지방관 및 민과 맺는 관계가 확대됨에 따라 1900년부터 13도 각군 보고·소장은 도를 단위로 지역을 구분하고 문서 시기별로 편철하였던 것이다.

문서의 편철 방식에서 탁지부는 조회와 조복을 조응해서 하나의 문서철에 함께 편철했지만, 내장원은 수신 문서와 발신 문서를 구분해서 따로 편철한 차이가 있었다. 수발신 구분 여부에서는 차이가 있었지만, 탁지부와 내장원의 공문서 분류체계는 모두 과를 단위로 각 과별로 업무내용에 따라 기능별로 문서를 분류해서 편철한 기능별 분류체계였다. 과를 단위로 한 기능별 분류체계가 기본적인 대한제국기 공문서 분류체계였던 것이다.

5장 황실재정 정리 문서의 편철과 분류

─『장토문적류(庄土文績類)』를 중심으로

1904년 2월 러일 전쟁을 일으킨 일본은 대한제국에 대한 지배력을 장악하기 위해 황실재정을 정리하고 황제권을 무력화하였다.[1] 일본은 황실재정 정리 작업을 본격화하면서 1907년 2월 1사(司) 7궁(宮)을 폐지하고 각궁사무정리소(各宮事務整理所)를 설치하였다.[2] 각궁사무정리소는 1사 7궁의 궁방전을 관리하면서 1907년 6월 궁방전의 도장(導掌)을 폐지하였다. 각궁사무정리소는 도장을 폐지하기로 결정하고 각 도장들로 하여금 각궁사(各宮司)에서 하부한 도서문적(圖書文蹟)과 부속문권

---

1) 황실재정 정리는 이성찬, 1992「일제침략과「황실세정정리」(1)」『규장각』15 ; 이윤상, 1996「1894-1910년 재정 제도와 운영의 변화」, 서울대 박사학위논문 ; 김재호, 1997「갑오개혁 이후 근대적 재정제도의 형성과정에 관한 연구」, 서울대 박사학위논문 참조.

2)『法令集』V,「布達第149號 宮內府所管 各宮事務管理에 관한 件」, 1907.2.24, 430쪽.

(附屬文券), 양안(量案), 추수기(秋收記), 감관마름명부(監官舍音名簿)를 환납(還納)하도록 하였다.[3]

각궁사무정리소는 도장을 정리하면서 도장으로부터 도서문적과 부속 문권 등을 환수했는데, 일반적으로 이때 수합한 문서를 모아둔 문서철이 『장토문적류』인 것으로 이해되고 있다. 『장토문적류』를 구성하고 있는 다수의 문서철이 도장을 정리하는 과정에서 수합된 것은 분명하지만, 이 는 『장토문적류』 성격의 일면만을 파악한 것이다.

가령 『장토문적류』에는 명례궁이 제출한 문서철 42책이 있다. 이 가운 데 도장이 차정된 지역과 관련된 문서철은 양주(楊州) 4책, 강화(江華) 1책, 남원(南原) 1책으로 모두 6책에 불과했고, 나머지는 모두 도장이 차정되지 않은 지역의 장토와 관련된 문서철이었다. 이처럼 『장토문적 류』에는 도장과 관련된 문서 이외에 다른 성격의 문서도 다수 편철되어 있는 것이다.

도장 관련 문서뿐 아니라 황실재정 정리 과정에서 수합된 다양한 문서 가 편철되어 있는 『장토문적류』의 편철과 분류 양상을 검토함으로써 황 실재정 정리 당시의 『장토문적류』 분류의 원 질서를 파악해 보고자 한다.

1. 황실재정 정리와 궁방(宮房) 관련 문서의 수합

대한제국에 대한 지배권을 장악하기 위해 황실재정 정리 작업에 착수 하고자 했던 일본은 재정고문 메가타 다네타로를 통해 노골적인 간섭을 시도하였다. 이에 대해 대한제국이 재정고문은 황실재정과는 무관하다

---

3) 『法令集』 V, 「宮內府令第1號 內需司 및 各宮所屬庄土 導掌을 廢止하는 件」, 1907.6.5, 513쪽.

며 반발하자 일본은 농상공부고문인 가토 마스오(加藤增雄)로 하여금 1904년 9월 10일 궁내부고문을 겸임하게 해서,[4] 그를 통해 황실재정에 간섭하려 하였다.[5]

그리고 황실기관의 재정을 파악하기 위해 1904년 9월 20일 궁내부 참서관(參書官) 김용제(金鎔濟) 등 7명을 궁내부소관각궁각사세부조사위원(宮內府所管各宮各司稅簿調查委員)에 임명하고[6] 9월 29일 궁내부 협판(協辦) 박용화(朴鏞和)를 위원장에 임명하였다.[7] 또한 1905년 2월 21일에는 궁내부소관각원각사문부조사위원(宮內府所管各院各司文簿調查委員)을 임명하였고,[8] 1906년 3월 23일에는 경리원문부리정위원(經理院文簿釐整委員)을 임명하였다.[9]

이러한 황실재정에 관한 조사를 주도한 것은 1904년 10월 5일 설치된 제실제도정리국(帝室制度整理局: 이후 제도국)이었고, 가토는 제실제도정리국의 의정관(議定官)까지 겸임하였다.[10] 각궁사무정리소도 궁내부 고문 가토의 주도하에 제실회계심사국과 제도국의 임원을 주축으로 조직되었다.[11]

제실제도정리국 단계에서부터 시행된 각궁사의 세부(稅簿) 조사를 바탕으로 궁내부고문 가토는 1사 7궁을 폐지하고 각궁사무정리소를 설치

---

4) 『日韓外交資料集成』5, 「加藤農商工部顧問宮內顧問兼任ノ件」, 1904.9.10(明治 37年 9月 10日), 284-285쪽.
5) 이윤상, 1996, 앞의 논문, 238-239쪽.
6) 『官報』, 1904.9.22.
7) 『官報』, 1904.10.1.
8) 『官報』, 1905.2.23.
9) 『官報』, 1905.3.27.
10) 『高宗實錄』, 1904(고종 41).10.5.
11) 김재호, 1997, 앞의 논문, 262-263쪽.

할 계획을 세우고 1906년 12월 28일 재가를 받았다.[12] 재가를 받은 그 날 각궁사무정리소의 위원장과 위원을 임명하였고, 1907년 1월 25일에는 위원을 각궁에 파견해 물품을 조사하고 양안 및 각종 문부를 수취하였다.[13] 각궁사무정리소는 도장을 폐지하기로 결정하기 이전에 1사 7궁이 관리하고 있었던 문부를 수합하였던 것이다. 『장토문적류』에 편철된 문서철의 표제 가운데 궁방 제출 문적류로 되어 있는 것이 이때 수합된 문서철인 것이다.

그리고 이와 별개로 1907년 6월 도장을 정리하기로 결정하면서 각궁사무정리소는 도장이 가지고 있던 각종 문부를 수합하였다. 『장토문적류』에 편철되어 있는 개인이 제출한 다수의 문서철이 이 과정에서 수합된 도장 관련 문서철이다.

궁방이 제출한 문서철은 도장 정리 이전에 각궁사무정리소가 1사 7궁의 황실재정을 정리하면서 수합한 문서철이었으며, 개인이 제출한 도장 관련 문서철은 1907년 6월 이후 도장 정리 과정에서 수합한 문서철인 것이다. 각궁사무정리소가 궁방과 도장으로부터 문서를 수합하고 궁방의 재정을 정리하는 가운데 1907년 7월 4일에는 황실 재산과 국유 재산을 조사하고 그 소속을 정리하기 위해 임시제실유급국유재산조사국(이하 조사국)이 설치되었다.[14] 조사국의 주요 정리 대상은 당시 역둔토, 인삼, 광산 등을 관할하고 있었던 경리원이었다. 조사국은 경리원이 관할한 각종 재원을 조사하였고, 이를 바탕으로 1907년 11월 5일 경리원의 수조관(收租官)을 폐지하고 역둔토와 궁방전의 수조를 탁지부에 위탁하

---

12) 『各宮事務整理所事務成蹟調査書』(k2-4880), 「一. 整理所 設置의 顚末」
13) 『各宮事務整理所事務成蹟調査書』, 「二. 各宮整理의 着手」
14) 『法令集』 V, 「勅令第44號 臨時帝室有及國有財産調査局官制」, 1907.7.4, 576쪽.

는 것으로 결정하였다.[15]

조사국은 경리원의 재정을 조사하면서 각궁 소관의 재산도 조사하기로 결정하고 각궁사무정리소에 대한 조사에도 착수했다.[16] 조사국은 각 궁사무정리소로부터 '일체문부'를 인계받고,[17] 도장 정리 작업도 인계받았다. 조사국은 도장 정리 방침을 정하면서 여각(旅閣) 및 포주인(浦主人), 경강주인(京江主人)도 폐지하기로 결정했는데,[18]『장토문적류』에는 이때 폐지된 여객주인권(旅客主人權) 문서철도 포함되어 있다.

경리원과 궁방의 재정을 조사하였던 조사국은 지방조사위원을 각도에 파견해 궁방전과 역둔토를 조사하기로 결정하고,[19] 사토(私土)인데 궁방전과 역둔토에 혼입 또는 탈입된 혼탈입지(混奪入地)는 조사해서 하급(下給)하기로 하였다.[20] 이에 따라 조사국은 궁방전의 도장 정리 작업과 함께 혼탈입지 조사 작업도 담당하게 되었다. 이 과정에서 궁방전과 역둔토에 사유지가 혼탈입되었다고 주장한 일반인들이 문서철을 제출하였으며 이들 문서철도『장토문적류』에 포함되어 있다.

조사국은 황실 재산과 국유 재산을 조사하고 그 소속을 정리하기 위해 설치되었지만, 황실 재산과 국유 재산을 구분하는 기준이 모호하였기 때문에 황실 재산을 완전히 확정하지 못하고 있었다.[21] 이런 상황에서 1908년 6월 마침내 이토 히로부미는 황실 재산을 국유화하기로 방침을

---

15)『法令集』VI,「奏本 經理院收租官을 廢止하고 驛屯土・各宮田畓園林을 派員 調査하고 今年度收租를 度支部에 委託하는 件」, 1907.11.5, 68쪽.

16)「決議案」(『各道郡各穀時價表』(奎 21043) 2책), 제3회결의안, 1907.8.30.

17)『不明文券』(奎 21747), 1907.9.3, 宮內府大臣 → 各宮事務整理委員長.

18)「決議案」, 제5회결의안, 1907.10.2.

19)「決議案」, 제6회결의안, 1907.10.8.

20)『官報』, 1908.3.3.

21) 이윤상, 1996, 앞의 논문, 261쪽.

결정하였다.[22] 황실 재산을 국유화하기로 결정함에 따라 황실 재산과 국유 재산을 구분하기 위해 설치되었던 조사국은 폐지되었고,[23] 국유화된 황실 재산을 정리하기 위해 1908년 7월 임시재산정리국이 설치되었다.[24]

임시재산정리국은 국유화한 황실 재산을 정리하기 위해 설치되었기 때문에 1908년 6월 국유화된 궁방전과 역둔토의 조사 정리가 주된 업무였다. 그러나 역둔토는 조사국에서 경리원 재정을 정리할 때 이미 탁지부에 수조를 위탁한 상태였고, 이후 재무감독국에서 역둔토를 관할하였다.[25] 따라서 국유화된 역둔토의 업무가 임시재산정리국에 이관된 것은 형식적인 것이었고 실제 이관된 것은 아니었다. 이에 따라 임시재산정리국의 주요 업무는 궁방전, 도장, 궁방전 혼탈입지의 조사 정리였고, 역둔토 혼탈입지의 조사 정리는 탁지부 사세국에서 담당하였다.[26]

대한제국기의 주요 황실재정은 1사 7궁이 관할한 궁방전과 내장원이 관할한 역둔토 · 인삼 · 광산 등이었다. 이들 황실재정 정리는 두 계통으로 이루어졌다. 1사 7궁의 궁방전 · 도장 · 궁방전 혼탈입지는 각궁사무정리소 → 조사국 → 임시재산정리국에서 조사 정리되었고, 내장원의 역둔토는 탁지부로 이속되어 탁지부 사세국에서 역둔토 혼탈입지를 조사정리하였다.

---

22) 『日韓外交資料集成』6(中),「韓國施政改善ニ關スル協議會 第41回」, 1908.6.9.
   (明治 41年 6月 9日), 904-908쪽.
23) 『法令集』VI,「勅令第38號 臨時帝室有及國有財産調査局官制 廢止」, 1908.6.
   20, 481쪽.
24) 『法令集』VII,「勅令第55號 臨時財産整理局官制」, 1908.7.23, 105-107쪽.
25) 김재호, 1997, 앞의 논문, 294쪽.
26) 『臨時財産整理局事務要綱』, 128쪽.

이처럼 대한제국기 황실재정 전반을 정리하는 과정에서 다양한 문서들이 수합되었는데 『장토문적류』도 그 가운데 일부이다. 『장토문적류』는 흔히 각궁사무정리소가 도장을 정리하는 과정에서 모은 문서철인 것으로 이해되고 있지만, 『장토문적류』에는 황실재정을 정리하면서 각궁사무정리소가 1사 7궁으로부터 수합한 궁방 문서와[27] 도장 정리 과정에서 도장이 제출한 문서, 궁방전과 역둔토의 혼탈입지를 정리하는 과정에서 개인이 제출한 문서, 여객주인권과 관련된 문서 등 다양한 문서가 포함되어 있다. 그리고 『장토문적류』에는 1사 7궁 이외에 대한제국기 황실재정 기구였던 내장원과 관련된 문서도 일부 포함되어 있다.

『장토문적류』는 1사 7궁을 폐지하면서 수합한 궁방 문서에서부터 궁방과 연계된 도장권 · 여객주인권 등 각종 권리를 정리하면서 수합한 황실재정 정리 전반과 연계된 문서가 편철되어 있는 문서철인 것이다.

2. 『장토문적류』의 편철

『장토문적류』는 동일한 재질의 종이에 앞뒤로 싸여 편철되어 있는데, 이들 표지에는 다양한 정보가 담겨져 있다. 『장토문적류』의 앞표지인 그림1의 좌를 보면 가운데 표제가 적혀 있고, 표지 우측 하단에는 '정제(整第)'로 시작하는 일련번호가 부여되어 있으며, 좌측 상단에는 창고번호 도장이 찍혀 있다. 그리고 앞표지의 뒷면인 그림1의 중을 보면 분류도장이 찍힌 종이가 오려져 붙어 있다.

조선총독부는 대한제국기 각부부원청에서 생산 · 보존한 공문서를 인

---

27) 『장토문적류』에는 각궁사무정리소가 궁방으로부터 수합한 모든 문서가 편철되어 있는 것은 아니고, 주로 토지매매와 관련된 문서들이 편철되어 있다.

그림1 『경기도장토문적』 1책의 표지와 뒷면. 『궁내부거래문첩』(奎 17882) 4책의 표지(우)

계받아 창고에 보관했는데, 이 과정에서 각 문서철에 창고번호 도장을 찍었다. 창고번호 도장은 '창고번호 · 붕가(棚架)번호 · 기호' 3항목으로 구성되어 있다. 창고번호는 문서를 보관한 각 창고별 번호를, 붕가번호는 창고에 있는 서가번호를, 기호는 서가에 배열한 문서철의 순서로서 일본 전통 시가 'イロ八 歌' 순으로 기호를 부여한 것이다.[28]

『장토문적류』에 찍혀 있는 분류도장과 다른 문서철의 분류도장을 비교해 보면, 다른 문서철은 그림1의 우처럼 앞표지 위에 분류도장이 바로 찍혀 있지만, 『장토문적류』는 표지 위에 바로 찍혀 있는 것이 아니라 분류도장이 찍힌 종이가 따로 오려져 앞표지 뒷면에 붙여져 있다.

그림2는 『[내수사]충청도장토문적』 18책, 「忠淸南道新昌郡所在庄土 安元植提出圖書文績類」의 분류도장과 문서이다. 표제에 따르면 18책은 안원식이 충청남도 신창군 소재 장토의 도장과 관련해 제출한 문서철인 것이다.

---

28) 창고번호 도장과 관련해서는 6장 2절 참조.

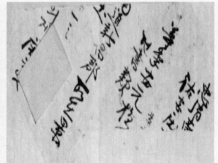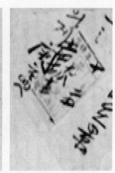

그림2 『장토문적류』의 분류도장

그림2의 좌는 18책의 앞표지 뒷면에 붙여져 있는 분류도장인데, 이 분류도장의 좌측에는 분류도장의 내용 외에 글자 일부가 적혀 있다. 다음으로 그림2의 중의 문서 좌측 부분을 보면 종이가 네모반듯하게 오려져 있고, '의게關ㅎ얏'이라고 적힌 글자가 반쯤 오려져 나갔다. 그림2의 중에서 잘려나간 부분의 글자가 분류도장 좌측에 적혀 있는 글자인 것이다. 두 그림을 합쳐보면 그림2의 우처럼 일치하는 것을 확인할 수 있다.

『장토문적류』 앞표지의 뒷면에 붙어 있는 분류도장은 다른 종이에 찍혀 있던 것을 오려 붙였던 것이다. 이것은 현재 『장토문적류』가 원래 그대로의 편철 상태가 아니라 분류도장이 날인된 이후 어느 특정 시기에 현재의 표지를 만들면서 재편철되었다는 것을 의미한다.

그림2의 중에 적힌 문구를 보면 내용이 연속성이 없고 글자가 끊겨 있다. 이와 같은 모습을 보이는 깃은 처음 『장토문적류』를 편철하였을 당시 이 문서가 표지 역할을 한 종이였기 때문이다. 이 문서를 펼쳐서 보면 그림2의 중과 같은 모습이지만, 둘둘 말아서 보면 끊어진 글자가 '忠淸南道新昌郡所在景 祐宮庄 土 導掌安元植 의게關ㅎ얏 던書類'라고 연속되어 적힌 것임을 알 수 있다.

『장토문적류』를 처음 편철하였을 때에는 표지 역할을 하는 종이로 문서를 말아서 보관했던 것이며, 문서를 말아 놓은 상태에서 겉표지에 해당하는 종이 위에 표제에 해당하는 내용을 적었던 것이다. 이 때문에 겉표지에 해당하는 종이를 펼쳐서 보면 그림2의 중처럼 보이는 것이다.

조선총독부는 『장토문적류』의 표지 역할을 했던 종이에 분류도장을 찍었던 것이며, 이후 『장토문적류』의 표지를 새로 만들면서 이 분류도장이 찍힌 종이를 오려서 붙였던 것이다. 『장토문적류』에 찍혀 있는 분류도장의 기만년월은 54년 12월이고 보존년수는 10년이다. 明治 54년 12월까지 10년간 보존하므로 보존기간은 明治 45년 1월부터 54년 12월, 곧 1912년부터 1921년까지다.[29] 분류도장을 찍은 시기가 1912년이므로 『장토문적류』는 적어도 1912년 분류도장을 찍을 당시까지는 지금의 편철 상태가 아닌 다른 방식으로 편철되어 있었던 것이다.

따라서 지금과 같은 방식으로 『장토문적류』가 재편철된 것은 1912년 이후가 된다. 『장토문적류』의 분류도장은 앞표지의 뒷면에 오려 붙여져 있는 반면에 『장토문적류』의 창고번호 도장은 표지 위에 직접 찍혀 있다. 창고번호 도장은 『장토문적류』의 표지가 새로 만들어진 이후에 찍었던 것이다. 창고번호 도장은 조선총독부가 도서정리와 도서번호 부여 작업을 1차 마무리한 1916년 이전에 찍은 것으로 이해되므로, 현 『장토문적류』의 표지는 1912~1916년 사이에 작성된 것이다.

이처럼 『장토문적류』의 표지를 새로 만들고 문서철을 재편철하면서 편철 방식도 변화되었다. 『경기도장토문적류』에는 안산군 초산면 소재 용동궁 장토와 관련된 문서철이 총 6책이 있으며, 표제는 「京畿道安山郡

---

29) 분류도장의 보존기간 기산과 관련해서는 2장 2절 참조.

내별번호	整第 호수	보존년수	책수	호수	기만년월	문서 건수	비고
89-41	整第 91-8-甲	10	19	91-8	54년 12월	140	六冊續
89-21	整第 91-8-乙					126	六冊續
89-10	整第 91-△					135	六冊續
89-73	整第 91-8-△					137	六冊續
89-52	整第 91-8-戊					141	六冊續
89-87	整第 91-8-己	10	19	91-9	54년 12월	8	

표1 「京畿道安山郡草山面所在庄土龍洞宮提出圖書文績類」의 整第 호수와 분류도장
△: 규장각 도서번호표에 가려져 확인 되지 않는 부분.

草山面所在庄土龍洞宮提出圖書文績類」로 동일하다.

안산군 소재 용동궁 장토문적 총 6책 가운데 분류도장이 찍힌 것은 내별번호 89-41과 89-87이며, 호수는 91-8과 91-9이다. 다음으로 앞표지 우측에 적힌 정제 호수는 91-8-甲에서 己까지 부여되었다. 끝으로 총 6책 가운데 내별번호 89-87을 제외하고는 표지 좌측에 '육책속(六冊續)'이라고 적혀 있다. '육책속'은 6책이 계속 이어진다는 뜻이다.

『장토문적류』의 앞표지에 적힌 정제 호수는 거의 대부분이 분류도장의 호수와 일치했다. 이들 문서철도 정제 호수가 91-8까지는 분류도장의 호수와 일치하지만 8 다음에 甲에서 己까지 연속된 6개의 천간(天干)을 부여한 특징이 있다. 그런데 정제 호수와 달리 분류도장의 호수 91-8에는 天干이 부여되지 않았고 '육책속'이라고 표기된 문서철 가운데 내별번호 89-41에만 찍혀 있다.

이러한 차이는 『장토문적류』의 표지를 새로 만들면서 편철 방식이 변화된 것에 따른 것이다. 조선총독부는 분류도장을 찍을 때, 독립된 하나의 문서철을 단위로 분류도장을 찍고 호수를 부여하였다. 그런데 분류도장이 이들 문서철에 모두 찍혀 있지 않고 하나만 찍혀 있다는 것은 분류

도장을 찍을 당시에는 이들 문서철이 하나의 문서철로 편철되어 있었다는 것을 의미한다. 분류도장을 찍을 당시부터 분책되어 있었다면 각 문서철마다 분류도장이 찍혀 있었을 것이다.

이들 문서철은 원래 하나의 문서철로 편철되어 있었지만 이후 『장토문적류』의 표지를 새로 만들면서 분책되었던 것이다. 그리고 분책된 문서철이 별개의 것이 아닌 서로 연속된 하나의 문서철임을 표시하기 위해, 표지 우측에는 甲에서 己까지 연속된 천간을 부여한 정제 호수를 적고, 표지 좌측에는 6책이 연속된다는 의미의 '육책속'을 표기했던 것이다.

표지를 새로 만들면서 분책한 이유는 문서 분량을 고려한 결과로 이해된다. 문서 건수가 8건인 내별번호 89-87을 제외한 나머지 5책에 편철된 문서 분량이 한 문서철마다 약 130-140건으로 거의 비슷한 분량으로 편철되어 있다. 5책에 편철된 문서는 모두 679건인데 하나의 문서철이 이처럼 방대한 분량으로 편철되어 있자, 표지를 새로 만들면서 각 문서철마다 비슷한 분량으로 나누어 분책하였던 것이다. 현재 안산군 소재 용동궁 장토문적의 내별번호는 연속성 없이 별개의 문서철인 것처럼 부여되어 있지만 이들 문서철은 동일한 성격의 하나의 문서철인 것이다.

그런데 안산군 소재 용동궁 장토문적에는 호수 91-8의 분류도장 외에 '육책속'이 적혀 있지 않은 내별번호 89-87에 호수 91-9의 분류도장이 찍혀 있다. 다른 호수의 분류도장이 내별번호 89-87에 찍혀 있는 것은 이 문서철이 안산군 소재 용동궁 장토와는 무관한 다른 성격의 문서철이었기 때문이다.

내별번호 89-87의 표제는「京畿道安山郡草山面所在庄土龍洞宮提出圖書文績類」로 되어 있지만 실제 편철된 문서는 장단군(長湍郡) 소재 용동궁 장토와 관련된 것이다. 분류도장을 찍을 당시 호수 91-8은 안산군 소재 용동궁 장토문적에 부여되었던 것이고, 호수 91-9는 장단군 소재 용동궁 장토문적에 부여되었던 것이다. 그런데 『장토문적류』의 표지를 새로 만들고 재편철하는 과정에서 표제와 문서가 어긋나는 오류가 발생하였던 것이다. 내별번호 89-87에 편철된 문서 분량이 다른 문서철과 차이가 난 이유도 이 때문이다.[30]

이처럼 『장토문적류』를 재편철하면서 발생한 오류는 비단 안산군만의 문제는 아니었다. 앞서 언급한 『[內需司]忠淸道庄土文績』 18책, 「忠淸南道新昌郡所在庄土安元植提出圖書文績類」도 본 문서철을 원래 말고 있었던 종이는 18책에 편철되어 있지만, 그 외 문서는 안원식이 제출한 문서가 아니라 평안도 중화·숙천군 소재 영친왕궁 장토와 관련된 문서가 편철되어 있다.[31]

현재 『장토문적류』는 동일한 재질의 종이에 앞뒤로 싸여 편철되어 있는데 이는 분류도장을 찍은 이후인 1912~1916년 사이에 재편철된 것이다. 재편철 과정에서 조선총독부는 표지를 새로 만들고 표제를 부여했으며, 한 문서철의 분량이 많은 경우에는 적당한 양으로 나누어 여러 문서철로 분책하였다. 그리고 분책한 경우에는 각 문서철이 연속된 하나의 문서철임을 표시하기 위해 정제 호수에 천간을 부여하고, '육책속'처럼

---

30) 현재 안산군 초산면 소재 용동궁 장토와 관련된 문서철은 5책이 확인되지만 '六冊續'에 따른다면 또 다른 1책이 있었다고 볼 수 있다. 그렇지만 내별번호 89-87의 표제가 잘못 부여된 점에 근거해 본다면 원래 5책으로 분책했는데, 내별번호 89-87에 제목을 잘못 부여하면서 6책으로 파악했을 가능성도 있다.

31) 안원식이 제출한 문서는 『평안도장토문적』 17책, 「平安南道中和郡所在庄土崔榮祿提出圖書文績類」에 편철되어 있고, 최영록이 제출한 문서는 『충청도장토문적』 18책, 「忠淸南道新昌郡所在庄土安元植提出圖書文績類」에 편철되어 있다. 『충청도장토문적』 18책과 『평안도장토문적』 17책의 문서가 뒤바뀌어 편철되어 있는 것이다.

표기를 했다. 그러나 재편철하는 과정에서 표제와 문서가 어긋나는 오류가 발생해 원 질서가 훼손되는 양상이 발생하기도 하였다.

3. 『장토문적류』의 분류 양상과 분류체계의 원 질서

규장각에는 342책의 『장토문적류』가 소장되어 있는데 『장토문적류』의 현황은 표2와 같다.[32] 『장토문적류』 342책 가운데 『[내수사]장토문적』(20책)과 『[내수사 문적류]』(8책) 28책을 제외한 314책의 도서명은 『경기도장토문적』처럼 모두 도명(道名)으로 부여되어 있다. 이는 『장토문적류』를 1차적으로 도를 기준으로 분류하였음을 의미한다.

도별로 분류된 314책의 표제를 보면 가장 일반적인 경우가 「京畿道安山郡草山面所在庄土龍洞宮提出圖書文績類」 또는 「黃海道平山郡所在庄土金基世提出圖書文績類」처럼 '지역명 + 궁방명 또는 개인 성명 + 제출도서문적류'로 부여된 것이다. 이런 식으로 표제가 부여된 문서철 가운데 궁방이 제출한 문서철이 109책이고, 개인이 제출한 문서철은 191책으로 『장토문적류』 342책에서 87.7%의 비중을 차지한다.

이 외에 '지역명 + 궁방명 또는 개인 성명 + 도서문적류(또는 文記)'처럼 마지막 제목이 제출도서문적류가 아닌 도서문적류나 문기로 끝나는 경우도 있었다. 이 가운데 궁방명이 들어간 문서철이 5책, 개인 성명

---

32) 『경기도장토문적』과 『황해도장토문적』은 다른 지역과 달리 내별번호와 책수에서 차이가 있는데, 이는 하나의 내별번호에 2책이 편철된 경우가 있기 때문이다. 『경기도장토문적』 내별번호 89-1에는 「京畿道交河郡縣內面所在庄土明禮宮提出圖書文績類」와 「京畿道交河郡新五里所在庄土景祐宮提出圖書文績類」 2책이 편철되어 있다. 이런 방식으로 편철된 것이 『경기도장토문적』에 6건, 『황해도장토문적』에 3건이 있기 때문에 내별번호와 실제 책수에 차이가 난다.

이 들어간 문서철이 2책이었
다. 이 외에 지역명만 있고 궁
방명이나 개인 성명이 없는 문
서철이 6책이었다.

나음으로 『[내수사]장토문
적』 20책의 표제를 보면 지역
을 비롯해 궁방명이나 개인 성
명 없이 '도서문적류'나 '庄土
二關スル文績類' 식으로 부여
된 것이 15책이고, 나머지 5책

도서명	도서번호	내별번호	책수
京畿道庄土文績	奎 19299	v.1-89	95
[內需司]忠淸道庄土文績	奎 19300	v.1-41	41
全羅道庄土文績	奎 19301	v.1-39	39
慶尙道庄土文績	奎 19302	v.1-12	12
黃海道庄土文績	奎 19303	v.1-80	83
江原道庄土文績	奎 19304	v.1-17	17
[平安道]庄土文績	奎 19305	v.1-26	26
咸鏡南道安邊郡培養杜庄土景祐宮提出圖書文績類	奎 19306	1	1
[內需司]庄土文績	奎 19307	v.1-20	20
[內需司文績類]	奎 19312	v.1-8	8
계			342

표2 『장토문적류』의 자료 현황

은 지역 없이 「龍洞宮二關スル文績類」나 「金晟粲提出圖書文績類」처럼
부여되어 있었다. 『[내수사 문적류]』 8책에는 표제가 부여되어 있지 않
았다.

이러한 『장토문적류』의 표제 검토를 통해 현재 『장토문적류』의 분류
기준을 파악할 수 있다. 문서철의 성격, 궁방 또는 개인 여부에 관계없이
표제에 지역명이 부여된 문서철 314책은 모두 도를 기준으로 분류되었
고, 표제는 있지만 지역명이 없는 문서철 20책은 『[내수사]장토문적』에,
표제가 없는 문서철 8책은 『[내수사 문적류]』에 분류되었다. 이러한 『장
토문적류』의 분류는 표제에 지역명이 부여되어 있는가, 표지에 표제가
부여되어 있는가 여부에 따른 것으로 문서의 제출자나 문서의 성격이 고
려되지 않은 분류이다.

『장토문적류』를 제출자별로 구분해 보면 크게 궁방과 개인으로 구분
되고, 문서 성격별로 보면 궁방전, 도장, 여객주인, 혼탈입지 등 다양하게
구분된다. 그러나 현재 『장토문적류』는 지역과 표제 유무를 기준으로 문

내별번호	문서명	호수	궁방	문서 성격
80-42	黃海道安岳郡遠城坊所在庄土龍洞宮	91-1	용동궁	
89-43	京畿道朔寧郡所在庄土龍洞宮	91-2	용동궁	
89-88	京畿道安山郡又糸江所在庄土廣州郡諸浦口龍洞宮	91-3	용동궁	여객주인
89-13	京畿道仁川郡田反面所在庄土龍洞宮	91-4	용동궁	
89-77	京畿道利川郡暮山面所在庄土龍洞宮	91-5	용동궁	
89-63	京畿道安山郡仍火面所在庄土龍洞宮	91-6	용동궁	
89-83	京畿道廣州郡堂正面所在庄土龍洞宮	91-7	용동궁	
89-41	京畿道安山郡草山面所在庄土龍洞宮	91-8	용동궁	
89-87	京畿道安山郡草山面所在庄土龍洞宮	91-9	용동궁	
39-32	全羅北道扶安郡月巖里所在庄土龍洞宮	91-10	용동궁	
17-7	江原道春川郡所在庄土龍洞宮	91-11	용동궁	
12-11	慶尙南道金海郡梁山所在庄土龍洞宮明禮宮	91-12	용동/명례궁	
12-12	慶尙南道金海郡所在庄土龍洞宮	91-13	용동궁	
80-21	黃海道平山郡介日坊黃州郡花楊五里所在庄土龍洞宮	91-14	용동궁	
80-47	黃海道鳳山郡所在庄土龍洞宮	91-15	용동궁	
80-26	黃海道平山郡所在庄土龍洞宮	91-16	용동궁	
89-89	京畿道南陽郡船旅閣所在庄土龍洞宮	91-17	용동궁	여객주인
80-9	黃海道信川郡加串坊所在庄土龍洞宮	91-18	용동궁	
39-24	全羅南道長興郡南面所在庄土龍洞宮	91-19	용동궁	

표3 분류도장 호수 91-*의 문서철

서철을 분류함에 따라 궁방과 개인이 제출한 다양한 성격의 문서가 혼용되어 분류되어 있다. 그리고 「京畿道安山郡草山面所在庄土龍洞宮提出圖書文績類」에서 살펴보았듯이 연속해서 분류되어야 할 문서철이 연속성을 갖지 못한 채 별개의 문서철처럼 내별번호가 부여되어 있다. 이러한 『장토문적류』의 분류 양상을 황실재정 정리 당시의 원 질서로 보기는 어렵다.

황실재정 정리 당시의 『장토문적류』 분류의 원 질서를 파악하기 위해 『장토문적류』에 부여된 분류도장의 호수와 표지의 앞뒷면에 적힌 호수를 통해 1912년 분류도장을 찍을 당시의 분류 양상을 추적해 보고자 한다. 분류도장이 날인되었던 1910년대 역시 대한제국기 공문서가 원 질서 그대로 보존된 것은 아니었다.[33] 그렇지만 분류도장은 조선총독부가 대한제국기 공문서를 이관한 뒤 찍은 것이므로 『장토문적류』가 이관된 당시의 분류 양상은 파악할 수 있다.

표3은 19책이 한 질로 분류되어 분류도장 호수가 91-1부터 91-19 까지 부여된 문서철을 제시한 것이다. 이들 분류도장은 모두 다른 종이 에 찍힌 것을 오려서 문서철 앞표지 뒷면에 붙여 놓은 것이다.[34]

호수 91이 부여된 문서철의 특징은 모두 용동궁이 제출한 문서철이라 는 점이다. 다음으로 호수 91은 지역별 구분이 없이 부여되었다. 그리고 19책 가운데 17책은 장토와 관련된 문서철이지만 여객주인권과 관련된 문서철 2책도 포함되어 있다. 이를 통해 분류도장을 찍을 당시에는 지역 구분 없이 궁방을 기준으로 문서철이 분류되어 있었음을 알 수 있다.

이러한 분류 양상은 분류도장이 찍혀 있지 않고 문서철의 앞표지 앞뒷 면에 호수만 부여된 경우도 마찬가지였다. 표4는 분류도장이 찍혀 있지 않고 90-1부터 90-30까지 호수가 연속해서 부여된 문서철을 제시한 것이다. 호수가 '三十一冊內 九0ノ五'와 같이 적힌 경우가 있었는데 이를 통해 31책이 한 질로 분류되어 호수가 부여되었음을 알 수 있다. 이 사례 에서도 확인되는 것은 내별번호 8-7의 호수 90이 부여된 경우궁 문서철 을 제외하고는 모두 명례궁과 관련된 문서철이라는 점이다.[35] 이 역시

---

33) 분류도장을 찍었던 당시의 대한제국기 공문서의 분류 양상은 6장 1절 참조.
34) 표3에 제시한 문서명은 원 문서명에서 '提出圖書文績類' 등을 생략한 것임. 이 하 같음. 출전: 『京畿道庄土文績』(89책), 『全羅道庄土文績』(39책), 『慶尙道庄 土文績』(12책), 『黃海道庄土文績』(80책), 『江原道庄土文績』(17책). 문서 성 격이 공란인 것은 장토와 관련된 문서철임. 이하 같음.
35) 이들 문서철에 부여된 호수는 90-1부터 시작하고 있는데, 경우궁 문서철에는 단지 호수 90만 기록되어 있어 따로 분류된 다른 호수일 가능성도 있다.

내별번호	문서명	호수	궁방	문서 성격
8-7		90	경우궁	
39-26	全羅北道南原郡茂長郡所在庄土明禮宮	90-1	명례궁	
41-6	忠淸南道泰安郡所在庄土旅閣主人	90-2		여객주인
89-22	京畿道長善里(竹山郡)所在庄土明禮宮	90-3	명례궁	
8-1		90-4	명례궁	
39-22	全羅南道順天郡所在庄土明禮宮	90-4	명례궁	
41-29	忠淸南道所在庄土明禮宮	90-5	명례궁	
17-3	江原道春川郡西上面所在庄土明禮宮	90-8	명례궁	
8-6		90-9	명례궁	
41-23	忠淸南道燕岐郡西面所在庄土明禮宮	90-10	명례궁	
41-38	忠淸南道洪州郡化城面所在庄土明禮宮	90-14	명례궁	
41-15	忠淸南道魯城郡所在庄土明禮宮	90-15	명례궁	
8-2		90-16		
8-8		90-17	명례궁	
17-15	江原道寧越郡所在庄土明禮宮	90-18	명례궁	
8-3		90-19	명례궁/수진궁	
17-6	江原道春川郡上秋谷所在庄土明禮宮	90-20	명례궁	
17-9	江原道春川郡上秋面所在庄土明禮宮	90-20	명례궁	
41-22	忠淸南道庇仁郡藍浦所在庄土明禮宮	90-23	명례궁	여객주인
12-5	慶尙南道昌原郡所在庄土明禮宮	90-25	명례궁	
41-2	忠淸南道平澤郡所在庄土明禮宮	90-26	명례궁	
26-8	平安北道定州郡凡庭二里所在庄土明禮宮	90-27	명례궁	
41-39	忠淸南道平澤郡南面所在庄土明禮宮	90-29	명례궁	
41-35	忠淸南道平澤郡南面所在庄土明禮宮	90-30	명례궁	
8-5		90-△	명례궁	
8-4		90-△1		

표4　90-* 호수가 부여된 문서철　*출전:『京畿道庄土文績』,『[內需司]忠淸道庄土文績』(41책),『全羅道庄土文績』,『慶尙道庄土文績』,『江原道庄土文績』,『[平安道]庄土文績』(26책),『[內需司文績類]』(8책)

지역별 구분 없이 궁방을 기준으로 문서철이 분류되어 있었음을 확인할 수 있다.

표4에 문서명이 없는 것은 『[내수사 문적류]』(8책)에 분류되어 있는 문서철이다. 『[내수사 문적류]』에는 제목이 부여되어 있지 않지만 문서 내용 검토를 통해 궁방을 파악하였다.[36] 『[내수사 문적류]』 내별번호 8-1~7은 모두 궁방전과 관련된 토지매매 문기가 편철되어 있었고, 내별번호 8-8에는 가옥매매 문기와 추수기가 편철되어 있었다. 표지에 표제가 없는 이들 문서철이 현재는 『[내수사 문적류]』로 분류되어 있지만, 호수가 부여될 때는 표제가 명례궁 제출이라고 부여된 궁방전 관련 문서철과 한 질로 묶여 함께 분류되었던 것이다.[37]

표5는 37책이 한 질로 분류되어 95-1부터 95-37까지 호수가 부여된 문서철을 제시한 것이다. 이들 문서철은 모두 개인이 도장권과 궁방전 혼탈입지와 관련해서 제출한 문서철이다. 95-1부터 95-19까지 호수가 부여된 문서철은 명례궁 장토와 관련해서 개인이 제출한 문서철이며, 95-20부터는 육상궁 장토와 관련해서 개인이 제출한 문서철이다. 개인이 제출한 문서철도 소속 궁방별로 분류했던 것이며 궁방과 마찬가지로 지역별 구분은 없었다.

이들 사례를 통해 분류도장을 찍을 당시의 분류 기준을 확인할 수 있다. 분류도장을 찍을 당시에는 1단계로 제출자를 대분류로 삼고 궁방과 개인이 제출한 문서철을 구분해서 분류하고, 2단계로 개인이 제출한 문

---

36) 궁방명이 없는 것은 소속 궁방을 명확히 파악하지 못한 것이다.
37) 이후 이들 문서철에도 다른 문서철과 통일성을 갖추기 위해 꺽쇠([]) 표시를 한 문서명이 부여되어야 할 것이다. 가령 『[內需司文績類]』 7책은 黃海道 信川郡 武信峒 소재 경우궁 장토와 관련된 문서철이므로 [黃海道信川郡武信峒所在景佑宮提出圖書文績類] 식으로 부여되어야 할 것이다.

내별번호	문서명	호수	소속	문서 성격
89-35	京畿道振威郡一二炭面所在庄土安貞和	95-1		
26-10	平安南道肅川郡保民峒所在庄土李彰鎬	95-2		혼탈입지(궁방전)
89-58	京畿道江華郡所在庄土李範夏	95-3		혼탈입지(궁방전)
89-71	京畿道楊根伐里所在庄土李義煥	95-4		
39-2	全羅北道興德郡所在庄土陳東均	95-5		혼탈입지(궁방전)
89-17	京畿道安山郡月串所在庄土金在元	95-6		
80-72(1)	黃海道載寧郡餘勿坪所在庄土崔鶴奎外十九名	95-7		
39-19	全羅北道南原郡所在庄土李喆燮	95-8		
26-22	平安北道安州郡漏盈峒所在庄土鄭學潤	95-9	명례궁	
80-61	黃海道平山郡所在庄土金基世	95-10		
26-23	平安南道中和郡所在庄土金容鎭	95-11		
89-69	京畿道高陽郡注葉里所在庄土盧昇澤	95-12		
26-20	平安南道安州郡四部洞所在庄土申泰禧	95-14		
41-8	忠淸南道鎭川郡所在庄土朴夏容	95-15		
39-28	全羅南道海南郡所在庄土崔鶴奎	95-16		
39-3	全羅南道樂安郡所在庄土白時鏞	95-17		
39-29	全羅南道海南郡銀所面所在庄土鄭愚衡	95-18		
26-5	平安南道安州郡四部峒庄土嚴桂益	95-19		
39-12	全羅北道任實郡處在庄土崔學泳	95-20		
80-16	黃海道松禾郡三八坊所在庄土吳正善	95-21		
89-9	京畿道高陽郡礪石峴所在庄土尹悳模	95-22		
80-67	黃海道信川郡載寧郡所在庄土河相禹	95-23		
41-31	忠淸南道德山郡所在庄土梁召史	95-24		
41-17	忠淸南道禮山郡所在庄土劉雲老	95-25		
80-29	黃海道安岳郡杏村坊所在庄土朴老秀	95-26		
80-15	黃海道金川郡所在庄土鄭鴻基	95-27		
39-33	全羅北道扶安郡所在庄土崔學泳	95-28	육상궁	
39-27	全羅南道海南郡長興郡所在庄土李容恪	95-29		
39-15	全羅南道羅州郡所在庄土劉漢春	95-30		
89-20	京畿道富平郡所在庄土盧景弘	95-32		혼탈입지(궁방전)
41-9	忠淸南道林川郡韓山郡所在庄土金開鉉	95-33		
89-70(1)	京畿道陽川郡南山面所在庄土白樂璇	95-34		
89-72	京畿道長湍郡巨澇里庄土韓致圭	95-35		
80-31	黃海道海州郡秋伊坊所在庄土金永模	95-36		
80-75	黃海道載寧郡余勿坪庄土鄭漢有	95-37		

표5 분류도장 호수 95-*의 문서철 *문서 성격이 공란인 것은 도장과 관련된 문서철임.

서철은 다시 소속 궁방을 기준으로 분류했던 것이다.

제출자와 소속 궁방이라는 2단계의 분류 기준을 설정했지만 그 하위 단위의 분류 양상을 보면 여러 지역이 혼용되어 혼란스러운 양상을 보이고 있다. 이로 미루어 보아 분류도장을 찍을 당시에는 1단계와 2단계 다음의 하위 단위는 특정한 기준을 설정하지 않았던 것으로 보인다.

제출자와 소속 궁방을 분류 기준으로 삼고 하위 단위는 특정한 기준을 설정한 것으로 보이지는 않지만, 전체적인 틀에서는 문서의 성격을 고려해 분류한 흔적이 확인된다.

표6은 32책이 한 질로 분류된 호수 99-*와 23책이 한 질로 분류되어 호수 108-*이 부여된 문서철 가운데 확인 가능한 것을 제시한 것이다.[38] 호수 99-*가 부여된 문서철의 특징은 앞선 사례와는 달리 문서철의 성격이 도장과 관련된 것이 아니라 대부분 궁방전 혼탈입지와 역둔토 혼탈입지와 관련해서 제출된 문서철이라는 점이다. 다음으로 108-*은 모두 역둔토 혼탈입지와 관련해서 제출된 문서철이라는 공통점을 보인다.

『장토문적류』에서 확인된 분류도장의 호수를 보면 80번 후반에서 90번 초반은 궁방이 제출한 문서철에 부여되었고, 90번 후반은 도장이 제출한 문서철에 부여되었고, 99번부터 100번대는 주로 궁방전 혼탈입지 · 역둔토 혼탈입지와 관련된 문서철에 부여되었다. 이러한 점에 미루어 보면 분류도장을 찍을 당시에는 제출자와 소속 궁방뿐 아니라 문서의 성격도 문서철 분류의 기준으로 고려되었던 것으로 보인다.

그렇지만 앞서 살펴본 궁방전과 도장 문서철 사례에서 여객주인권과

---

38) 내별번호 39-13과 39-8은 분류도장이 찍혀 있지 않고 호수만 부여된 경우다.

구분	내별번호	문서명	호수	소속궁방	문서 성격
1	89-66	京畿道果川郡所在庄土金召史	99-1		혼탈입지(둔토)
	12-9	慶尙北道聞慶郡所在庄土金斗漢	99-2		혼탈입지(둔토)
	39-37	全羅北道興德郡所在庄土金基一	99-3	명례궁	혼탈입지(궁방전)
	39-7	全羅北道興德郡所在庄土崔鳳權	99-4	명례궁	혼탈입지(궁방전)
	20-17	圖書文績類	99-4-イ		둔토 문서
	41-19	忠淸南道結城郡所在庄土李忠極	99-5		여객주인
	12-6	慶尙北道河東郡所在庄土閔炯植	99-6		혼탈입지(둔토)
	41-24	忠淸南道新昌郡所在庄土高浩永	99-7		혼탈입지(둔토)
	41-16	忠淸南道沃川郡所在庄土金奎璿	99-8		혼탈입지(둔토)
	26-1	平安北道龍川郡所在庄土金道榮	99-10	불분명	불분명
	41-21	忠淸南道公州郡所在庄土明禮宮	99-11	명례궁	불분명
	89-86	京畿道始興郡所在庄土金國柱	99-12	洪陵	혼탈입지(陵位田)
2	39-39	全羅南道莞嶋郡所在庄土金俊炫	108-16-△		혼탈입지(둔토)
	39-13	全羅南道莞嶋郡所在庄土金俊炫	108-16-乙		혼탈입지(둔토)
	20-4	金晟粲	108-17		혼탈입지(둔토)
	39-23	全羅南道薪智島所在庄土人民	108-18		혼탈입지(둔토)
	39-8	全羅南道薪智嶋所在庄土人民	108-19		혼탈입지(둔토)

표6 분류도장 호수 99-*와 108-*의 문서철. *불분명: 토지매매문기가 편철되어 있지만, 해당 문서철이 궁방전 또는 궁방전 혼탈입지인지, 역둔토 혼탈입지인지 명확하지 않음.

궁방전 혼탈입지 문서철이 함께 분류된 경우가 있었고, 혼탈입지 사례에도 궁방전 혼탈입지와 역둔토 혼탈입지가 함께 분류되었으며, 호수 99-*에 여객주인권 문서철이 포함된 것에 근거해 본다면 문서의 성격이 명확한 분류 기준으로 설정되어 있었던 것은 아닌 것으로 보인다.

현재 『장토문적류』의 분류는 지역과 표제의 유무를 기준으로 분류되어 있어 궁방과 개인의 문서철 및 다른 성격의 문서철이 혼용되어 있다. 그렇지만 분류도장을 찍었던 당시에는 제출자와 소속 궁방을 중심으로 분류되어 지금과는 전혀 다른 모습으로 분류되어 있었다. 분류도장을 찍었던 당시의 분류 양상은 창고번호를 부여할 때까지도 대체적으로 유지

내별번호	문서명	호수	창고번호	붕가번호	기호
80-42	黃海道安岳郡遠城坊所在庄土龍洞宮	91-1			
89-43	京畿道朔寧郡所在庄土龍洞宮	91-2			
89-88	京畿道安山郡又糸江所在庄土廣州郡諸浦口龍洞宮	91-3			
89-13	京畿道仁川郡田反面所在庄土龍洞宮	91-4			
89-77	京畿道利川郡暮山面所在庄土龍洞宮	91-5			
89-63	京畿道安山郡仍火面所在庄土龍洞宮	91-6			
89-83	京畿道廣州郡堂正面所在庄土龍洞宮	91-7			
89-41	京畿道安山郡草山面所在庄土龍洞宮	91-8			
89-87	京畿道安山郡草山面所在庄土龍洞宮	91-9	3	172	イ
39-32	全羅北道扶安郡月巖里所在庄土龍洞宮	91-10			
17-7	江原道春川郡所在庄土龍洞宮	91-11			
12-11	慶尙南道金海郡梁山所在庄土龍洞宮明禮宮	91-12			
12-12	慶尙南道金海郡所在庄土龍洞宮	91-13			
80-21	黃海道平山郡介日坊黃州郡花楊五里所在庄土龍洞宮	91-14			
80-47	黃海道鳳山郡所在庄土龍洞宮	91-15			
80-26	黃海道平山郡所在庄土龍洞宮	91-16			
89-89	京畿道南陽郡船旅閣所在庄土龍洞宮	91-17			
80-9	黃海道信川郡加串坊所在庄土龍洞宮	91-18	3	172	ㅁ
39-24	全羅南道長興郡南面所在庄土龍洞宮	91-19	3	172	イ

표7 분류도장 호수 91-*과 창고번호 도장

되었다.

표7은 표3에서 제시한 분류도장 호수 91-*의 문서철에 부여된 창고
번호를 제시한 것이다. 창고번호를 보면 분류 호수 91-18을 제외하고는
모두 3번 창고의 172번 서가에 기호 'イ'가 부여되어 함께 분류되어 있
었다. 창고번호를 부여할 때까지도 분류도장의 분류체계는 대체적으로
유지되고 있었던 것이다. 그렇지만 다른 호수와 달리 분류 호수 91-18
의 문서철에는 기호 'ㅁ'가 부여되었듯이 일부 문서철은 호수가 뒤섞여
서가에 배열되어 있었다.[39]

분류도장의 분류체계와 달리 현재와 같이 『장토문적류』가 재분류된 것은 1921년 이후였다. 조선총독부는 대한제국의 문서를 정리하고 도서번호를 부여한 작업을 1차 마무리한 뒤 1917년 『조선도서총목록』(奎 26778)을 작성하였는데, 이 목록에는 도서번호가 15025번까지 부여되어 있다. 이후 1921년 조선총독부가 발간한 『조선총독부고도서목록』에는 도서번호가 17600번대까지 부여되어 있다. 1917년 이후에도 도서정리와 도서 번호 부여 작업이 계속 진행되었던 것이다.

조선총독부가 도서번호를 부여하고 정리한 문서들은 1928년과 1930년에 경성제국대학 부속도서관으로 이관되었다.[40] 경성제국대학 부속도서관은 조선총독부로부터 인계받은 문서를 정리하고 1934년 『조선총독부고도서목록보유』를 발간했다. 경성제국대학 부속도서관은 이 목록집에 실려 있는 목록은 조선총독부로부터 인계받은 규장각 도서 가운데 『조선총독부고도서목록』에 실려 있지 않은 것이라고 하였다. 이 목록에 『장토문적류』는 도서명 '내수사경기도장토문적', 도서번호 '19299', 책수 '89'처럼 현재 『장토문적류』와 동일한 양상으로 분류되어 있다.[41] 『장토문적류』는 1921~1934년 사이에 도서명과 도서번호를 부여하는 과정에서 현재와 같이 재분류되었던 것이다.

분류도장의 『장토문적류』 분류 양상은 황실재정 정리 당시 『장토문적류』 분류체계의 원 질서를 파악할 수 있는 방향성을 시사해 준다는 점에서 의미가 있다.

---

39) 창고번호를 부여하였던 당시의 대한제국기 공문서의 분류 양상은 6장 2절 참조.
40) (修正版)『奎章閣圖書韓國本綜合目錄』, 1994, 서울대학교규장각, 11쪽.
41) 경성제국대학 부속도서관이 조선총독부로부터 인계받은 문서를 정리하고 작성한 『奎章閣朝鮮本圖書目錄』(奎 26782: 연대 미상)에도 동일한 양상으로 분류되어 있다.

문서는 특정 목적을 실현하는 과정에서 생산된 결과물로서 누가 언제 작성하였고 누가 소장하고 관리하였는지, 문서의 생산·거래·소장과 관련한 정보를 담고 있다. 따라서 문서는 문서의 생산·소장 기관을 기준으로 그 기관의 기능과 활동에 따라 주제별로 구분된다.

이러한 측면에 근거해 볼 때, 『장토문적류』는 1사 7궁과 그와 연계된 개인이 서로 관계를 맺으면서 생산·거래한 문서이므로 제출자와 소속 궁방을 기준으로 한 분류는 황실재정 정리 당시의 원 질서를 반영한 것으로 이해된다. 다만 분류도장을 찍을 당시에는 주제별 분류 기준이 명확히 설정되지 않았다는 점에서 원 질서의 분류체계로 단정하기는 어려울 것으로 보인다.

황실재정을 정리하면서 수합한 『장토문적류』는 재정 정리 기구를 기준으로는 임시재산정리국과 탁지부 사세국으로 구분되고, 주제별로는 궁방전·도장권·여객주인권·궁방전 혼탈입지·역둔토 혼탈입지로 구분된다. 임시재산정리국은 궁방전·도장권·궁방전 혼탈입지를 조사 정리하였고, 탁지부 사세국은 역둔토 혼탈입지를 조사 정리하였다.

역둔토 혼탈입지는 내장원이 관할한 역둔토에 사유지가 혼탈입된 것으로 궁방전과는 성격이 다른 토지이다. 역둔토 혼탈입지와 관련된 문서를 탁지부 사세국이 아닌 궁방전 혼탈입지를 정리한 기관에 제출한 경우가 있었는데, 이 문서철을 말고 있었던 겉표지에는 '元來 屯土에 關ᄒ고 一司七宮에ᄂ 無關ᄒ 件. (중략) 本局에 關係가 無ᄒ 件'이라고 명기해 두고 있다.[42] 궁방전 혼탈입지는 임시재산정리국에서 최종적으로 조사·정리하였지만, 역둔토 혼탈입지는 탁지부 사세국에서 조사·정리한 계

---

42) 『경기도장토문적』 66책, 「京畿道果川郡所在庄土金召史提出圖書文績類」.

통을 달리하는 문서철인 것이다. 따라서 『장토문적류』에 편철된 문서는 황실재정 정리를 담당한 임시재산정리국과 탁지부 사세국을 기준으로 1차적으로 구분된다.

다음으로 임시재산정리국이 최종적으로 수합·정리한 『장토문적류』의 문서철도 황실재정 정리 대상과 시기에 따라 구분된다. 궁방이 제출한 문서철은 각궁사무정리소가 1907년 2월 1사 7궁을 폐지하면서 수합한 문서철이다. 도장이 제출한 문서철은 1907년 6월 궁방전에 설정된 도장권을 정리하기 위해서 수합한 문서철이다. 여객주인권 문서철은 각 궁사무정리소의 업무를 인계받은 조사국이 여객주인권을 폐지하면서 수합한 문서철이었고, 궁방전 혼탈입지 문서철도 조사국이 1908년 3월 궁방전에 혼탈입된 토지를 정리하면서 수합한 문서철이다. 이처럼 궁방전·도장권·여객주인권·궁방전 혼탈입지 문서철은 황실재정 정리 기관이 궁방전을 비롯해 궁방전과 연계된 권리와 토지를 정리하는 과정에서 수합한 문서철이다. 따라서 이들 문서철은 황실재정 정리 대상에 따라 주제별로 구분된다.

『장토문적류』에 편철된 문서철은 황실재정 정리 기관별로 정리 대상에 따라 구분되어 수합되었던 것이다. 따라서 황실재정 정리 당시 『장토문적류』 분류체계의 원 질서는 황실재정 정리 기관별로 구분되어, 정리 대상에 따라 주제별로 제출자와 소속 궁방을 기준으로 분류되었을 것으로 이해된다.

이러한 분류 기준에 따른다면 『장토문적류』에 편철된 문서는 크게 임시재산정리국과 탁지부 사세국을 기준으로 구분되어 분류되어야 한다. 그 다음 임시재산정리국이 정리한 『장토문적류』는 1단계로 황실재정 정리 대상에 따라 주제별로 분류되어야 할 것이다. 『장토문적류』에는 궁방이 제출한 궁방전 관련 문서철, 도장이 제출한 도장권 관련 문서철, 궁방전 혼탈입지와 관련해 개인이 제출한 문서철, 여객주인권과 관련된 문서철 등이 있다. 이러한 문서들은 특정 목적을 실현하기 위해 생산된 각각의 기능이 있는 것이다. 따라서 그 기능에 따라 주제별로 궁방전, 도장권, 궁방전 혼탈입지, 여객주인권으로 구분되어 분류되어야 할 것이다.[43)

이러한 주제별 분류는 생산자별 분류 방식이기도 하다. 궁방전과 관련된 문서철은 궁방이 제출한 것이고, 도장권은 개인인 도장이, 궁방전 혼탈입지도 개인이 제출한 것이므로 이러한 주제별 분류는 생산자를 기준으로 한 분류 방식이 병행되는 것이다.

다음으로 2단계는 궁방을 기준으로 분류되어야 할 것이다. 『장토문적류』는 각 궁방이 관할한 문서철과 궁방전의 도장권·혼탈입지 등과 관련해 개인이 제출한 문서철이 중심을 이루고 있다. 『장토문적류』는 1사 7궁과 그와 연계된 개인이 서로 관계를 맺으면서 생산·유통한 문서이므로 궁방별로 분류되어야 각 문서의 계통이 정립될 수 있을 것이다.

궁방별 분류의 하부 단위는 지역별로 분류되어야 할 것이다. 분류도장은 도장과 궁방이 제출한 문서를 구분해서 분류했지만 하부 단위의 기준은 설정되어 있지 않았다. 이로 인해 여러 지역의 문서가 혼용된 상태로 분류되었다. 이러한 분류는 자료의 이용에 제약이 있기 때문에 최종 하부 단위는 지역별로 분류되어야 할 것이다.

---

43) 『장토문적류』의 주제별 분류와 관련해서 고려해야 할 부분은 회계문서류 항목의 설정 여부이다. 『[內需司]庄土文績』에는 궁방전과 관련된 문서뿐 아니라 궁방에서 물건 대금을 지불한 회계문서가 상당수 편철되어 있기 때문이다. 그런데 이들 문서가 토지 문서와 함께 편철되어 있으므로 이를 고려한 분류 방향이 검토되어야 할 것이다.

다음으로 탁지부 사세국에서 정리한 역둔토 혼탈입지 관련 문서철은 궁방과 관련된 문서와 구분해서 따로 분류되어야 할 것이다. 끝으로 『[내수사]장토문적』에는 내장원과 관련된 문서철이 일부 혼용되어 포함되어 있다. 『[내수사]장토문적』 9책, 12책, 16책, 19책은 내장원이 관할한 역둔토, 광산 등과 관련된 문서를 편철한 문서철이다. 이들 문서철은 내장원이 관할한 재원과 관련된 것이므로 규장각에 소장되어 있는 내장원 문서철과 연계해서 재분류되어야 할 것이다.

『장토문적류』는 1사 7궁을 폐지하면서 수합한 궁방 문서에서부터 궁방과 연계된 도장권 · 여객주인권 등 각종 권리를 정리하면서 수합된 문서가 중심을 이루면서, 한편으로 역둔토 혼탈입지나 내장원 문서철처럼 계통을 달리하는 문서철이 일부 혼용되어 있다. 따라서 『장토문적류』는 황실재정 정리 기관을 구분하고 황실재정 정리 대상에 따라 주제별로 궁방을 기준으로 분류되어야 할 것이다. 이러한 분류는 주제별 → 궁방별 → 지역별 단위의 『장토문적류』 분류체계를 형성하는 방향이 될 것이며, 각 문서철을 유기적으로 연계시키는 역할을 할 것이다.

6장 분류도장·창고번호 도장의 날인과
원 질서의 붕괴

대한제국이 일제에 강점된 후 조선총독부는 갑오개혁~대한제국기 공문서를 부(部) 단위로 재분류하고 도서명과 도서번호를 부여하였다. 이를 통해 부-국-과 행정체계에서 국과를 단위로 각 과별로 분류되었던 대한제국기 공문서 분류체계는 해체되었다.

그런데 조선총독부가 도서명과 도서번호를 부여하기 이전에 이미 대한제국기 공문서 분류체계는 무너지고 있었다. 그 흔적은 갑오개혁~대한제국기 문서철 표지에 찍힌 분류도장과 창고번호 도장에서 확인된다.

분류도장은 융희년간부터 1916년 사이에 날인되었는데, 거의 대부분은 조선총독부가 1911~1912년 사이에 찍은 것이다. 융희년간에 분류도장을 찍은 문서철은 주로 국가 재정과 관련된 탁지부 문서철이었고, 조선총독부가 분류도장을 찍은 문서철은 나머지 탁지부 문서철과 내장원을 비롯한 재정 관련 문서철이었다.

다른 각부부원청의 문서철과 달리 분류도장이 재정 관련 문서철에 집중적으로 날인되었듯이, 일본이 러일전쟁 이후 대한제국을 지배하기 위해 가장 먼저 국가 재정을 장악하고자 했던 정책과 강점 이후에는 식민지 통치 기반을 구축하기 위해 국가 재원을 철저히 파악하고자 했던 정책이 공문서에도 그대로 반영되었던 것이다.

분류도장을 찍은 이후 조선총독부는 갑오개혁~대한제국기 공문서를 창고에 보관했는데, 이 과정에서 각 문서철에 창고번호 도장을 찍었다. 창고번호 도장은 조선총독부가 도서번호를 부여하고 도서목록 정리를 1차 마무리한 1916년 이전에 찍은 것으로 이해되지만 정확한 날인 시기는 알 수 없다. 분류도장은 주로 재정 관련 문서철에 찍혀 있지만, 창고번호 도장은 재정 관련 문서철뿐 아니라 의정부·외부 등 각부부원청의 공문서에도 찍혀 있다.

갑오개혁~대한제국기 공문서는 분류도장 → 창고번호 도장의 날인이라는 과정을 거친 뒤 최종적으로 도서번호가 부여되었던 것이다. 따라서 분류도장과 창고번호 도장에 부여된 호수와 번호의 검토를 통해 도서번호가 부여되기 직전의 분류 상태를 파악할 수 있다. 조선총독부가 과 단위에서 부 단위로 재분류하기 이전인 분류도장·창고번호 도장을 찍었던 당시에는 갑오개혁~대한제국기 공문서가 어떻게 분류되어 있었는지 살펴본다.

1. 통감부~일제 초기 분류도장의 날인과 분류체계의 변형

조선총독부는 갑오개혁~대한제국기 공문서를 정리하고 도서번호와 도서명을 부여하면서 부를 단위로 재분류하였지만, 분류도장을 찍던 당시에는 전혀 다른 모습으로 분류되어 있었다.

내별 번호	보관 년수	책수	호수	연호	기만년월	局課
8-1	20	△…△	△△-3	隆熙	23년 12월	（地税課）
8-2	20	△…△	34-4	隆熙	23년 12월	司税局 地税課
8-3	20	△…△	34-7	隆熙	23년 12월	司税局 地税課
8-4	20	6(六)	35-4	隆熙	23년 12월	司税局 地税課
8-5	20	6(六)	39-1	隆熙	23년 12월	司税局 地税課
8-6	10	△…△	△…△	△△	△…△	司計局 經理課
8-7	10	14	262-1-ᄉ	×	53년 12월	司税局 雜税課
8-8	10	22	△…△	△△	△…△	司計局 監査課

표1 『궁내부거래문첩』(奎 17882, 8책)의 분류도장 *△는 규장각 도서번호표에 가려져 확인할 수 없는 것. 기만년월 53년(1920년)은 明治 연간이며, 이하 연호가 '×'인 것은 明治에 해당함.

표1은 『궁내부거래문첩』 각 문서철의 표지에 찍혀 있는 분류도장의 정보를 제시한 것이다. 『궁내부거래문첩』은 8책이 한 질로 분류되어 도서번호 奎 17882가 부여되어 있지만, 각 문서철에 찍힌 분류도장을 보면 각기 부여된 호수가 다르고 분류도장을 찍은 시기도 융희년간(내별번호 8-1~5)과 일제 초기(내별번호 8-7)로 구분된다. 각 문서철에 호수 34(2책), 35(1책), 39(1책), 262(1책) 등이 부여되어 있듯이 분류도장을 찍었던 당시에는 이들 문서철이 최소한 4종 이상으로 분류되어 있었던 것이다.

『궁내부거래문첩』 내별번호 8-4의 문서철에 부여된 호수 35를 대상으로 현재의 분류 상태와 비교해 본다. 표2의 호수 35-*는 융희년간에 분류도장을 찍으면서 부여한 것으로 6책이 한 질로 분류되어 있었다. 『궁내부거래문첩』과 호수 35-*의 차이점은 『궁내부거래문첩』에는 사세국 지세과·잡세과, 사계국 경리과·감사과의 문서철이 한 질로 분류되어 섞여 있지만, 호수 35-*가 부여된 문서철은 모두 지세과에서 편철한 문서철이라는 점이다.[1]

도서번호	내별번호	거래기관	年數	책수	호수	연호	期滿	문서년월	課
奎 17878	7-2	軍部	20	△	35-1	隆熙	23年	1897.1～1899.12	
奎 17881	7-5	內部	20	6	35-2	隆熙	23年	1898.1～10	
奎 17884	4-2	法部 、	20	6	35-3	隆熙	23年	1898.3～1899.12	
奎 17882	8-4	宮內府	20	6	35-4	隆熙	23年	1898.1～1899.11	지세과
奎 17883	4-1	平理院	20	6	35-5	隆熙	23年	1898.8～1900.4	
奎 17884	4-3	法部	20	6	35-6	隆熙	23年	1900.1～11	

표2 분류 호수 35-*의 문서철

　다음으로『궁내부거래문첩』에는 탁지부가 궁내부와 거래한 문서를 편철한 문서철이 한 질로 분류되어 있는데, 호수 35-*에는 궁내부뿐 아니라 군부·내부 등 탁지부가 여러 기관과 거래한 문서를 편철한 문서철이 함께 분류되어 있다는 점이다.

　호수를 부여하였던 융희년간에는 조선총독부가 도서번호를 부여하였을 때와 전혀 다른 모습으로 문서가 분류되어 있었던 것이다. 융희년간과 일제 초기에 찍었던 분류도장 가운데 먼저 융희년간에 찍었던 분류도장을 중심으로 분류 기준을 살펴본다.[2]

　표3은 18종 48책에서 확인된 호수 34~43을 호수 순으로 배열한 것이다. 앞서 살펴본 호수 35-*와 마찬가지로 호수 34~43이 부여된 문서철

---

1)『宮內府去來文牒』각 문서철의 편철 기관은 3장 101쪽 참조.
2) 奎 17876:『訓令編案』, 奎 17877:『度支部各部院等公文來去文』, 奎 17878:『軍部來去案』, 奎 17880:『度支部農商工部公文來去牒』, 奎 17881:『度支部內部公文來去牒』, 奎 17882:『宮內府去來文牒』, 奎 17883:『平理院來去文』, 奎 17884:『法部來去文』, 奎 17885:『掌禮院去來牒』, 奎 17886:『警務廳來去文』, 奎 17887:『議政府去來案』, 奎 17888:『警部來去文』, 奎 17889:『外部來去文』, 奎 17890:『漢城裁判所來去文』, 奎 17891:『通牒』, 奎 17892:『電郵費訓令編案』, 奎 17995:『報告書綴』, 奎 17997:『災結請議書』.

표3 융희년간의 분류도장의 호수별 분류

번호	도서번호	내별번호	거래기관	年數	책수	호수	연호	期滿	문서년월	課
1	奎 17880	6-3	度支部 司計局·府郡	20	9	34-1	隆熙	23年	1896.10~1897.12	지세과
	奎 17881	7-3	內部	20	9	34-2	隆熙	23年	1896.12~1897.7	
	奎 17880	6-4	農商工部	20	9	34-3	隆熙	23年	1897.1~1897.11	잡세과
	奎 17882	8-2	宮內府	20	△	34-4	隆熙	23年	1896.8~12	
	奎 17878	7-1	軍部	20	9	34-5	隆熙	23年	1896.1~11	
	奎 17885	2-1	掌禮院	20	9	34-6	隆熙	23年	1897.1~1898.12	지세과
	奎 17882	8-3	宮內府	20	△	34-7	隆熙	23年	1897.1~1897.12	
	奎 17884	4-1	法部	20	9	34-8	隆熙	23年	1897.1~1898.1	
	奎 17881	7-4	內部	20	9	34-9	隆熙	23年	1897.8~1897.12	
2	奎 17878	7-2	軍部	20	△	35-1	隆熙	23年	1897.1~1899.12	지세과
	奎 17881	7-5	內部	20	6	35-2	隆熙	23年	1898.1~10	
	奎 17884	4-2	法部	20	6	35-3	隆熙	23年	1898.3~1899.12	
	奎 17882	8-4	宮內府	20	6	35-4	隆熙	23年	1898.1~1899.11	
	奎 17883	4-1	平理院	20	6	35-5	隆熙	23年	1898.8~1900.4	
	奎 17884	4-3	法部	20	6	35-6	隆熙	23年	1900.1~11	
3	奎 17891	4-2	全羅道·江原道	20	5	36-1	隆熙	23年	1901.4~1907.6	지세과
4	奎 17887	×	議政府	20	5	37-1	隆熙	23年	1895.9~1905.9	지세과
	奎 17877	24-13	農商工部·通信院	20	5	37-5	隆熙	23年	1897.1~1905.11	
	奎 17880	6-1	農商工部	20	5	37-△	隆熙	23年	1895.11~1896.8	잡세과
5	奎 17883	4-4	平理院	20	6	38-1	隆熙	23年	1904.3~11	지세과
	奎 17883	4-3	平理院	20	6	38-2	隆熙	23年	1901.1~1902.12	
	奎 17881	7-6	內部	20	6	38-3	隆熙	23年	1898.12~1900.11	
	奎 17883	4-2	平理院	20	6	38-4	隆熙	23年	1900.5~12	
	奎 17889	1-1	外部	20	6	38-5	隆熙	23年	1896.2~1900.12	
	奎 17886	2-1	警部	20	6	38-6	隆熙	23年	1896.1~1900.12	

번호	도서 번호	내별 번호	거래기관	年數	책수	호수	연호	期滿	문서년월	課
6	奎17882	8-5	宮內府	20	6	39-1	隆熙	23年	1900.1～1905.10	지세과
	奎17885	2-2	掌禮院	20	6	39-2	隆熙	23年	1899.1～1905.12	
	奎17876	12-11	度支部 司計局 ・府郡	20	6	39-3	隆熙	23年	1904.5～1905.9	
	奎17881	7-1	內部	20	△	39-5	隆熙	23年	1895.11～1896.7	
	奎17881	7-2	內部	20	△	39-6	隆熙	23年	1896.8～12	
7	奎17997	4-1	議政府・各道	20	8	40-1	隆熙	23年	1897.1～1898.7	지세과
	奎17997	4-2	議政府・各道	20	8	40-2	隆熙	23年	1899.2～1901.4	
	奎17997	4-3	議政府・各道	20	8	40-3	隆熙	23年	1901.8～1902.1	
	奎17890	×	漢城裁判所	20	8	40-5	隆熙	23年	1898.1～1903.11	
	奎17888	2-2	警務廳	20	8	40-6	隆熙	23年	1901.1～1904.11	
	奎17884	4-4	法部	20	8	40-7	隆熙	23年	1903.2～1905.12	
	奎17878	7-7	軍部	20	8	40-8	隆熙	23年	1903.1～1905.7	
8	奎17892	1-1	度支部 司計局 ・府郡	20	3	41-2	隆熙	23年	1900.1～1901.12	지세과
	奎17881	7-7	內部	20	3	41-3	隆熙	23年	1901.1～1905.10	
9	奎17877	24-10	宮內府・經理院 ・議政府・內部 ・外部・軍部	20	△	42-1	隆熙	23年	1906.2～1907.1	지세과
	奎17877	24-11	法部・平理院・ 漢城裁判所・ 農商工部	20	△	42-2	隆熙	23年	1905.1～1906.12	
	奎17877	24-12	通信管理局・ 統監府・ 要塞司令部	20	△	42-3	隆熙	23年	1906.12～1907.11	
10	奎17995	6-3	×	20	6	43-△	隆熙	23年	1907.1～1907.12	지세과
	奎17995	6-2	×	20	6	4△	隆熙	23年	1907.1～1907.12	
	奎17995	6-4	×	20	6	4△	隆熙	23年	1907.1～1907.12	
	奎17995	6-5	×	20	6	4△	隆熙	23年	1907.1～1907.12	
	奎17995	6-1	×	20	△	4△	隆熙	23年	1907.1～1907.12	
	奎17995	6-6	×	20	△	4△	隆熙	23年	1907.1～1907.12	

도 지세과에서 편철한 문서철이었다. 융희년간에 분류도장을 찍고 호수를 부여할 때까지는 대한제국기의 국과 단위의 분류체계가 기본적으로 유지되고 있었던 것이다.

그런데 지세과 문서철을 중심으로 호수가 부여되었지만, 잡세과 문서철도 2책 포함되어 있었다. 호수 34-3이 부여된 『탁지부농상공부공문래거첩』(奎 17880) 내별번호 6-4는 잡세과가 농상공부와 거래한 1897년도 문서를 편철한 문서철이고, 호수 37-△이 부여된 『탁지부농상공부공문래거첩』 내별번호 6-1은 잡세과가 농상공부와 거래한 1896년도 문서를 편철한 문서철이다. 이들 문서철은 호수 34-3과 37-△이 부여되어 지세과 문서철과 함께 분류되어 있지만, 이들 문서철과 연속된 문서철은 『탁지부농상공부공문래거첩』 내별번호 6-5 · 6-6이다.[3) 내별번호 6-5 · 6-6은 잡세과가 농상공부와 거래한 1898 · 1899년도 문서를 편철한 문서철로 호수는 '262-1-亻'와 '262-1-ホ'가 부여되어 있다. 함께 분류되어야 할 잡세과 문서철이 분류도장을 부여하였던 융희년간에 따로 분류되었던 것이다.

분류도장을 찍던 당시에는 대한제국기의 국과 단위 분류체계가 기본적으로는 유지되고 있었다. 그렇지만 잡세과 문서철인 내별번호 6-1 · 4가 지세과 문서철과 함께 분류되었듯이, 융희년간에 분류도장을 찍을 때부터 대한제국기의 국과 단위의 분류체계가 무너지는 양상이 나타나기 시작했던 것이다.

국과를 기본 단위로 분류도장을 날인했던 융희년간에 과 하위 단위는 무엇을 기준으로 분류했는지 살펴본다. 공문서는 국가 기구가 특정 시기

---

3) 『度支部農商工部公文來去牒』 각 문서철의 편철기관은 3장 123쪽 참조.

에 담당 업무를 수행하는 과정에서 생산·유통한 기록물이다. 따라서 일차적으로 과 단위로 문서를 분류하였을 경우, 하위 단위는 업무내용·거래기관·문서년도 등을 기준으로 분류할 수 있다. '과-업무내용-거래기관-문서년도' 또는 '과-업무내용-문서년도-거래기관' 등 다양한 층위로 하위 단위를 설정할 수 있는 것이다. 이러한 점을 염두에 두고 호수 34~43과 거래기관, 문서년도, 업무내용과의 관계를 살펴본다.

표4는 사세국 지세과 문서철에 부여된 각 호수별로 거래기관과 문서년월을 제시한 것이다. 먼저 호수별로 거래기관을 보면 호수 34에는 궁내부·내부·법부·군부·농상공부·장례원 등 6개 기관이, 호수 35에는 궁내부·내부·법부·군부·평리원 등 5개 기관이 있다. 나머지 호수도 이와 마찬가지로 하나의 호수에 지세과가 거래한 여러 기관의 문서철이 함께 분류되어 있다. 하나의 호수에 여러 기관과 거래한 문서가 함께 분류되어 있다는 것은 과 하위 단위를 거래기관별로 분류하지 않았다는 것이다. 거래기관을 기준으로 과 하위 단위를 분류했다면, 각 호수별로 하나의 기관과 거래한 문서만 분류되었을 것이다.

다음으로 각 호수별로 문서년도를 보면, 호수 34의 문서년도는 1896~1898년, 35는 1897~1900년, 37은 1895~1905년, 38은 1896~1904년, 39는 1895~1905년, 40은 1897~1905년, 41은 1900~1905년, 42는 1905~1906년, 43은 1907년이다. 호수마다 문서년도가 몇 년에 걸쳐 있으면서 앞뒤 호수의 문서년도가 중복되며 순차적이지 않았다.

앞뒤 호수별로 문서년도가 중복되고 순차적이지 않은 이유 가운데 하나는 지세과의 문서 편철 방식 때문이다. 호수 34·35가 부여된 문서철 가운데 궁내부와 거래한 문서를 편철한 문서철의 문서 기간은 1년 또는 2년이었지만, 호수 37이 부여된 문서철 가운데 의정부와 거래한 문서를

표4 호수 34~43 문서철의 거래기관과 문서년월

기관 \ 호수	34	35	36	37	38	39	40	41	42	43
議政府				95.9~05.9						
議政府 各道							97.1~98.7			
							99.2~01.4			
							01.8~02.1			
宮內府		98.1~99.11				00.1~05.10				
	96.8~12									
	97.1~97.12									
內部	96.12~97.7	98.1~10			98.12~00.11	95.11~96.7		01.1~05.10		
	97.8~97.12					96.8~12				
法部	97.1~98.1	98.3~99.12					03.2~05.12			
		00.1~11								
外部					96.2~00.12					
軍部	96.1~11	97.1~99.12					03.1~05.7			
農商工部	97.1~11			95.11~96.8						
農商工部 · 通信院				97.1~05.11						
掌禮院	97.1~98.12					99.1~05.12				
平理院		98.8~00.4			00.5~12					
					01.1~02.12					
					04.3~11					
警部					96.1~00.12		01.1~04.11			
漢城裁判所							98.1~03.11			
司計局 · 府郡	96.10~97.12					04.5~05.9		00.1~01.12		
府部院廳									06.2~07.1	
府部院廳									05.1~06.2	
府部院廳									06.12~07.11	
忠北稅務所										1907
全南稅務所										1907
忠北稅務所										1907
忠北稅務所										1907
忠南稅務所										1907
全南各郡										1907
全南 · 江原			01.4~07.6							

편철한 문서철은 문서년도가 1895년부터 1905년까지 걸쳐 있다. 지세과는 의정부와 11년간 거래한 문서를 하나의 문서철에 함께 편철하였던 것이다. 지세과는 거래기관을 기준으로 문서를 편철하면서, 하나의 문서철에 편철한 문서의 시기는 달리했던 것이다.[4]

이러한 편철의 차이는 특정 기간 동안 거래한 문서량의 차이에 따른 것으로 궁내부와는 일정 기간 동안 거래한 문서량이 많았기 때문에 1~2년을 단위로 편철하였고, 의정부와는 거래한 문서량이 적었기 때문에 11년간 거래한 문서를 하나의 문서철에 편철하였던 것이다. 호수 37의 문서년도가 앞뒤 호수의 문서년도와 중복되었던 이유 가운데 하나는 지세과가 의정부와 11년 동안 거래한 문서를 하나의 문서철에 편철하였기 때문이다.

그런데 호수별 문서년도가 중복되고 순차적이지 않은 이유가 이것만으로 설명되지 않는다. 문서년도가 1896~1904년에 걸친 호수 38의 경우, 내부·외부·경부와 거래한 문서를 편철한 문서철의 문서 기간은 1896~1900년과 1898~1900년으로 일정 간격을 유지하였다고 할 수 있다. 그렇지만 평리원과 거래한 문서를 편철한 문서철의 문서 기간은 1900~1902년과 1904년에 걸쳐 있다. 내부·외부·경부와 문서 시기를 달리하는 평리원 문서철에도 호수 38이 부여됨에 따라 앞뒤 호수와 문서년도가 중복되고, 문서년도의 폭이 커진 것이다.

이는 호수 39와 40도 마찬가지다. 호수 39의 문서년도가 1895~1905년에 걸친 이유는 1899년부터 1905년까지 7년 간 장례원과 거래한 문서를 함께 편철한 문서철이 포함되어 있기도 하지만, 이 범위를 벗

---

4) 지세과의 문서 편철 방식은 3장 1절 참조.

어난 1895~1896년의 내부 문서철이 포함되어 있었기 때문이다. 호수 40의 문서년도가 1897~1905년에 걸쳐 있는 것도 1897~1898년, 1899~1901년, 1901~1902년, 1903~1905년 등 2~3년 단위로 편철된 다양한 연도의 문서철이 함께 분류되었기 때문이다. 문서년도를 달리하는 문서철을 한 질로 묶고 같은 호수를 부여함에 따라 문서년도가 중복되고 순차적이지 않았던 것이다.

지세과의 경우, 호수 34는 1896~1898년, 35는 1897~1900년, 42는 1905~1906년, 43은 1907년으로 문서년도가 일정한 간격을 유지하여 문서년도를 기준으로 과 하위 단위를 분류하였다고 볼 수 있지만, 호수 38 · 39 · 40은 다양한 연도의 문서가 함께 분류되어 있었다. 호수 34~43 전체를 보면 각 호수별로 문서년도가 중복되고 순차적이지 않아 문서년도를 기준으로 하위 단위를 분류하였다고 파악할 수는 없다.

다음으로 대한제국은 국과를 단위로 각 과별로 업무내용에 따라 기능별로 문서를 분류했으므로, 분류도장을 찍었던 당시도 대한제국기 공문서 분류체계를 계승해서 기능별로 분류했을 가능성이 있다.

표5의 번호 1의 4책은 탁지부 사계국이 전보사 · 우체사 · 전선가설 경비 등을 지급해 줄 것을 요청하며 사세국에 보낸 통첩과 이에 근거해서 사세국 지세과가 각부군(各府郡)의 공전(公錢)에서 전보사 · 우체사 경비를 지급하도록 각부군에 내린 훈령으로 구성되어 있다. 번호 1의 4책은 탁지부 사세국 지세과에서 전보사 · 우체사 · 전선가설 경비 지급과 관련된 문서를 편철한 동일한 내용 · 형식의 문서철인 것이다.[5] 그러나 분류도장을 찍을 당시에는 동일한 성격의 문서철에 호수 34-1 · 39-3 ·

---

5) 번호 1의 문서철 분류는 3장 125-126쪽 참조.

번호	도서번호	내별번호	표제	年數	책수	호수	연호	期滿	문서년월
1	奎 17880	6-3	農商工部電郵費去來牒	20	9	34-1	隆熙	23年	1896.10~1897.12
	奎 17892	1-1	電郵費訓令編案	20	3	41-2	隆熙	23年	1900.1~1901.12
	奎 17876	12-7	訓令編案 電郵司費	20	6	△△	△△	△△	1902.1~1903.11
		12-11	訓令編案 電郵兩司	20	6	39-3	隆熙	23年	1904.5~1905.9
2	奎 17997	4-1	災結請議書 附俵災訓令	20	8	40-1	隆熙	23年	1897.1~1898.7
		4-2	災結請議書 附俵災訓令	20	8	40-2	隆熙	23年	1899.2~1901.4
		4-3	災結請議書 附俵災訓令	20	8	40-3	隆熙	23年	1901.8~1902.1
		4-4	災請議	10	10	2△	×	5△	1903.2~1905.2

표5 지세과 문서철의 분류도장 * 奎 17880 :『度支部農商工部公文來去牒』, 奎 17892 :『電郵費訓令編案』, 奎 17876 :『訓令編案』, 奎 17997 : 災結請議書.

41-2 · △△가 부여되어 최소 3종 이상으로 분류되었다.

번호 2의 4책은 탁지부 사세국 지세과가 의정부에 재결(災結)의 지세 견감(蠲減)과 정세(停稅)를 요구한 청의서(1~4책)와 탁지부가 재결에 대한 의정부의 지령을 각도에 내린 훈령(1~3책)으로 구성되어 있다. 재결의 지세와 관련된 청의서와 지령으로 구성된 동일한 내용의 문서철이지만, 4책에 분류도장을 찍고 호수를 부여한 시기가 달랐다. 내별번호 4-1~3은 융희년간에 분류도장을 찍고 동일한 호수가 부여되었지만, 내별번호 4-4는 일제 초기에 분류도장을 찍고 다른 호수가 부여되었다. 융희년간에 분류도장을 찍고 호수를 부여할 때 내별번호 4-1~3과 내별번호 4-4가 함께 분류되지 않았던 것이다. 동일한 성격의 문서철에 각각 다른 호수가 부여되었다는 것은 기능별로 문서를 분류하지 않았다는 것을 의미한다.

지세과 문서철에 부여된 호수 34~43의 분류 기준을 거래기관 · 문서년도 · 기능별 측면에서 살펴보았지만, 특정한 분류 기준을 확인할 수 없었다. 오히려 호수 34~43은 거래기관 · 문서년도 · 문서 성격이 다른 문서철이 혼용되어 분류되었다고 할 수 있다. 호수 34~43이 부여된 문서철이 이처럼 혼용된 모습으로 분류된 것은 지세과의 편철 방식을 반영하지 못한 것에 기인하는 것으로 이해된다.

지세과 문서철 가운데 호수 34~41이 부여된 문서철을 보면 각 문서철이 주로 단일 기관과 거래한 문서만 편철되어 있지만, 호수 42가 부여된 문서철에는 여러 기관과 거래한 문서가 함께 편철되어 있다. 그리고 호수별 문서년도를 보면 호수 34~41은 1895년부터 1905년까지이고, 호수 42는 1905년부터 1907년까지이다.

1905년을 기점으로 문서철의 편철 방식이 구분되듯이 지세과는 거래기관을 기준으로 문서를 분류해서 편철했던 방식에서 1905 · 1906년부터 문서 시기를 기준으로 여러 기관과 거래한 문서를 하나의 문서철에 편철하는 방식으로 변경했다. 지세과의 이러한 편철체계를 반영한다면 호수 34~41은 거래기관을 기준으로 호수가 부여되어야 했다.

그러나 호수 34~41에는 하나의 호수에 여러 기관의 문서철이 함께 분류되었는데, 이는 지세과의 변화된 편철 방식을 고려하지 않고 호수를 부여한 것이다. 하나의 호수에 여러 기관의 문서철이 분류된 것은 1905 · 1906년 이후 문서 시기를 기준으로 문서를 분류해서 편철한 체계를 거래기관을 기준으로 문서를 분류해서 편철했던 1905년 이전 시기의 문서철에까지 소급 적용해서 호수를 부여한 결과로 이해된다.

앞서 문서년도를 기준으로 호수가 부여된 양상을 살펴보았을 때 전체적인 틀에서는 앞뒤 호수의 문서년도가 중복되었지만, 호수 34는 1896~1898년, 35는 1897~1900년, 42는 1905~1906년, 43은 1907년으로 부분적으로 문서년도가 일정한 간격을 유지되었던 이유가 여기에 있었던 것이다. 문서 시기를 기준으로 문서를 편철한 방식에 따라 호수를 부여하고자 했지만, 이 기준을 편철 기준이 달랐던 문서철에까지 적용함에 따라 문서년도가 앞뒤로 중복되는 양상을 피할 수는 없었던 것이다.

분류도장을 찍고 호수를 부여했던 융희년간의 분류 문제는 호수 전체의 분류 기준뿐 아니라 단일 호수 내에서도 나타났는데, 서로 연계된 문서철이 같은 호수에서 떨어져 부여되거나, 서로 다른 호수가 부여되기도 하였다.

표6은 융희년간에 9책을 한 질로 묶고 호수 34-*를 부여한 문서철을 제시한 것이다. 호수 34-1~9는 지세과와 잡세과가 농상공부, 내부, 궁내부, 군부, 장례원, 법부와 거래한 문서를 편철한 문서철에 부여되었다. 이 가운데『탁지부내부공문래거첩』(奎 17881) 내별번호 7-3과 7-4에는 서로 떨어진 호수 34-2와 34-9가 부여되었지만, 두 문서철은 서로 연속된 문서철이었다.

두 문서철의 하단 측면에는 '內 丁酉 一', '內 丁酉 二'라고 기재되어 있다. 지세과는 내부와 거래한 1897년도(丁酉) 문서를 편철하면서 문서량이 많았기 때문에 두 문서철로 분책하면서 서로 연속된 문서철임을 표시하기 위해 문서철의 순번 '一'과 '二'를 부여한 것이다. 그렇지만 분류도장을 찍을 당시에는 호수가 연속해서 부여되지 않았다.

다음으로 호수 34-4가 부여된『궁내부거래문첩』(奎 17882) 내별번호 8-2의 문서철 하단 측면에는 '宮 丙申 二'라고 기재되어 있다. 이 역시 지세과가 궁내부와 거래한 1896년도(丙申) 문서를 편철하면서 문서량이 많았기 때문에 두 문서철로 분책하면서, 서로 연속된 문서철임을 표시하기 위해 문서철의 순번을 부여한 것이다. 내별번호 8-2와 연속된 문서철은『궁내부거래문첩』내별번호 8-1로써 문서철의 하단 측면에 '宮 丙申 一'이라고 기재되어 있다. 내별번호 8-1은 문서년월이 1896년

도서번호	내별번호	도서명	하단 측면정보	책수	호수	연호	課
奎 17880	6-3	度支部農商工部公文來去牒	電郵 一	9	34-1	隆熙	지세과
奎 17881	7-3	度支部內部公文來去牒	內 丁酉 一	9	34-2	隆熙	
奎 17880	6-4	度支部農商工部公文來去牒	農 丁酉	9	34-3	隆熙	잡세과
奎 17882	8-2	宮內府去來文牒	宮 丙申 二	△	34-4	隆熙	
奎 17878	7-1	軍部來去案	軍 丙申	9	34-5	隆熙	
奎 17885	2-1	掌禮院去來牒	掌 丁酉戊戌	9	34-6	隆熙	지세과
奎 17882	8-3	宮內府去來文牒	宮 丁酉	△	34-7	隆熙	
奎 17884	4-1	法部來去文	法 丁酉	9	34-8	隆熙	
奎 17881	7-4	度支部內部公文來去牒	內 丁酉 二	9	34-9	隆熙	

표6 호수34-* 문서철의 도서번호와 도서명 *奎 17878:『軍部來去案』, 奎 17880:『度支部農商工部公文來去牒』, 奎 17881:『度支部內部公文來去牒』, 奎 17882:『宮內府去來文牒』, 奎 17884:『法部來去文』, 奎 17885:『掌禮院去來牒』

1~7월이고, 8-2는 1896년 8~12월로 서로 연속된 문서철이었다.

두 문서철이 연속된 것임은 문서 한 건마다 찍혀 있는 접수 도장과 발송 도장에서도 확인된다. 탁지부는 궁내부로부터 받은 문서에는 접수 도장을 찍었고, 궁내부로 보낸 문서에는 발송 도장을 찍었다. 내별번호 8-1·2에 찍힌 발송 호수를 보면, 8-1의 맨 마지막 문서와 8-2의 첫 문서의 발송 호수가 74호와 75호로 연속된다.[6) 연속된 1896년도 문서를 두 문서철로 편철하였기 때문에 문서철의 측면 하단에 '宮 丙申 一'· '宮 丙申 二'를 기록하였던 것이다.

그런데 두 문서철에 부여된 호수가 내별번호 8-1은 △△-3이고, 8-2는 34-4였다. 내별번호 8-1의 호수 '△△-3'의 앞부분은 규장각 도서번호표에 가려져 확인할 수 없지만, '△△-3'의 호수가 '34-3'은 아

---

6) 내별번호 8-2의 첫 문서의 발송 호수 75호는 발송 도장이 아닌 접수 도장에 적혀 있다. 이 도장은 궁내부의 105호 조회에 답신한 조복 문서에 찍혀 있고, 다음 발송 호수인 76호와도 연속된다. 접수 도장을 발송 도장으로 잘못 찍은 것이다.

니다. 호수 '34-3'은 『탁지부농상공부공문래거첩』(奎 17880) 내별번호 6-4에서 확인되기 때문이다(표3 1번 참조). '△△-3'의 호수를 확인할 수는 없지만 호수 34-*와는 다른 호수인 것이다. 지세과는 궁내부와 거래한 1896년도 문서를 두 문서철로 나누어 편철하면서 연속된 문서철로 분류했지만, 이들 문서철에는 각각 다른 호수가 부여되었다.

대한제국기에는 과를 단위로 문서 시기 또는 거래기관을 기준으로 문서를 편철하면서, 같은 해의 문서가 두 문서철로 분책된 경우에는 연속된 문서철임을 표시하기 위해 책 순서 '一'·'二'를 부여했다. 그러나 융희년간에 분류도장을 찍으면서 연속된 문서철에 각각 다른 호수를 부여해 별개의 문서철처럼 따로 분류되었던 것이다.

융희년간에 지세과 문서철에 분류도장을 찍고 호수를 부여하였을 당시까지는 지세과를 단위로 한 분류체계는 기본적으로 유지되고 있었지만, 일부 잡세과 문서철이 혼용되어 있었다. 그리고 호수간의 문서년도가 앞뒤로 중복되고 순차적이지 않았으며, 같은 성격의 문서철이 따로 분류되어 있었다.

갑오개혁기에 제정된 공문서 제도는 일본의 공문서 제도를 참조한 것이지만, 갑오개혁~대한제국기 공문서 편철·분류 규정에 유별분류제가 명시적으로 규정되어 있지 않았다. 그렇지만 대한제국기 공문서 분류 체계는 국과를 단위로 각 과별로 업무 내용에 따라 문서를 분류한 기능별 분류체계가 형성되어 있었다.

유별분류제에 관한 명시적 규정은 1905년 탁지부 '처무규정'에서 확인된다. 1905년은 일본이 재정고문 메가타를 파견해 대한제국의 국가 재정에 간섭을 하고 있던 시기였다. 재정고문 메가타는 대한제국의 국가 재정에 간섭하면서 유별분류제를 이식하고자 했던 것이다.[7] 그런데 오

도서번호	내별 번호	거래기관	年數	책수	호수	문서년월	課
奎 17877	24-16	軍部・農商工部・外部・內部・警務 廳・稅務司・總稅務司	永	25	260-2-ㅁ	1895.4~8	관 세 과
奎 17877	24-17	軍部・總稅務司・外部・內部	永	2△	260-2-チ	1895.8~1896.2	
奎 17877	24-18	軍部・學部・農商工部・外部・內部 ・總稅務司・宮內府	永	25	260-2-ㅏ	1896.3~6	
奎 17877	24-19	軍部・宮內府・農商工部・外部・慶 興監理・總稅務司・仁川監理	永	25	260-2-ヘ	1896.4~1897.12	
奎 17877	24-20	軍部・議政府・宮內府・外部・內部 ・總稅務司・典圜局・慶興監理	永	25	260-2-ホ	1898.1~12	
奎 17877	24-21	軍部・農商工部・元帥府・總稅務司 ・典圜局・慶興監理	永	25	260-2-ニ	1898.6~1900.1	
奎 17877	24-22	軍部・法部・農商工部・內部・外部 ・總稅務司・學部・通信院・慶興監 理・三和監理	永	2△	2△△	1900.1~12	
奎 17877	24-23	軍部・法部・農商工部・元帥府・外 部・總稅務司・鐵道院	永	△	2△△	1900.12~1902.3	
奎 17877	24-24	軍部・議政府・農商工部・元帥府・ 外部・總稅務司	永	2△	2△△	1903.1~1904.12	

표7 호수 260-2-* 문서철의 거래기관과 문서년월
* 도서명과 도서번호: 『탁지부각부원등공문래거문』(奎 17877)

히려 유별분류제가 명시적으로 규정된 이후 분류도장이 날인되고 호수가 부여된 분류 양상은 대한제국기 공문서 분류체계를 반영하지 못했고, 대한제국기의 과를 단위로 한 기능별 분류체계는 분류도장을 찍었던 융희년간부터 무너지고 있었다.

다음으로 조선총독부가 탁지부 문서철에 부여한 호수를 살펴본다. 표7은 조선총독부가 25책을 한 질로 묶고 영구 보존 대상으로 분류하면서 호수 260-2-*를 부여한 문서철 가운데 확인된 9책을 제시한 것이다. 호수 260-2-*가 부여된 문서철의 특징은 문서의 편철기관이 모두 관세

---

7) 『處務規程』은 재정고문 메가타와 탁지부대신 민영기(閔泳綺)의 명의로 대한제국의 모든 관리들의 복무규정 원칙을 제시된 간행물이다(이경용, 2002, 「한말 기록관리제도－공문서 관리 규정을 중심으로」 『기록학연구』 6, 195쪽).

과라는 점이다. 융희년간에 과를 단위로 분류도장을 찍었던 것과 마찬가지로 조선총독부도 과를 단위로 분류도장을 찍었던 것이다.

호수 260-2-*가 부여된 이들 문서철은 도서명 『탁지부각부원등공문래거문』(奎 17877)이 부여되어 함께 분류되어 있다. 그런데 『탁지부각부원등공문래거문』(奎 17877)에는 관세과 문서철 외에 잡세과 · 지세과 문서철도 함께 혼용되어 24책이 한 질로 묶여 분류되었다.

조선총독부는 도서명과 도서번호를 부여하면서 대한제국기 공문서를 부 단위로 분류하고, 하나의 문서철에 편철된 문서의 거래기관이 단수인지 복수인지 여부를 기준으로 재분류했다. 하나의 문서철에 단일 기관의 문서만 편철된 경우는 『군부래거안』, 『탁지부농상공부공문래거첩』, 『궁내부거래문첩』 등으로 분류하였고, 복수 기관의 문서가 편철된 문서철은 『탁지부각부원등공문래거문』으로 분류하였다.

조선총독부는 잡세과 · 지세과 · 관세과 문서철 가운데 하나의 문서철에 둘 이상의 기관과 거래한 문서가 편철된 문서철을 한 질로 묶고 도서명 『탁지부각부원등공문래거문』 도서번호 奎 17877을 부여했지만, 호수 260-2-*가 부여될 당시에는 관세과 문서철만 따로 분류되어 있었던 것이다.

관세과는 군부 · 농상공부 · 외부 등 여러 기관과 거래한 문서를 1~2년 단위로 하나의 문서철에 함께 편철했고, 각 문서철의 순서가 연도순으로 순차적으로 배열되었다. 관세과는 여러 기관과 거래한 문서를 문서년도를 기준으로 편철 · 분류했던 것이다.8)

조선총독부는 이들 문서철을 한 질로 묶어 호수 260-2-*를 부여하

---

8) 관세과의 문서 편철 방식은 3장 1절 참조.

번호	도서번호	내별번호	거래기관	年數	책수	호수	期滿	문서년월	課
1	奎 17880	6-5	農商工部	10	14	262-1-イ	53年	1898.1~12	
2	奎 17877	24-2	法部·軍部·宮內府	10	14	262-1-ロ	53年	1896.12~1898.12	
3	奎 17878	7-3	軍部	10	14	262-1-ハ	53年	1898.2~1899.12	
4	奎 17877	24-1	掌禮院·外部·內部·法部·學部·漢城裁判所·柏卓安	10	14	262-1-ニ	53年	1897.5~1899.12	
5	奎 17880	6-6	農商工部	10	14	262-1-ホ	53年	1899.1 · 12	
6	奎 17882	8-7	宮內府	10	14	262-1-ヘ	53年	1895.10~1897.11	
7	奎 17877	24-4	議政府·內部·農商工部·法部·通信院·警部·柏札·外部	10	14	262-1-ト	53年	1900.1~12	잡세과
8	奎 17877	24-3	元帥府·宮內府·內藏院·掌禮院·軍部	10	14	262-1-チ	53年	1900.1~1901.2	
9	奎 17877	24-5	宮內府·元帥府·外部·法部·內藏院·軍部·農商工部·通信院·警部	10	14	262-1-リ	53年	1901.1~12	
10	奎 17877	24-6	宮內府·議政府·外部·軍部·內藏院·平理院·營建都監	10	14	262-1-ヌ	53年	1901.10~1903.11	
11	奎 17877	24-8	宮內府·議政府·法部·警務廳·法院·內藏院·掌禮院·農商工部·通信院·司計局·出納局	10	14	262-1-ヲ	53年	1904.3~12	
12	奎 17877	24-9	宮內府·經理院·農商工部·通信院·漢城府·外部·法部·平理院·警務廳·議政府·掌禮院	10	14	262-1-ワ	53年	1905.1~12	

표8 호수 262-1-* 문서철의 거래기관과 문서년월. * 奎 17877: 『度支部各部院等公文來去文』, 奎 17878: 『軍部來去案』, 奎 17880: 『度支部農商工部公文來去牒』, 奎 17882: 『宮內府去來文牒』

면서 'イロハ 歌' 순서대로 'イロハニホヘト チリヌルヲ ワカ……'를 부여하였다.[9] 그런데 문서년도를 기준으로 각 문서철에 부여된 'イロハ 歌'의 순서를 보면 '260-2-ロ·チ·ト·ヘ·ホ·ニ'가 되어 문서년도와 'イロハ 歌'의 순서가 맞지 않았다. 조선총독부는 관세과 문서철만 따로 분류해서 호수 260-2-*를 부여했지만, 'イロハ 歌' 순서가 문서년도와 맞지 않듯이 문서년도를 기준으로 편철·분류한 체계를 정확히 반영하

---

9) 'イロハ 歌'의 순서는 'イロハニホヘト チリヌルヲ ワカヨタレソ ツネナラム ウ ヰノオクヤマ ケフコエテ アサキユメミシ ヱヒモセス'이다.

지는 못했다.

그리고 지세과 문서철과 마찬가지로 조선총독부도 관세과 문서철 가운데도 함께 분류되어야 할 문서철에 다른 호수를 부여해 따로 분류하기도 했다. 표7에는 호수 260-2-*가 부여된 문서철만을 제시했는데, 내별번호 24-24와 연속된 문서철은 『탁지부각부원등공문래거문』 내별번호 24-15이다. 내별번호 24-15는 1905년 1월부터 1906년 12월까지의 관세와 관련된 문서를 편철한 것으로 내별번호 24-24와 연속된 문서철이다.

내별번호 24-15의 분류도장은 규장각 도서번호표에 가려져 보존년수만 확인되는데, 보존년수는 10년이었다. 호수 260-2-*의 보존년수가 '永'이므로, 내별번호 24-15는 이들과 동일한 성격의 문서철이었지만 따로 분류되었던 것이다.

표8은 조선총독부가 14책을 한 질로 묶고 호수 262-1-*을 부여한 문서철 가운데 현재 확인된 12책을 제시한 것이다.[10] 호수 262-1-*이 부여된 문서철의 특징도 문서의 편철기관이 모두 잡세과는 점이다.

잡세과는 여러 기관과 거래한 문서를 하나의 문서철에 함께 편철한 경

---

10) 호수 262-1-* 예상 문서철

도서번호	내별번호	거래기관	年數	책수	호수	期滿	문서년월
奎17877	24-7	農商工部 · 通信院	10	△△	△△	5△	1902.1～1904.1
奎17877	24-15	外部 · 議政府 · 仁川監理 · 總稅務司 · 目賀田	10	△△	△△	5△	1905.1～1906.12

14책 가운데 나머지 2책이 확인되지 않지만, 위 두 문서철의 호수가 262-1-*일 가능성이 높다. 두 문서철의 분류도장은 규장각 도서번호표에 가려 확인할 수 없지만, 다른 문서철과 마찬가지로 편철기관이 잡세과이고 표제가 동일한 '公文去來牒'이었으며, 조선총독부가 분류도장을 찍은 점으로 미루어 보아 호수가 262-1-*일 것으로 보인다.

우도 있었고, 번호 1·3·5·6처럼 단일 기관과 거래한 문서만 편철한 경우도 있었다. 문서년도와 거래기관을 기준으로 한 두 가지 편철 방식이 병행된 것으로 보이지만 잡세과도 관세과처럼 문서년도를 기준으로 문서를 편철·분류하였다.[11]

잡세과는 문서년도를 기준으로 문서를 편철·분류하면서, 단일 기관과 거래한 문서량이 많은 해에만 단일 기관의 문서를 따로 편철했던 것이며, 문서량이 적은 해에는 여러 기관의 문서와 함께 편철했던 것이다. 이들 잡세과 문서철도 분류도장을 찍을 당시에는 14책이 한 질로 분류되어 호수 262-1-*이 부여되었지만, 이 역시 조선총독부가 도서번호를 부여하면서 4종으로 분산되어 분류되었던 것이다.

조선총독부는 잡세과 문서철에 호수 262-1-*을 부여하면서 'イ ロ ハ 歌'를 순서대로 부여하였지만, 이 역시 문서년도와 'イ ロ ハ 歌' 순서가 맞지 않았다. 7~12번 'ト チ リ ヌ(ル)ヲ ワ'는 문서년도와 순서가 맞지만, 1~6번은 문서년도와 'イ ロ ハ 歌' 순서가 맞지 않았다.

다음으로 내장원 문서철에 찍힌 분류도장을 살펴본다. 표9는 호수 162-1-*이 부여된 내장원의 문서철을 제시한 것이다. 호수 162-1-*은 주로 장원과 문서철에 부여되었지만, 일부 호수는 종목과 문서철에 부여되었다. 내장원 문서철에도 기본적으로 과를 단위로 분류도장을 찍고 호수를 부여했지만, 탁지부 지세과와 마찬가지로 일부 다른 과의 문서철이 함께 혼용되기도 했던 것이다.

호수 162-1-*은 각 군에서 올린 보고와 민들이 제출한 소장을 편철한 문서철에 부여되어 있다. 내장원은 13도 각군 보고·소장의 경우 각

---

11) 잡세과의 문서 편철·분류 기준은 3장 1절 참조.

도서 번호	내별 번호	표제	문서년월	년수	책수	호수	과
奎 19154	12-11	慶尙南北道訴狀	1907.1~6	10	△△	162-1-ㄲ	
	12-12	慶尙南北道訴狀	1907.7~11	10	20	162-1-△	
奎 19158	10-8	黃海道訴狀	1907.1~3	10	20	162-1-△	
	10-9	黃海道訴狀	1907.4~8	10	20	162-△△	
	10-10	黃海道訴狀	1907.9~11	10	20	162-1-△	
奎 19152	9-9	全羅南北道報告	1907.1~11	10	20	162-1-△	장 원 과
奎 19153	12-11	慶尙南北道報告	1907.1~6	10	20	162-1-△	
	12-12	慶尙南北道報告	1907.7~11	10	20	162-1-△	
奎 19155	8-8	江原道各郡報告	1907	10	20	162-1-△	
奎 19157	8-8	黃海道各郡報告	1907	10	20	162-1-△	
奎 19164	12-10	各道各郡報告	1896~1898	10	20	162-1-△	
	12-11	各道各郡報告	1899.1~10	10	20	162-1-△	
奎 19163	17-7	報告存案	1905	10	20	162-△△	종 목 과
	17-10	報告存案	1906.12~1907.2	10	20	162-1-△	
	17-14	報告存案	1907.1~4	10	20	162-1-△	
	17-16	報告存案	1907.3~10	10	20	162-1-ッ	

표9 호수 162-1-* 문서철의 도서번호와 표제

도별로 지역을 구분하고 보고와 소장을 구분해서 문서년도를 기준으로
문서를 편철하였다. 그런데 조선총독부는 분류도장을 찍으면서 지역을
구분하지 않고, 보고와 소장을 혼용해서 호수를 부여했다.

호수 162-1-*이 부여된 문서철의 문서년도는 대개 1907년이었다.
조선총독부가 분류도장을 찍으면서 문서년도를 기준으로 호수를 부여했
을 가능성이 있는 것이다. 그러나 호수 162-1-*이 부여된 문서철 가운
데는 1907년뿐 아니라 1896년과 1899년, 1905년의 문서철도 혼용되어
있었다. 이는 다른 13도 각군 보고·소장의 경우도 마찬가지였다.

표10에 제시한 13도 각군 보고에 부여된 호수 163-1-*의 경우도 지
역별 구분이 없고, 문서년도는 1900년부터 1906년까지 걸쳐 있었다. 호
수 169-1-*도 지역별 구분 없이 부여되었고, 문서년도는 1895년부터

번호	도서번호	내별번호	표제	문서년월	년수	책수	호수	과
1	奎 19152	9-1	全羅南北道各郡報告	1900	10	20	163-1	장원과
		9-4	全羅南北道報告	1903	10	20	163-△△	
		9-8	全羅南北道各郡報告	1906	10	20	163-1-△	
	奎 19153	12-1	慶尙南北道各郡報告	1900	10	20	163-1-△	
		12-10	慶尙南北道各郡報告	1906.7~12	10	20	163-1-△	
	奎 19155	8-7	江原道各郡報告	1905	10	20	163-1-△	
	奎 19160	11-9	平安南北道各郡報告	1906.8~12	10	2△	163-△△	
	奎 19161	8-5	咸鏡南北道各郡報告	1904	10	20	163-△△	
		8-7	咸鏡南北道各郡報告	1906	10	20	163-△△	
2	奎 19164	12-1	各道各郡訴狀	1895.8~12	10	△△	169-1-ホ	장원과
		12-2	各道各郡訴狀	1896.1~9	10	20	169-1-ハ	
		12-4	各道各郡訴狀	1897.1~7	10	△△	169-1-ト	
		12-6	各道各郡訴狀	1898	10	△△	169-1-イ	
		12-8	各道各郡訴狀	1899.7~10	10	△△	169-1-ヘ	
		12-12	各道各郡報告	1899.11~12	10	20	169-1-レ	
	奎 19154	12-3	慶尙南北道各郡訴狀冊	1902	10	20	169-1-ヌ	
	奎 19163	17-5	報告訴狀存檔	1904	10	2△	169-1-△	종목과

표10 호수163-1-*과 169-1-*의 문서철

1904년까지 걸쳐 있었다. 두 호수의 문서년도가 중복되듯이 문서 시기를 기준으로 호수를 부여한 것은 아니었다. 그리고 호수 163-1-*은 13도 각군 보고에만 부여되었지만, 호수 169-1-*은 보고와 소장이 섞여 있고, 종목과 문서철이 일부 혼용되어 있었다.

조선총독부는 13도 각군 보고·소장에 분류도장을 찍고 호수를 부여했지만, 장원과와 종목과 문서철이 일부 섞여 있었고, 지역별 구분이 이루어져 있지 않았다. 그리고 문서년도도 앞뒤 호수에 중복되었고, 소장과 보고가 혼용되어 호수가 부여되어 있었다.

조선총독부가 부여한 호수에서도 융희년간의 분류도장과 마찬가지로 호수 전체의 분류 기준뿐 아니라, 서로 연계된 문서철에 다른 호수가 부여되는 문제가 발생하기도 했다.

내별번호	표제	순서	문서년월	년수	책수	호수	기만년월
11-10	平安南北道各郡報告	上	1907.1~5	10	13	18-1	53년
11-11	平安南北道各郡報告	下	1907.6~9	10	2△	16△△	54년

表11 『平安南北道各郡報告』(奎19160, 11책) 내별번호 11-10과 11-11의 문서 정보

표11은 『평안남북도각군보고』 내별번호 11-10과 11-11의 문서 정보이다. 먼저 각 문서철에 찍힌 분류도장을 보면, 내별번호 11-10은 기만년월이 53년이고, 내별번호 11-11은 54년이다. 내별번호 11-10은 1911년에 분류도장을 찍었던 것이고, 내별번호 11-11은 1912년에 찍은 것이다. 분류도장을 날인한 시기가 달랐으므로 호수 역시 달랐다.

그러나 이 두 문서철은 연속된 문서철이다. 내별번호 11-10은 1907년 1월부터 5월까지 각 군으로부터 받은 보고를 편철한 문서철이고, 내별번호 11-11은 같은 해 6월부터 9월까지의 보고를 편철한 것이다. 내장원은 1907년도 보고를 편철하면서 문서량이 많았기 때문에 두 문서철로 나누어 편철하면서 연속된 것임을 표시하기 위해 표지에 '上', '下' 순번을 부여하였다. 그렇지만 조선총독부가 분류도장을 찍었던 당시에는 두 문서철이 서로 별개의 문서철처럼 호수가 부여되었던 것이다.

탁지부와 내장원 문서철에 찍힌 분류도장을 살펴본 결과, 분류도장을 찍을 당시에는 부-국-과 행정체계에서 일차적으로 과를 단위로 분류도장을 찍고 호수를 부여하였음을 알 수 있다. 이는 대한제국기 공문서 분류체계와 동일한 것으로, 이 당시까지는 과를 단위로 한 분류체계가 유지되었던 것이다. 다만 탁지부 지세과와 내장원 장원과 문서철에 일부 잡세과와 종목과 문서철이 함께 분류되어 국과 단위의 분류체계가 무너지는 양상이 나타나기 시작했다.

국과 단위로 각 과별로 구분하고 각 문서철에 호수를 부여하였지만, 과 하위 단위의 분류체계는 대한제국기의 분류체계를 반영한 것은 아니었다. 관세과와 잡세과는 문서년도를 기준으로 문서를 편철하였고, 지세과는 거래기관을 기준으로 문서를 편철한 방식에서 1905ㆍ1906년부터 문서년도를 기준으로 문서를 편철하는 방식으로 변경했다. 그러나 관세과와 잡세과 문서철의 문서년도와 'イ ロ ハ 歌' 순서가 맞지 않았고, 지세과 문서철은 편철 방식이 변경된 것을 고려하지 않고 호수를 부여해 문서년도가 앞뒤 호수에서 중복되고 순차적이지 않았으며 같은 성격의 문서철이 따로 분류되어 있었다. 내장원의 13도 각군 보고ㆍ소장은 지역별 구분 없이 보고와 소장이 혼용되어 호수가 부여되었고, 문서년도는 순차적이지 않았으며 연속된 문서철이 따로 분류되어 있었다.

2. 창고번호 도장의 날인과 대한제국기 공문서에 대한 인식 변화

조선총독부는 갑오개혁~대한제국기 공문서를 창고에 보관하면서 각 문서철에 창고번호 도장을 찍었다. 창고번호 도장은 분류도장이 찍힌 재정 관련 문서철뿐 아니라 대한제국기 각부부원청 문서철에도 찍혀 있었다. 창고번호 도장은 '창고번호ㆍ붕가번호ㆍ기호' 3항목으로 구성되었다. 창고번호는 문서를 보관한 각 창고별 번호를, 붕가번호는 창고에 있는 서가 번호를, 기호는 서가에 배열한 문서철의 순서로 'イ ロ ハ 歌' 순으로 기호를 부여하였다.

현재 확인된 창고 번호는 1ㆍ3ㆍ5ㆍ6번이며, 붕가번호도 1번부터 마지막 번호까지 모두 있는 것이 아니라 중간 중간에 결번이 많다. 각 창고별로 보관된 문서철을 보면, 1번 창고에 보관했던 문서철 가운데 확인된 것은 내부에서 편철한 『內部外部往來公牒摘要』(奎 18021, 2책), 『外各府郡公牒摘要』(奎 18022의 1), 『外各府郡公牒存案』(奎 18022의 2) 4책뿐이었고, 나머지 문서철은 3·5·6번 창고에 보관되었던 것이다.

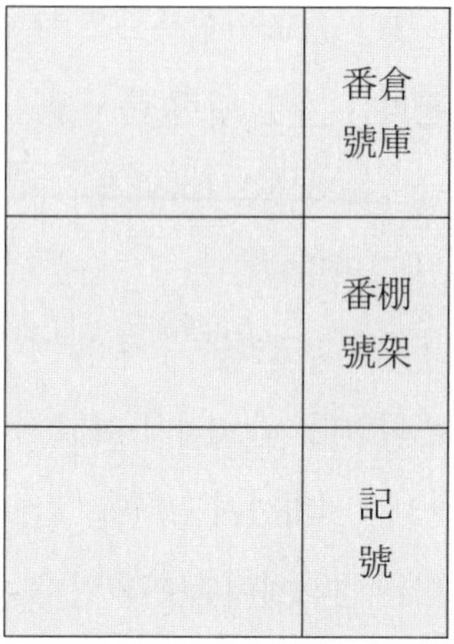

3번 창고에 보관된 문서철은 탁지부 문서철과 황실재정 관련 문서철이다. 3번 창고의 13·24·28·30·32·35·44·72번 서가에는 『공문편안』(奎 18154),

그림1 창고번호 도장

『훈령존안』(奎 18153), 『奏本奏下存案』(奎 18150), 『全羅北道各郡結戶錢攷』(奎 19336), 『解由規則』(奎 20358) 등 주로 탁지부에서 편철·보존한 왕복문서철과 일부 대장류가 보관되었다.[12]

117번 서가부터는 『훈령조회존안』(奎 19143), 『각부군래첩』(奎 19146), 『경기각군보고』(奎 19147), 『경기각군소장』(奎 19148) 등 내장원이 중앙·지방 기관과 거래한 문서철과 내장원이 관리한 역둔토성책, 명례궁·수진궁 등 각 궁방이 관리한 받자책(捧上冊)·차하책(上下冊) 같은 회계장부류, 황실재정을 정리하기 위해 설치된 임시제실유급국유재산조사국·임시재산정리국에서 1사 7궁을 폐지한 뒤 도장을 정리하는 과정에서 편철한 『도장결정원안』(奎 21031), 『경기도장토문적』(奎 19299) 등 도장 관련 문서철과 『於義宮ニ供給セシ物品代金請求ノ件』(奎 21693)같은 제실채무 관련 문서철 등이 보관되었다.[13]

---

12) 1~72번 봉가번호 가운데 본문에 없는 번호는 결번이다.
13) 72번부터 117번 사이의 봉가번호는 결번이다.

3번 창고의 앞부분은 탁지부 문서철이, 뒷부분은 내장원과 1사 7궁이 관리한 재정 관련 문서철과 황실재정이 해체되는 과정에서 임시제실유급국유재산조사국과 임시재산정리국이 관리한 황실 관련 문서철이 보관된 것이다.

5번 창고에는 주로 탁지부가 관리한 국가 재정과 관련된 문서철이 보관되었다. 갑오개혁 이전·이후 문서철이 일부 혼용되어 있었지만 크게 23번 서가까지는 주로 갑오개혁 이전 문서철이, 24번부터는 갑오개혁 이후 문서철이 보관되었다.

5번 창고의 2번~23번 서가는 『全羅道三漕倉漕需用遺在會計成冊』(奎 19411), 『江原道洪川縣都會嶺西十六邑今壬辰條收租案』(奎 19529), 『江原道原州牧都會道內各邑去冬三朔各衙門還上用下成冊』(奎19448), 『賑恤廳會計冊』(奎 19401), 『湖西廳上下冊』(奎 19498), 『仁川港銀號所收海關進出口稅銀數目及經費計開』(奎 19364의 3) 등 주로 갑오개혁 이전의 결세·환곡·대동미·해관 관련 문서철이 보관되었다.

24번 서가부터는 『度支部各項捧上調査抄錄』(奎 19361), 『度支部各項用下調査抄錄』(奎 19369), 『慶尙南北道各公土執摠案』(奎 19543), 『京釜鐵道用地金額及結數成冊』(奎 19365), 『咸鏡南道各郡收租案』(奎 16678), 『京畿道各郡所在各屯土調査成冊』(奎 19550) 등 갑오개혁 이후의 국가 재정 관련 문서철이 보관되었다.

6번 창고의 경우 1번~66번 서가에는 국가 재정 관련 문서철이, 80번 서가부터는 외부와 의정부(내각) 문서철이 보관되었다. 재정 관련 문서철의 경우 1번~42번 서가에는 광무 양안이, 43번~66번 서가에는 주로 『慶尙北道長鬐郡牧驛田畓永定賭稅成冊』(奎 17912의 12), 『慶尙南道各郡乙巳條年分摠計』(奎 17924), 『慶尙南道晋州郡家戶案』(奎 17944) 등

역둔토 · 결세 · 가호(家戶)와 관련된 문서철이 보관되었지만, 48번과 51번 서가에는 『京畿道水原郡量案』(奎 17651), 『龍仁郡量案抄』(奎 17645) 등 광무양안이 섞여 있었고, 55번~61번 서가에는 『訓令編案』(奎 17876), 『탁지부각부원등공문래거문』(奎 17877) 등 탁지부가 다른 기관과 거래한 왕복문서철이 보관되었다.

80번 서가부터는 외부와 의정부(내각) 문서철이 보관되었는데, 외부와 의정부 문서철이 전후로 구분되지 않고 혼용되어 있었다. 80번에서 99번 서가에는 『統理交涉通商事務衙門日記』(奎 17836), 『京畿關草』(奎 18067), 『外務衙門日記』(奎 17838), 『美原案』(奎 18046의 1) 등 통리교섭통상사무아문과 외부 문서철이 보관되었고, 108번~115번 서가에는 『奏本』(奎 17703), 『議政府會議標題』(奎 17759) 등 의정부 문서철이 보관되었으며, 116번~142번 서가에는 다시 외부, 144번~145번 서가에는 의정부 문서철이 보관되어 의정부와 외부 문서철이 혼용되어 보관되었다. 그리고 120번~180번 서가에는 학부, 법부, 경부(警部)의 문서철도 일부 확인된다. 213번~214번 서가에는 『京畿道龍仁郡量案』(奎 17644), 『京畿安山郡量案』(奎 17654), 『忠淸南道石城郡量案』(奎 17670) 등 광무양안이 일부 보관되었다.

3 · 5 · 6번 각 창고별로 보관된 문서철을 보면 다른 성격의 문서가 일부 혼용되어 보관되기도 했지만, 3번 창고의 앞 서가는 탁지부, 뒤 서가는 궁방 · 내장원 · 임시재산정리국, 5번 창고는 탁지부, 6번 창고는 양지지계아문 · 탁지부 · 외부 · 의정부 문서철이 보관되어, 각 창고별로 문서를 편철한 기관이 대체적으로 구분되어 보관되었다고 할 수 있다.

다음으로 서가에 배열된 순서를 살펴본다. 서가에 배열된 문서철의 순서는 대체적으로 분류도장의 호수 순이었지만, 일부 문서철은 호수가 뒤

표12 서가 번호와 분류 호수

도서번호	내별번호	도서명	창고	붕가	기호	年數	책수	호수
奎 17877	24-10	度支部各部院等公文來去文	6	58	い1	20	△	42-1
奎 17877	24-12	度支部各部院等公文來去文	6	58	い3	20	△	42-3
奎 17881	7-1	度支部內部公文來去牒	6	58	い4	20	△	39-5
奎 17881	7-2	度支部內部公文來去牒	6	58	い5	20	△	39-6
奎 17892	1-1	電郵費訓令編案	6	58	い6	20	3	41-2
奎 17876	12-11	訓令編案	6	58	い7	20	6	39-3
奎 17881	7-7	度支部內部公文來去牒	6	58	い10	20	3	41-3
奎 17882	8-5	宮內府去來文牒	6	58	い11	20	6	39-1
奎 17995	6-3	報告書綴	6	58	は28	20	6	43-△
奎 17891	4-2	通牒	6	58	に1	20	5	36-1
奎 17878	7-1	軍部來去案	6	61	ろ1	20	9	34-5
奎 17884	4-1	法部來去文	6	61	ろ2	20	9	34-8
奎 17887	×	議政府來去案	6	61	ろ3	20	5	37-1
奎 17885	2-1	掌禮院去來牒	6	61	ろ4	20	9	34-6
奎 17881	7-4	度支部內部公文來去牒	6	61	ろ5	20	9	34-9
奎 17882	8-3	宮內府去來文牒	6	61	ろ7	20	△	34-7
奎 17882	8-2	宮內府去來文牒	6	61	ろ8	20	△	34-4
奎 17877	24-13	度支部各部院等公文來去文	6	61	ろ9	20	5	37-5
奎 17880	6-3	度支部農商工部公文來去牒	6	61	ろ10	20	9	34-1
奎 17880	6-1	度支部農商工部公文來去牒	6	61	ろ13	20	5	37-△
奎 17888	2-2	警部來去文	6	61	は1	20	8	40-6
奎 17890	×	漢城裁判所來去文	6	61	は3	20	8	40-5
奎 17997	4-1	災結請議書	6	61	は4	20	8	40-1
奎 17997	4-2	災結請議書	6	61	は5	20	8	40-2
奎 17997	4-3	災結請議書	6	61	は6	20	8	40-3
奎 17889	1-1	外部來去文	6	61	は7	20	6	38-5
奎 17886	2-1	警務廳來去文	6	61	は8	20	6	38-6
奎 17882	8-4	宮內府去來文牒	6	61	は9	20	6	35-4
奎 17878	7-7	軍部來去案	6	61	は10	20	8	40-8
奎 17878	7-2	軍部來去案	6	61	は11	20	△	35-1
奎 17881	7-5	度支部內部公文來去牒	6	61	は12	20	6	35-2
奎 17881	7-6	度支部內部公文來去牒	6	61	は13	20	6	38-3
奎 17884	4-4	法部來去文	6	61	は14	20	8	40-7
奎 17884	4-2	法部來去文	6	61	は15	20	6	35-3
奎 17884	4-3	法部來去文	6	61	は16	20	6	35-6
奎 17883	4-1	平理院來去文	6	61	は17	20	6	35-5
奎 17883	4-4	平理院來去文	6	61	は18	20	6	38-1
奎 17883	4-3	平理院來去文	6	58	は19	20	6	38-2
奎 17883	4-2	平理院來去文	6	61	は20	20	6	38-4

섞여 서가와 호수 순서가 맞지 않았다. 표12를 보면 58번 서가에는 호수 36 · 39 · 41 · 42 · 43의 문서철이 보관되었고, 61번 서가에는 호수 34 · 35 · 37 · 38 · 40의 문서철이 보관되었다. 61번 서가에 보관된 호수 34 · 35 · 37 · 38 다음은 호수 39가 배열되어야 하지만, 호수 39는 58번 서가에 보관되었다. 서가별로 호수가 구분되지만 서가와 호수 순서가 순차적으로 배열되지는 않았던 것이다.

서가에 문서철을 배열한 다음 각 문서철에 'イ ロ ハ+숫자' 형식으로 기호를 부여했는데, 같은 서가에 보존된 문서철을 보면 기호와 분류도장의 호수 순서도 맞지 않았다. 58번 서가에 배열된 문서철의 기호와 호수를 보면 い1 · 42-1(기호 · 호수), い3 · 42-3, い4 · 39-5, い5 · 39-6, い6 · 41-2, い7 · 39-3이고, 61번 서가에 배열된 문서철은 は7 · 38-5, は8 · 38-6, は9 · 35-4, は10 · 40-8, は11 · 35-1, は12 · 35-2, は13 · 38-3으로 기호와 호수 순서가 맞지 않았다.

조선총독부는 갑오개혁~대한제국기 문서철에 창고번호 · 붕가번호 · 기호를 부여하고 창고별로 각 기관을 구분하여 대체적으로 호수 순으로 서가에 문서를 보관하였다. 그렇지만 일부 문서철은 호수가 뒤섞여 서가와 호수 순서가 맞지 않았고, 같은 서가의 문서철에 부여된 기호도 호수가 뒤섞여 부여되었다.

호수가 뒤섞여 서가에 배열되면서 국과 단위의 분류체계도 무너지고 있었다. 통감부~일제 초기에는 기본적으로 국과를 단위로 분류도장을 찍고 호수를 부여했지만, 일부 호수에서는 서로 다른 과의 문서철이 혼용되어 분류되어 있기도 했는데 창고번호 도장을 찍으면서는 이러한 양상이 심화되는 모습으로 나타났다.

표13은 6번 창고 57번 서가에 보관된 문서철에 부여된 창고번호 도장

표13 서가 번호와 보존년수

도서번호	내별번호	창고	붕가	기호	年數	책수	호수	課
奎 17877	24-2	6	57	い1	10	14	262-1-ㅁ	잡세과
奎 17878	7-3	6	57	い2	10	14	262-1-ハ	
奎 17880	6-5	6	57	い3	10	14	262 1-イ	
奎 17882	8-7	6	57	い5	10	14	262-1-ヘ	
奎 17880	6-6	6	57	い6	10	14	262-1-ホ	
奎 17877	24-15	6	57	い8	10	△△	△△	각세과(관세)
奎 17877	24-7	6	57	い9	10	△△	△△	잡세과
奎 17877	24-9	6	57	い10	10	14	262-1-ワ	
奎 17877	24-6	6	57	い11	10	14	262-1-ヌ	
奎 17877	24-3	6	57	い12	10	14	262-1-チ	
奎 17877	24-5	6	57	い13	10	14	262-1-リ	
奎 17877	24-24	6	57	い15	永	2△	2△△	관세과
奎 17877	24-21	6	57	い16	永	25	260-2-ニ	
奎 17877	24-20	6	57	い17	永	25	260-2-ホ	
奎 17877	24-16	6	57	い18	永	25	260-2-ㅁ	
奎 17877	24-22	6	57	ろ1	永	2△	2△△	
奎 17877	24-23	6	57	ろ2	永	△△	2△△	
奎 17997	4-4	6	57	ろ3	10	10	2△△	지세과
奎 17888	2-1	6	57	ろ4	10	△△	2△△	감사과
奎 17878	7-5	6	57	ろ5	10	1△	26△	
奎 17878	7-4	6	57	ろ6	10	△△	△△	
奎 17879	5-2	6	57	ろ7	10	△△	△△	
奎 17879	5-4	6	57	ろ8	10	△△	△△	
奎 17879	5-5	6	57	ろ9	10	△△	2△△	
奎 17878	7-6	6	57	ろ10	10	△△	2△△	
奎 17879	5-3	6	57	ろ11	10	△△	△△	
奎 17879	5-1	6	57	ろ12	10	△△	2△△	
奎 17877	24-17	6	57	に15	永	2△	260-2-チ	관세과
奎 17877	24-18	6	57	に16	永	25	260-2-ト	
奎 17877	24-19	6	57	に17	永	25	260-2-ヘ	

의 기호와 분류도장의 호수를 제시한 것이다. 기호가 부여된 문서철을 보면 잡세과, 관세과, 감사과로 구분이 되지만, 관세과 문서철은 ㅣ15~ ㅈ2와 ㄷ15~17이 부여되어 분산되어 보관되었고, 그 사이에 감사과 문서철이 배열되었다. 분류도장을 부여할 당시 관세과 문서철은 한 질로 묶여 동일한 호수가 부여되었지만, 창고번호 도장을 찍고 서가에 배열하면서 분산되었던 것이다. 각 창고에 문서철을 보관하고 서가에 배열하는 과정에서 호수가 뒤섞이고, 국과를 단위로 한 분류체계도 해체되고 있었던 것이다.

창고번호 도장에서 나타난 특징 가운데 하나는 분류도장을 찍으면서 각 문서철에 부여한 보존기간의 의미가 사라지고 있다는 점이다. 표13의 각 호수의 보존년수를 보면, 호수 260은 보존기간이 永으로 영구 보존 대상 문서철이었고, 나머지 호수는 보존기간이 10년으로 10년간 보존되다 폐기될 문서철이었다. 보존기간이 永과 10년으로 달랐지만, 서가에 배열된 상태는 보존기간의 구분 없이 같은 서가에 뒤섞여 기호가 부여되었다.

보존기간은 문서 가치를 평가하는 것으로, 해당 문서가 지닌 역사적·행정적 가치에 따라 일정 기간 동안 보존하다 폐기할지, 영구 보존할지가 결정된다.[14] 분류도장을 찍고 보존기간을 부여하였던 당시에는 갑오개혁~대한제국기 공문서의 가치를 평가해 폐기 대상과 영구 보존 대상을 구분하였다. 그런데 창고번호를 부여하면서는 보존기간이 다른 문서철을 같은 서가에 뒤섞어 함께 보관하였다. 보존기간에 상관없이 갑오개혁~대한제국기 공문서의 가치를 모두 동일하게 취급했던 것이다.

---

14) 이상민, 2001, 「영구보존문서의 선별과 가치평가」 『기록보존』 14, 87-90쪽.

조선총독부는 식민지기에 생산된 공문서를 국-과-업무-편철명과 보존기간을 각각 연동시켜 편철·보존하였다.[15] 그러나 갑오개혁~대한제국기 공문서에 창고번호를 부여하면서는 '보존 종별'에 상관없이 모두 동일한 대상으로 취급하고 같은 서가에 보관하였던 것이다. 이는 창고번호 도장을 찍을 당시 갑오개혁~대한제국기 공문서에 대한 인식이 변화되었다는 것을 의미한다. 갑오개혁~대한제국기 공문서를 행정적 가치에 따라 일정 기간 보존하다 폐기해야 할 일반 행정문서와는 다른 문서로 취급하였던 것이다.

1938년 조선총독부 중추원이 『조선구관제도조사사업개요』를 작성하면서 '1910년 日韓倂合을 본다면, 寺內總督은 施政을 시작할 즈음에 半島 民衆에게 적절한 新政을 행하려 한다면 먼저 종래의 政治形體와 관습을 아는 것이 필수라 하여 취조국을 설치해 이들을 조사연구하게 하였다. 그것을 기초로 해서 時勢에 순응한 제도를 정한다고 함에 따라서 舊慣 및 制度 調査事業은 갑자기 중요한 지위를 점함에 이르렀다'고 하였듯이,[16] 일본은 대한제국을 강점하고 식민 정책 수립과 사업 시행에 필요한 기초 자료를 제공하기 위해 '구관제도조사사업'을 추진하였다.[17]

대한제국을 강점한 뒤, 조선총독부 취조국은 구제도관습의 조사 범위를 확장하면서 대한제국이 소장한 도서를 장악하고 정리 작업에 착수하였다.[18] 이후 '구관제도조사사업'을 인계한 조선총독부 참사관실은 '本府參事官室에 소장된 舊韓國政府 및 궁내부에서 계승한 圖書, 아울러 奉

---

15) 이경용, 2004, 「조선총독부의 기록관리제도」『기록학연구』10, 271쪽.
16) 조선총독부중추원, 『朝鮮舊慣制度調査事業槪要』, 1938, 2쪽.
17) 김태웅, 1993, 「1910년대 전반 조선총독부의 取調局·參事官室과 '舊慣制度調査事業'」『규장각』16, 99쪽.
18) 조선총독부중추원, 『朝鮮舊慣制度調査事業槪要』, 1938, 23-24쪽.

化 및 五臺山書庫의 서적은 방대하여 考古의 材料로 삼을 만한 것이 물론 적지 않다 하더라도 사료의 수집에 대해서는 오히려 유감인 점이 많다'며 금석문(金石文) 같은 고사(考事) 자료도 수집하였다.[19]

조선총독부는 식민 통치에 필요한 자료를 마련하기 위해 '구관제도조사사업'을 시행하며 각종 도서를 수집·정리하고 각지의 관습을 조사하였던 것이며, 이 과정에서 갑오개혁~대한제국기 공문서를 일정 기간이 지난 뒤 폐기해야 할 일반 행정문서가 아니라, 식민 통치에 필요한 '考古의 材料'로 인식하였던 것이다.

일반 행정문서에서 식민 통치에 필요한 '考古의 材料'로 문서의 가치 평가가 전환되면서, 각 문서철에 부여된 보존기간에 상관없이 갑오개혁~대한제국기 공문서를 모두 동일한 대상으로 취급하여 함께 보관하였던 것이다.

대한제국은 국가 행정기구를 부-국-과 체계로 유지하였다. 국가 행정기구의 기능과 역할이 세분화되고 전문화됨에 따라 그 업무에 맞게끔 각각의 국과가 설치되었던 것이다. 대한제국의 국가 기구는 담당 업무를 수행하는 과정에서 생산·유통한 공문서를 부-국-과 체계에서 국과를 단위로 문서를 편철하면서, 각 과는 담당 업무내용에 따라 기능별로 문서를 분류해서 편철하였다.

그러나 대한제국이 일본에 강점되면서 대한제국기 공문서 분류체계는 해체되었다. 조선총독부는 탁지부와 내장원을 비롯한 재정 관련 문서에 분류도장을 찍어 관리했는데, 이 시기까지는 국과 단위의 분류체계가 기본적으로 유지되었지만 각 과의 편철·분류체계를 반영하지는 못했다.

---

19) 조선총독부중추원, 같은 책, 40-41쪽

그리고 조선총독부는 갑오개혁~대한제국기 공문서를 창고에 보관하면서 창고번호 도장을 찍었는데, 창고번호를 부여할 당시에는 창고별로 문서의 편철 기관을 대체적으로 구분하여 문서철을 보관했지만, 문서철이 서가에 배열되는 과정에서 호수가 뒤섞이고 국과 단위의 분류체계가 붕괴되는 양상이 심화되었다.

분류 호수와 창고번호를 부여하는 과정을 거치면서 해체되기 시작한 대한제국 공문서 분류체계는 조선총독부가 '탁지부와 군부'·'탁지부와 궁내부'처럼 부와 부를 연계한 부 단위로 재분류하고 도서명과 도서번호를 부여함으로써 대한제국기의 과를 단위로 한 기능별 분류체계는 완전히 해체되었다.

7장 역둔토 문서의 분류와 분류체계의 변형

정부기구와 왕실기구를 분리하고 국가 기구를 의정부·궁내부·8아문 체제로 개편했던 개화파정권은 재정개혁을 통해 분산되어 있던 조선왕조의 재정기구를 통합하여 탁지아문으로 일원화하였다. 그리고 역(驛)·영(營)·아문에 부속되어 각 기관의 재정 기반으로 활용되었던 역토·둔토의 관할권을 중앙기구로 집중시켜 역토는 농상공부가 관할토록 하였고, 둔토는 탁지부가 관할하게 하였다.[1) 둔토는 탁지부에서 관할했지만 1895년 4월 내장원이 설치되면서 거의 대부분의 둔토 관할권은 내장원으로 이속되었다. 역토는 농상공부가 관할했지만, 둔토는 내장원과 탁지부가 관할한 것이다.

---

1) 역둔토의 관할기관 변화는 박진태, 1996, 「한말 역둔토조사의 역사적 성격 연구」, 성균관대 박사학위논문 ; 김양식, 2000, 『근대권력과 토지―역둔토 조사에서 불하까지』, 해남 참조.

역토를 관할한 농상공부는 전국의 역토를 조사하기 위해 1895년 9월부터 사판위원(査辦委員)을 파견해 을미사판(乙未査辦)을 시행하였다. 농상공부는 역토 조사를 위해 사판위원을 파견했지만, 1896년 2월부터는 내장원과 탁지부가 관할한 둔토와 아울러 궁방전까지도 함께 조사하였다.

둔토의 일부를 관할하였던 내장원은 1899년과 1900년부터 전국의 모든 둔토와 역토를 관할하게 되었다. 1899년 둔토 관할권을 장악한 내장원은 둔토를 조사하기 위해 전국에 사검위원(査檢委員)을 파견해 광무사검(光武査檢)을 시행하였고, 1900년부터는 역토까지 관할하게 되면서 둔토와 아울러 역토까지 조사하였다.

규장각에는 농상공부가 작성한 을미사판성책(乙未査辦成冊)과 내장원이 작성한 광무사검성책(光武査檢成冊)을 비롯해, 내장원이 역둔토를 관리하면서 작성한 다수의 대장류가 소장되어 있다. 규장각에 소장되어 있는 역둔토 성책의 특징 중 하나는 성격이 다른 수십 건의 개별 성책이 하나의 문서철에 묶인 합철본의 형태로 편철되어 있다는 점이다.[2] 이들 합철본은 조선총독부가 역둔토 문서를 정리하면서 함께 묶은 것으로 당시까지는 도서번호도 부여되지 않은 채 미정리 도서로 남아 있었다.

미정리 도서로 남아 있던 문서철은 해방 이후 도서정리 작업을 통해 도서번호가 부여되었고, 이때 합철본에도 도서번호가 부여되었다. 그런데 독립적인 개별 성책들이 수십 건씩 묶인 합철본에 하나의 도서번호와 도서명을 부여함에 따라 각 문서들이 지닌 성격이 명확히 반영되지 못하게 되었다.

---

2) 이상찬, 1991, 「『引繼에 關한 目錄』과 『調査局來去文』의 검토」 『서지학보』 6, 34쪽.

현재 합철본으로 편철되어 있는 역둔토 성책을 대한제국기 내장원은 어떻게 분류했는지 대한제국기 역둔토 문서 분류체계의 원 질서를 파악하고, 이를 바탕으로 역둔토 문서의 분류체계가 어떻게 변형되었는지 살펴본다.

1. 내장원의 역둔토 문서 분류체계

내장원(1905년부터 경리원으로 개칭)의 역둔토 문서 분류체계를 살펴볼 수 있는 자료로는 『引繼에 關한 目錄』(奎 21653)이 있다. 『인계에 관한 목록』은 경리원이 폐지되면서 경리원 각 과가 관리하였던 문서와 집기류 등을 인계하면서 작성된 목록이다.[3] 『인계에 관한 목록』에는 경리원 산하 서무과, 장원과, 지응과 등 각 과별로 문서목록이 작성되어 있다. 『인계에 관한 목록』에는 577건(3673卷, 656冊, 82軸 19度 등)의 목록이 기록되어 있으며, 그 가운데 386건(3565권, 4032장 등)이 「莊園課各樣書類雜物傳掌冊」(이하 「장원과전장책」)에 기록되어 있다. 각 과별 목록 가운데 「장원과전장책」의 건수와 책 수가 가장 많았고, 역둔토 관련 문서가 다수를 차지하고 있었다.

「장원과전장책」에 기록된 문서 제목들은 특정한 분류 항목 없이 나열적인 방식으로 기록되어 있다. 분류 항목은 없지만, 나열된 제목을 살펴보면 연관성 있는 문서들이 앞뒤로 함께 기록되어 있다. 이와 같은 「장원과전장책」의 전반적인 기록 방식과 달리 역둔토 문서에는 일정한 분류 항목이 설정되어 있다.

---

3) 『引繼에 關한 目錄』에 대한 분석은 이상찬, 1991, 위의 논문 참조.

京畿

都案: 七卷內 三卷度支部 四卷本院

納未納區別冊: 十九卷內 十五卷審査局 四卷本院

井間: 四卷內 二卷度支部 二卷審査局

尺文: 五軸

査檢冊: 三百三卷內 一百三十卷度支部 一百七十三卷樓上庫

위 사례는「장원과전장책」에 기록된 경기도 지역의 역둔토 문서 항목과 책 수를 제시한 것이다.「장원과전장책」에 기록된 역둔토 문서는 경기도를 비롯하여 13도로 구분되어 있고, 각 도별로 문서들이 도안(都案), 납미납구별책(納未納區別冊), 정간(井間), 자문(尺文), 사검책(査檢冊) 등 다섯 항목으로 분류되어 있다. 13도의 책 수는 도안 127권, 납미납구별책 163권, 정간 52권, 자문 62축(軸), 사검책 2,153권으로 총 2,495권 62축이다. 이는「장원과전장책」에 기록된 목록 386건 가운데 65건에 불과하지만, 책 수는 3,500여 권 중 2,495권으로 대다수를 차지한다.

내장원은 약 2,500권에 이르는 역둔토 문서를 관리하면서 우선 지역을 구분하였고 그 아래에 문서의 성격별로 분류하였던 것이다. 내장원의 이러한 분류 방식은 사검(査檢)·정도(定賭)·징수(徵收)라는 역둔토 관리 측면과 조응한 것이다.

역둔토를 관할한 기관은 역둔토의 소재지·면적 등을 조사하여 도조(賭租)를 책정하고, 이를 바탕으로 매년 도조를 징수한다. 역둔토 관리는 이러한 사검·정도·징수 과정을 포괄하는 것이며, 각 과정마다 그 목적에 맞게 문서들이 작성되어 다음 과정의 보조 자료로 활용된다. 따라서 각 과정에서 생산된 문서들은 해당 성격별로 분류·관리되어야만 역둔토를 관리하는 데 효율성을 높일 수 있는 것이다.

각 과정마다 작성되는 문서는 다음과 같이 구분된다. 역둔토 관할 기관은 먼저 역둔토의 소재지·지목(地目)·면적·작인(作人) 등을 조사하여, 해당 토지의 도조량을 결정한다. 이때 작성되는 것이 사검책이다. 이를 바탕으로 매년 도조를 징수하기 위한 도조기(賭租記)가 작성되고, 실제 징수내역을 기록한 징수부(徵收簿) 즉, 수도기(收賭記) 또는 추수기가 작성된다. 도조기나 징수부는 1차적으로 군 단위로 작성되고, 군 단위로 작성된 문서를 도 단위로 총괄하여 파악하기 위해서 문서가 따로 작성되는데, 그것이 도안(都案)이다. 징수한 도조를 관할기관에 상납하면 관할기관은 도조가 납부되었음을 확인하는 자문을 발급한다. 그러나 도조가 매년 완납되었던 것은 아니기 때문에 도조의 징수여부를 기록하는 납미납구성책이 작성되었다. 납미납성책은 1년을 단위로 작성되지만, 3년 또는 5년 같이 몇 년을 단위로 작성되기도 하였다. 이러한 자료들을 근거로 역둔토 도조량과 징수 실태를 총괄적으로 정리한 것이 정간책(井間冊)이다.

내장원은 사검·정도·징수라는 해당 업무의 목적에 따라 작성된 문서를 도안, 납미납구별책, 정간, 자문, 사검책으로 분류하여 관리하였던 것이다. 이는 업무내용에 따라 문서를 분류해서 관리한 기능별 분류체계에 해당한다고 할 수 있다.

다만 위 다섯 항목에는 추수기와 도조기의 항목이 없다. 추수기의 경우 「장원과전장책」에 '各道己亥前各秋收記'(105卷)가 다른 목록과 함께 따로 기록되어 있지만, 1899년(己亥) 이후 추수기 목록은 기록되어 있

번호	항목	책수	번호	항목	책수
1	各道驛賭稅錢捧未捧成冊	274冊	8	各屯成冊	17冊
2	賭案冊	63冊	9	驛屯土未收五年條度支部委托摠	1冊
3	時價成冊	1冊	10	捧稅官各員旅費成冊	1冊
4	各道尺文	14冊	11	忠南北外六道收租官報告	4冊
5	各牧場成冊	23冊	12	錢會計抄	9冊
6	報告成冊	53冊	13	請議書	22冊
7	十三道驛土斗落及賭額冊	14冊	합계		496冊

표1 驛屯土關係簿書(496冊) * 출전 ; 『臨時財産整理局事務要綱』172쪽.

지 않았다. 도조기도 '十三道屯土田畓斗落賭額成冊'(13卷), '驛土田畓斗
落賭額成冊'(1卷) 정도만 확인될 뿐이고, 군별로 작성된 도조기는 기록
되어 있지 않았다.

도조기와 추수기가 명확하게 분류되지 못한 부분은 있지만, 「장원과전
장책」에 기록된 내용에 따르면 내장원의 역둔토 문서 분류체계는 사검 ·
정도 · 징수라는 역둔토 관리 체계와 부합해서 구축되었음을 확인할 수
있다.

1907년 11월 27일 경리원이 폐지되고,[4] 1908년 6월 황실재산을 모
두 국유화하는 것으로 결정되면서[5] 역둔토 문서는 임시재산정리국과 탁
지부로 이관되었다. 임시재산정리국은 1908년 7월 23일에 설치되었지
만,[6] 황실재산을 국유화하기로 결정한 직후부터 업무를 인수받기 위한
준비에 착수하였다.[7] 임시재산정리국은 임시제실유급국유재산조사국과

---

4)『法令集』VI, 「布達第161號 宮內府官制 改正」, 1907.11.27, 77−86쪽.
5)『法令集』VI, 「勅令第39號 宮內府所管及慶善宮所屬財産의 移屬과 帝室債務의
   整理에 관한 件」, 1908.6.25, 491−492쪽.
6)『法令集』VII, 「勅令第55號 臨時財産整理局官制」, 1908.7.23, 105−107쪽.
7)『臨時財産整理局事務要綱』, 3−5쪽.

궁내부로부터 인계받은 목록을 25항목으로 분류하였으나, 이 목록만으로는 역둔토 문서의 구체적인 분류 방식을 파악할 수 없다.[8] 대신 임시재산정리국이 폐지되면서 탁지부에 인계한 목록(12항목)에는 역둔토 문서를 별도로 분류한 '역둔토관계부서(驛屯土關係簿書)'가 있다.

표1의 역둔토관계부서에는 역둔토 문서가 봉미봉성책(捧未捧成冊), 도안책(賭案冊), 각도자문(各道尺文) 등 13항목으로 분류되어 있다. 이를 내장원「장원과전장책」과 비교해 보면 분류 항목과 책 수에서 차이가 난다. 분류 항목을 보면 역둔토관계부서에는 내장원이 분류한 다섯 항목 가운데 봉미봉성책, 자문의 항목만 있고 정간, 사검책, 도안의 항목은 보이지 않는다. 책 수는 봉미봉성책이 247책으로 「장원과전장책」의 납미납성책(163권)보다 증가한 것을 제외하면 대부분 10~20여 책으로 책 수가 현격히 축소되었다.

분류 항목과 책 수에서 차이가 나는 것은 황실재산을 정리한 임시재산정리국과 역둔토를 관할한 탁지부로 역둔토 문서가 분산·관리되었기 때문이다. 이러한 분산·관리는, 곧 내장원의 역둔토 문서 분류체계의 원 질서가 해체되기 시작했음을 의미한다. 내장원은 지역을 구분하고 그 아래에 문서 성격별로 역둔토 문서를 분류하여 관리하였다. 그러나 이들 문서가 두 기관에 분산됨에 따라 지역과 문서 성격을 조응해서 사검·정도·징수라는 역둔토 관리 체계와 부합해서 분류했던 문서 분류체계가 붕괴되었던 것이다.

분류체계의 붕괴와 더불어 주목되는 것은 이 시기에 역둔토 문서의 정리 작업도 진행되었다는 점이다. 위 분류 항목 중 4번 각도자문의 경우,

---

8) 『臨時財産整理局事務要網』, 5-7쪽. 臨時帝室有及國有財産調査局이 臨時財産整理局에 인계한 목록은 『財産調査局來去文』(奎 17827) 1908.7.13 참조.

「장원과전장책」에는 각도자문이 62축인 것에 비해 임시재산정리국의 역둔토관계부서에는 14冊으로 문서철의 건수와 단위에서 차이가 난다.

문서철의 건수와 단위에서 차이가 나는 이유를 두 가지 정도로 추정할 수 있다. 첫째는 항목별 분산 이외에 동일 항목 내의 문서가 흩어져 두 기관에 분산되었을 가능성이다. 즉 62축 가운데 14축은 임시재산정리국에 48축은 탁지부에 보관되었을 수 있는 것이다. 둘째는 62축으로 관리되던 문서를 임시재산정리국에서 14책으로 정리하였을 가능성이다.

현재로서는 건수와 단위에 차이가 난 이유를 단정할 수 없지만, 임시재산정리국이 궁내부로부터 문서를 인계받으면서 언급한 내용을 참조할 필요가 있다.

사무의 수수(授受)에 관해 이같이 다수의 일자(日字)를 필요로 했던 것은 필경 문서 편찬의 계통이 바르지 않음에 기인한 것이어서, 어수선한 각종 인계 서류에 대하여 모두 섭렵 점철(點綴)하고 그것을 분류함으로써 겨우 그 수수를 종료할 수 있었다.9)

황실재산을 국유화하기로 결정한 직후 임시재산정리국은 궁내부로부터 업무를 인계받는 데 시간이 오래 걸린 이유를 문서 편찬의 계통이 바르지 않은 서류를 모두 섭렵 점철해서 그것을 분류하였기 때문이라고 하였다. 임시재산정리국은 궁내부로부터 문서를 인계받으면서 자체적으로 재분류를 하였던 것이다.

내장원이 관리하였던 역둔토 문서가 다른 기관으로 인계되면서 역둔

---

9) 『臨時財産整理局事務要綱』, 5쪽.

토 문서의 분류체계는 붕괴되었고, 역둔토 문서가 분산된 상황에서 문서 전반에 대한 고려 없이 각 기관에 의해 자체적으로 정리되고 있었던 것이다. 바로 자문의 단위 변화는 이러한 재정리의 결과로 이해된다.

황실재정 정리 작업이 본격화되면서 역둔토 문서는 임시재산정리국과 탁지부로 분산되어 관리되었으며, 그 과정에서 재분류가 이루어졌다. 이때 역둔토 문서의 재분류는 역둔토 관리가 아닌 황실재정 정리라는 목적에 맞추어져 이루어짐에 따라, 역둔토 관리 체계에 조응해서 분류되었던 역둔토 문서의 분류체계는 붕괴되고 1차 변형이 이루어졌다. 황실재정 정리 작업은 일본이 황실의 재정 기반을 박탈하여 황제권을 무력화시키기 위한 목적으로 시행하였던 것이며, 그 과정은 곧 식민지화 과정이었다. 역둔토 문서 분류체계의 1차 변형은 일본이 대한제국의 지배권을 장악하기 위해 황실재정을 정리하는 과정에서 파생된 식민지화의 산물이었던 것이다.

2. 역둔토 문서 분류체계의 변형

1) 합철본의 편철 양상

임시재산정리국이 폐지되고 역둔토 문서가 탁지부로 인계되면서, 역둔토 문서는 재통합되었다. 탁지부로 통합된 역둔토 문서는 이후 조선총독부 취조국과 참사관실을 거쳐 정리되었다. 이 과정에서 조선총독부는 수십 건의 역둔토 성책을 하나의 문서철에 함께 편철한 합철본으로 정리하였다.

규장각에 소장되어 있는 대표적인 합철본으로는 『경리원역둔토성책(經理院驛屯土成冊)』이 있다. 규장각에 소장되어 있는 문서철은 각각 고

번호	도서번호	목록책수	실책수	도장책수	보존년수	책수	호수	연호	기만년월
1	奎 21051	3	33	33	10	120	156-1-1~33	×	54년 12월
	奎 20249	1	29	28	10	120	156-1-76~103	×	54년 12월
	奎 21892	2	3	3	10	120	156-1-118~120	×	54년 12월
2	奎 22099	6	6	6	10	53	157-1-12~17	×	54년 12월
	奎 22097	4	12	10	10	53	157-1-18~29	×	54년 12월
	奎 21894	1	3	3	10	53	157-1-40~42	×	54년 12월
	奎 21091	3	41	1	10	53	157-1-45	×	54년 12월
3	奎 21143	1	25	23	10	241	158-1-1~23	×	54년 12월
	奎 21893	2	35	33	10	241	158-1-63~95	×	54년 12월
	奎 21047	2	29	28	10	241	158-1-96~123	×	54년 12월
	奎 21898	2	27	26	10	241	158-1-124~149	×	54년 12월
	奎 21144	2	20	20	10	241	158-1-150~169	×	54년 12월
	奎 21046	2	25	25	10	241	158-1-170~194	×	54년 12월
	奎 21024	2	21	20	10	241	158-1-195~214	×	54년 12월
4	奎 21045	2	9	9	10	41	159-1-ㅠ~ㄱ	×	54년 12월
5	奎 21111	3	10	9	10	103	160-1-1~9	×	54년 12월
합계	16종	38	328	277					

표2 『經理院驛屯土成冊』의 분류도장(16종 38책) * 목록책수 : 서울대학교규장각, 1981『奎章閣圖書韓國本綜合目錄』(이하 『종합목록』)에 분류되어 있는 책수. * 실책수 : 합철본에 편철되어 있는 문서의 책수. * 도장책수 : 실책수에 분류도장이 찍힌 책수.

유의 도서번호와 도서명이 부여되어 있는데, 『경리원역둔토성책』은 다른 문서철과 달리 도서번호는 다르면서도 동일한 도서명이 부여된 것이 16종 38책에 이른다. 이들 『경리원역둔토성책』에는 독립적인 개별 성책이 수십 건식 편철되어 있고, 각 성책에는 분류도장이 찍혀 있다.

16종의 문서철에는 모두 5종의 분류도장이 찍혀 있으며, 날인 시기는 모두 동일하다. 보존년수가 10년이고 기만년월이 명치 54년(1921년)이므로 분류도장을 찍은 시기는 명치 45년인 1912년이다. 분류도장을 찍었던 1912년에는 『경리원역둔토성책』에 편철된 역둔토 성책이 5종으로 분류되어 있었지만, 이후 재분류 과정을 거쳐 16종으로 분류된 것이다.

가령 번호 1의 호수 156-1-*이 부여된 역둔토 문서는 분류도장을 찍을 당시에는 120책이 한 질로 묶여 1번에서 120번까지 호수가 부여되었지만, 현재는 도서번호 奎 21051, 奎 20249, 奎 21892가 부여되어 3종으로 분류되어 있는 것이다.

도서 번호	목록 책수	창고 번호	붕가 번호	기호	비고
奎 21143	1	3	157	へ	目錄(23책)
奎 21893	2	3	157	へ	目錄(35책)
奎 21047	2	3	157	ㅏ	目錄(26책)
奎 21898	2	3	157	ㅏ	目錄(27책)
奎 21144	2	3	159	ㅏ	目錄(20책)
奎 21046	2	3	157	ㅏ	目錄(25책)
奎 21024	2	3	158	イ	目錄(20책)

표3 호수 158-1-* 합철본의 창고번호 도장

합철본 16종의 도서번호는 해방 이후 미정리 도서를 정리하면서 부여한 것이지만, 조선총독부가 『경리원역둔토성책』에 창고번호 도장을 찍었던 당시에 이미 16종으로 재분류되어 있었다.

도서번호가 부여된 16종의 합철본에는 조선총독부가 새로 만든 표지가 있고, 표지에는 조선총독부가 합철본을 창고에 보관하면서 찍은 창고번호 도장이 찍혀 있다. 그리고 합철본의 앞부분에는 조선총독부가 작성한 합철본의 목록이 작성되어 있다. 창고번호 도장은 조선총독부가 새로 만든 합철본 전체를 싸고 있는 표지에 하나만 찍혀 있지만, 분류도장은 합철본에 편철되어 있는 개별 성책의 표지마다 하나씩 찍혀 있다.

표3은 호수 158-1-*이 부여된 역둔토 성책이 편철되어 있는 합철본의 표지에 찍힌 창고번호 도장을 제시한 것이다. 1912년 분류도장을 찍고 호수 158-1-*을 부여할 때 조선총독부는 241책을 한 질로 묶어 분류했다. 그런데 한 질로 분류되었던 241책이 창고번호 도장을 찍을 때는 7종의 합철본으로 편철되었고, 조선총독부는 7종의 합철본 표지에 창고번호 도장을 찍고 창고에 보관하였던 것이다.

1912년 분류도장을 찍고 호수를 부여하였던 당시에는 총 5종으로 분류되었던 역둔토 성책이 창고번호 도장을 찍을 때 16종의 합철본으로 편철되었던 것이다.[10] 이들 16종의 합철본은 도서번호가 부여되지 않은 채 미정리 도서로 남아 있었는데, 해방 이후 미정리 도서를 정리하면서 16종의 도서번호가 부여되었던 것이다. 따라서 합철본은 조선총독부가 창고번호 도장을 찍었던 당시에 양산되었던 것이다.

그런데 여기서 유의할 점은 조선총독부가 1912년 분류도장을 찍고 역둔토 문서를 총 5종으로 분류했다는 것이 5종의 합철본을 만들었다는 것은 아니라는 사실이다. 곧 5종의 합철본이 16종의 합철본으로 분책되었다는 의미가 아니라는 것이다.

조선총독부는 합철본에 편철되어 있는 개별 성책마다 분류도장을 찍고 호수를 부여했는데, 이는 합철본에 편철되어 있는 역둔토 성책 1건 1건을 독립적인 문서철로 파악했다는 것이다. 예를 들면 독립적인 241건의 문서철을 한 질로 분류하고 각 문서철에 158-1-1부터 158-1-241까지 호수를 부여한 것은 241책을 한 질로 분류해 1종의 도서번호를 부

---

10) 표2에서 보듯 『경리원역둔토성책』은 현재 16종으로 분류되어 있다. 이 가운데 14종의 『경리원역둔토성책』에는 호수 158-1-*이 부여된 표3의 『경리원역둔토성책』처럼 조선총독부가 새로 만든 표지에 창고번호 도장이 찍혀 있다. 그런데 奎 20249는 합철본의 목록만 있고 조선총독부가 새로 만든 표지는 없었고 창고번호 도장도 찍혀 있지 않았다. 奎 22099는 조선총독부가 새로 만든 표지뿐 아니라 합철본의 목록도 없었고 창고번호 도장도 찍혀 있지 않았다. 奎 22099에 편철된 성책에는 호수 157-1-12~17이 부여되어 있는데, 호수 157-1-*은 157-1-1이 부여된 성책을 확인할 수 없었다. 호수 157-1-12~17이 부여된 성책은 157-1-1~11이 부여된 성책과 함께 합철되어 있었는데, 앞부분의 성책이 유실되면서 157-1-1의 앞에 편철되어 있던 조선총독부가 새로 만든 표지도 유실되었기 때문에 표지와 목록이 없어진 것으로 이해된다. 14종을 제외한 奎 20249와 奎 22099 2종이 합철된 시기를 단정할 수 없지만, 창고번호 도장을 찍을 당시에 적어도 14종이 합철본으로 재편철된 것은 분명하다.

여하고 내별번호를 1에서 241까지 부여한 것과 같은 의미인 것이다.

그런데 조선총독부는 창고번호 도장을 찍으면서는 호수 158-1-*이 부여된 241건의 문서철을 독립적인 문서철로 각각 보관한 것이 아니라, 241건의 문서철을 7종으로 재분류해 표지를 새로 만들고 합철본으로 편철하였던 것이다. 241책의 독립적인 문서철을 7책으로 재편철한 것과 마찬가지였으며, 이에 따라 241건의 역둔토 성책이 독자적인 성격을 상실하게 되었던 것이다.

창고번호 도장을 찍을 때 16종으로 재편철된 합철본은 이후 분철되는 과정을 거쳤다. 호수 158-1-*이 부여된 표3의 합철본 중 奎 21143을 제외하면 나머지 합철본은 현재 각각 2책으로 구성되어 있는데, 이는 1책의 합철본이 2책으로 분책된 것이다. 가령 奎 21893의 창고번호 도장은 내별번호 2-1에 편철되어 있는 조선총독부가 만든 합철본의 표지에 찍혀 있고, 내별번호 2-2에는 조선총독부가 만든 합철본의 표지가 없으며 창고번호 도장도 찍혀 있지 않다. 그리고 조선총독부가 합철본을 만들면서 작성한 목록도 내별번호 2-1에만 편철되어 있다. 창고번호 도장을 찍을 당시에는 1책의 합철본으로 편철되었지만, 이후 2책으로 분책되는 과정을 거쳐서 奎 21893이 현재처럼 내별번호 2-1과 2-2가 부여되어 있는 것이다.

2) 분류도장의 날인과 역둔토 문서 분류

조선총독부는 역둔토 성책을 분류하면서 5종의 호수를 부여했는데, 분류도장에 부여된 정보에 기초하여 같은 종류의 분류도장을 모아낸다면 분류도장이 날인될 당시 조선총독부의 역둔토 문서 분류 원칙을 파악할 수 있다. 5종의 분류도장 가운데 건수가 가장 많은 호수인 158-1-*

번호	호수	도서번호	『綜合目錄』 서명	목록 책수	실책수	도장 책수
1	158-1-1~23	奎 21143	經理院驛屯土成冊	1	25	23
2	158-1-24	奎 19211	全羅南道各郡甲辰條各驛牧屯土執賭實數成冊	1	1	1
3	158-1-25	奎 19192	全羅北道各郡驛畓屯堤甲辰條賭稅及蔘稅實數成冊	v4	1	1
4	158-1-26	奎 20524	全羅北道各郡各公土甲辰條賭稅摠數成冊	1	1	1
5	158-1-27	奎 19180	忠淸北道各郡屯驛土原賭打作及各樣稅額成冊	1	1	1
6	158-1-29	奎 19239	江原道各郡甲辰度各驛各屯賭稅額都摠成冊	1	1	1
7	158-1-30	奎 19264	平安北道各郡公土賭穀賭稅錢稅錢殖利錢納未納成冊	v2	1	1
8	158-1-31	奎 19254	平安南道各郡甲辰條驛屯區別成冊	1	1	1
9	158-1-32	奎 19233	慶尙南道各郡屯驛牧賭稅甲辰條摠數成冊	1	1	1
10	158-1-33	奎 19223	慶尙北道二十二郡各驛屯田甲辰賭稅區別成冊	1	1	1
11	158-1-35~62	奎 21987	驛屯土成冊	3	29	28
12	158-1-63~95	奎 21893	經理院驛屯土成冊	2	35	33
13	158-1-96~123	奎 21047	經理院驛屯土成冊	2	29	28
14	158-1-124~149	奎 21898	經理院驛屯土成冊	2	27	26
15	158-1-150~169	奎 21144	經理院驛屯土成冊	2	20	20
16	158-1-170~194	奎 21046	經理院驛屯土成冊	2	25	25
17	158-1-195~214	奎 21024	經理院驛屯土成冊	2	21	20
합계				25	220	212

표4 호수 158-1-1~241의 도서번호와 책 수

이 부여된 241책을 중심으로 조선총독부의 역둔토 문서 분류 원칙을 살펴본다.

　241책이 한 질로 분류되어 호수 158-1-*이 부여된 문서철 가운데 확인 가능했던 것은 모두 17종 212책으로 241책에서 29책이 부족한 상태다. 표4의 번호 2-10번까지는 1책마다 도서번호가 부여되어 있고(3번은 총 7책, 7번은 총 2책), 1번, 11-17번은 20-30건의 성책이 함께 편철되어 있는 합철본이다.[11]

호수	도서번호	江原	京畿	慶南	慶北	全南	全北	忠南	忠北	平南	平北	咸北	黃海	합계
1~23	奎21143		1					17	4				1	23
24	奎19211					1								1
25	奎19192						1							1
26	奎20524						1							1
27	奎19180								1					1
29	奎19239	1												1
30	奎19264										1			1
31	奎19254									1				1
32	奎19233			1										1
33	奎19223				1									1
35~62	奎21987		16	12										28
63~95	奎21893		7	7				19						33
96~123	奎21047		5	2				21						28
124~149	奎21898							24	2					26
150~169	奎21144		9					10	1					20
170~194	奎21046		25											25
195~214	奎21024		3					14	2			1		20
합계		1	66	22	1	1	2	105	10	1	1	1	1	212

표5 호수와 지역 비교 *호수는 앞 번호 158-1을 생략하고 뒷 번호만 제시. 이하 같음.

241책 가운데 현재 확인된 212책을 대상으로 이들 문서철에 연속된 호수가 부여된 기준을 살펴본다. 먼저 호수를 기준으로 지역별로 구분해 보면 호수가 부여된 역둔토 문서의 지역은 강원도 등 12개 도였고, 주요 지역은 충청남도(105책), 경기도(66책), 경상남도(22책) 등이었다. 호수가 부여된 문서철의 지역적 특성을 살펴보면, 호수는 지역별로 구분해서 연속적으로 부여된 것이 아니라, 한 지역의 문서가 중간 중간 분산되어 여러 호수에 걸쳐 두루 나타나고 있었다.

경상남도의 경우 호수가 158-1~32, 50, 52~63, 79~80, 91, 93~97 등 여러 호수에 걸쳐 나타나고 있으며, 이는 다른 지역도 마찬가지였

---

11) 212책의 문서 정보는 《부표》 참조.

호수	도서번호	1895	1896	1899	1900	1901	1902	1903	1904	1905	1906	1907	미상	합계
1~23	奎21143	7	15								1			23
24	奎19211									1				1
25	奎19192									1				1
26	奎20524									1				1
27	奎19180								1					1
29	奎19239									1				1
30	奎19264									1				1
31	奎19254									1				1
32	奎19233									1				1
33	奎19223									1				1
35~62	奎21987			15		1	2	5	1	4				28
63~95	奎21893			7	2	2		2	1		19			33
96~123	奎21047			5		1		1			21			28
124~149	奎21898	7	12								6	1		26
150~169	奎21144	3	2	9							6			20
170~194	奎21046		2	21	1						1			25
195~214	奎21024	3	14	1			1						1	20
합계		20	45	58	3	4	3	8	3	12	54	1	1	212

표6 호수와 연도 비교

다. 중간 중간을 끊어 보면 어느 정도 호수의 연속성이 나타나지만, 호수 전체를 기준으로 보면 지역과 호수의 상관성은 없다고 할 수 있다.

　호수와 연도도 지역과 마찬가지로 연관성을 찾을 수 없었다. 호수는 문서년도 순에 따라 순차적으로 부여된 것은 아니었고, 다양한 시기의 문서에 혼재되어 부여되어 있었다. 호수 158-1-63~95가 찍혀 있는 奎 21893의 경우, 연도가 1899~1901년, 1903~1904년, 1906년에 걸쳐 있고, 지역은 경기・경남・충남 세 지역에 걸쳐 있었다. 이는 다른 호수 의 문서도 마찬가지였다.

　호수와 지역・연도별 연관성을 확인한 결과 이들 사이에 일정한 원칙 을 도출할 만한 상관성은 찾을 수 없었다. 분류도장은 특정 지역이나 시 기를 구분하여 찍혀 있는 것이 아니라, 다양한 지역과 시기가 뒤섞여 찍혀 있었다. 지역과 연도를 고려하지 않은 채 호수가 부여되었던 것이다.

분류도장은 지역·연도뿐 아니라, 문서의 성격과도 상관이 없었다. 후술하듯이 212책에는 사판성책·도조기·수도기·납미납성책·도안 등 다양한 성격의 문서철이 포함되어 있었다. 그러나 호수는 문서의 성격별로 구분되어 부여되어 있지 않았고, 동일한 성격의 문서가 여기저기 뒤섞여 있었다. 가령 212책 가운데는 충청남도 을미사판성책이 49책 있었는데, 호수는 4, 6~18, 22, 23, 131~135, 137~139, 141, 142, 144~153, 199~209, 211, 214번으로 일관성이 없게 부여되어 있었다.

3) 역둔토 문서 분류체계의 변형 실태

호수를 기준으로 지역·시기·성격의 연관성을 살펴보았지만, 212책에 호수가 부여되었던 일정한 원칙을 찾을 수 없었다. 여기서는 212책에 부여된 호수를 무시하고, 지역·시기·성격 3관계를 고려하여 역둔토 문서의 분류 상태를 살펴본다. 먼저 지역과 시기를 비교해 보면 지역마다 문서 생산시기가 구분된다.

문서 생산시기는 1895~6년(65책), 1899년(58책), 1900~1905년(33책), 1906년(54책)으로 크게 네 시기로 구분된다. 이를 지역별로 보면, 충청남도의 경우 105책 가운데 1895~6년이 51책, 1906년이 53책으로 1895~6년과 1906년에 집중되어 있었고, 경기도는 66책 가운데 1896년 5책, 1899년 58책 등으로 1899년에 집중되어 있었다. 경상남도는 1890년대는 없고, 1900~1905년에 걸쳐 나타나고 있었다(표7). 지역별로 문서 생산시기가 구별되는 특징을 보이고 있는데, 이러한 특징은 문서의 성격과 무관하지 않았다.

각 지역별로 어떤 성격의 문서들이 모여 있는지 문서 성격과 연도를

지역＼연도	1895	1896	1899	1900	1901	1902	1903	1904	1905	1906	1907	미상	합계
江原道									1				1
京畿道		5	58	1				1		1			66
慶尙南道				2	4	2	8	1	5				22
慶尙北道									1				1
全羅南道									1				1
全羅北道									2				2
忠淸南道	12	39								53	1		105
忠淸北道	8							1				1	10
平安南道									1				1
平安北道									1				1
咸鏡北道						1							1
黃海道		1											1
합계	20	45	58	3	4	3	8	3	12	54	1	1	212

표7 지역·시기별 구분

연도＼지역	乙未査辦成冊	賭租記	收賭記	納未納成冊	기타	합계
1895년	11				1	12
1896년	38	1				39
1906년		21	32			53
1907년				1		1
합계	49	22	32	1	1	105

표8 충청남도 역둔토 문서의 성격별 구분

비교해 본다. 표8의 충청남도의 경우, 1895~6년의 문서는 을미사판성
책에 해당되는 것이고, 1906년은 수도기, 도조기, 납미납성책으로 시기
에 따라 문서의 성격이 구분된다. 1906년의 수도기와 도조기는 문서 생
산자가 붙인 제목으로 구분한 것이지만, 그 내용은 모두 동일한 성격의
수도기였다.

　1895~6년은 농상공부가 전국에 사판위원을 파견하여 역토와 둔토를
조사한 을미사판 시기였다. 따라서 해당 시기의 문서도 51책 중 49책이
을미사판성책이었다. 그리고 1906년은 1899·1900년에 시행한 광무사

연도 \ 지역	査辦成冊	査檢成冊	賭租記	收賭記	量案	都總	기타	합계
1896년	5							5
1899년(4~5월)		1	7	6				14
1899년(8~12월)		34		4	4		2	44
1900년							1	1
1904년						1		1
1906년		1						1
합계	5	36	7	10	4	1	3	66

표9 경기도 역둔토 문서의 성격별 구분

검 이후 내장원에서 역둔토를 관할하며 사검에 기초하여 도조를 징수하던 시기였다. 따라서 이 시기 문서들은 수도기가 대부분이었던 것이다.

경기도는 66책 가운데 58책이 1899년에 집중되어 있는데, 이를 월별로 구분하면 4~5월이 14책, 8~12월이 44책이었다. 내장원은 광무사검을 위해 1899년 5월 전라도에 전라남북도사검위원을 파견하였고, 6월에는 전국적으로 사검위원을 파견하였다.[12] 따라서 1899년 4~5월 문서는 광무사검과 무관한 주로 1899년 이전의 징수 실태를 기록한 수도기나 도조기였고, 8~12월 문서는 44책 가운데 34책이 광무사검성책이었다. 나머지 10책은 수도기·양안 등인데 동일한 문서가 각기 2책씩 존재하여 실제로는 8책에 해당된다.

경기도의 경우도 문서의 생산시기가 1899년에 집중되어 있듯이, 이들 문서의 성격도 주로 광무사검성책이었음을 확인할 수 있다.

경상남도 문서는 모두 1900년 이후의 것으로 문서 성격도 주로 도조 징수와 관련된 납미납성책 등이었다. 광무사검이 1901년 초반에 마무리

12) 『官報』, 1899.5.8, 6.3.

연도＼지역	納未納成冊	收賭記	都總	賭租記	기타	합계
1900년	2					2
1901년	1	1	1		1	4
1902년	2					2
1903년	3			3	2	8
1904년	1					1
1905년	1		2		2	5
합계	10	1	3	3	5	22

표10 경상남도 역둔토 문서의 성격별 구분

되면서 내장원의 주된 업무도 도조 징수로 전환되었기 때문에, 이 시기에 생산된 문서도 사검성책보다는 도조 징수와 관련된 납미납성책이 대부분이었던 것이다.

지역을 구분해서 충청남도 · 경기도 · 경상남도 지역의 문서 생산시기와 문서 성격을 비교해 본 결과, 충청남도는 1896년에 작성된 을미사판성책과 1906년의 수도기가, 경기도는 1899년에 작성된 광무사검성책이, 경상남도는 1900~5년에 작성된 납미납성책이 주요 문서였다. 241책으로 함께 분류된 이들 문서는 지역별로 문서의 생산시기와 성격이 구분되는 다른 성격의 문서들이었다. 지역 · 시기 · 성격이 다른 문서들이 한 질로 분류되어 호수 158-1-*이 부여되었던 것이다.

강원도를 비롯해 나머지 8도 지역의 문서를 살펴본다.[13] 충청남도 ·

---

13) 8도 지역의 역둔토 문서 구분

연도＼성격＼지역	江原道 都案	慶北道 都案	全南道 都案	全北道 都案	忠北道 都案	平安南道 都案	平安北道 納未納成冊	咸鏡北道 都案
1902년								1
1904년					1			
1905년	1	1	1	2			1	1
합계	1	1	1	2	1	1	1	1

호수	도서번호	내별번호	표제	연도	지역
24	奎 19211	×	全羅南道各郡甲辰條各驛牧屯土執賭實數成冊	1905	全南
25	奎 19192	7-4	全羅北道各郡驛畓屯堤甲辰條賭稅及蔘稅實數成冊	1905	全北
26	奎 20524	×	全羅北道各郡各公土甲辰條賭稅摠數成冊	1905	全北
27	奎 19180	×	甲辰 忠淸北道賭打作稅額成冊	1904	忠北
29	奎 19239	×	江原道各郡甲辰度各驛各屯賭稅額都摠成冊	1905	江原
31	奎 19254	×	平安南道各郡甲辰條驛屯區別成冊	1905	平南
32	奎 19233	×	慶尙南道各郡屯驛牧賭稅甲辰條摠數成冊	1905	慶南
33	奎 19223	×	慶尙北道二十二郡各驛屯甲辰賭稅區別成冊	1905	慶北
35	奎 21987	3-1-1	甲辰度 京畿各郡捧稅查正都案	1905	京畿
59	奎 21987	3-3-7	慶尙南道甲辰條各郡屯驛賭稅錢穀摠數區別冊	1905	慶南
96	奎 21047	2-1-1	都案庚子摠 慶尙南道各郡各驛各屯庖稅錢穀都案冊	1901	慶南
198	奎 21024	2-1-4	咸鏡北道各郡殖利錢與驛屯土賭錢及各稅額都摠存案	1902	咸北

표11 都案類의 연도와 지역 구분 * 5번과 6번, 9번과 10번은 동일한 내용의 문서임.

경기도 · 경상남도 지역을 제외한 나머지 8도 지역의 문서들은 대부분 1905년에 생산된 甲辰條(1904년도) 역둔토 도안(都案)이었다. 앞서 살펴본 경기도와 경상남도에도 동일한 성격의 도안이 있었으므로 이들 문서까지 포함하여 살펴본다.

표11의 도안 가운데 호수 96번과 198번을 제외한 나머지 문서들은 각 도의 갑진조 역둔토 도안이다. 13도의 도안이 모두 존재하는 것은 아니지만, 문서 성격 · 연도를 기준으로 각 지역의 도안을 모아서 호수가 순차적으로 부여되었다. 갑진조 역둔토 도안에 연속된 호수가 부여되었지만, 도안만을 따로 분류해서 호수를 부여하지는 않았고 앞서 살펴본 사검성책, 납미납성책 등과 함께 분류해서 호수를 부여한 것이다.

그리고 호수 35, 59, 96, 198번을 제외한 나머지 문서들은 합철본과 따로 떨어져서 각 1책마다 도서번호가 부여되어 있다(호수 25번은 총 7책). 분류도장이 날인되던 당시에는 각도의 갑진조 도안이 사검성책 · 납

내별 번호	표 제	연도	책수	호수
7-1	全羅北道各郡辛丑條驛畓屯土堤堰畓賭稅蔘稅實數成冊	1902	41	159-1-卜
7-2	全羅北道各郡驛屯土堤堰畓壬寅條賭稅及蔘稅錢實數成冊	1903	41	159-1-力
7-3	全羅北道各郡癸卯條畓屯土堤堰畓賭稅蔘稅錢實數成冊	1904	41	159-1-ヘ
7-4	全羅北道各郡驛畓屯堤甲辰條賭稅及蔘稅實數成冊	1905	241	158-1-22
7-5	乙巳條 全羅北道各郡驛屯土堤堰畓賭稅蔘稅錢區別冊	1906	37	12-1-ヘ
7-6	丙午條 全羅北道各郡驛屯土堤堰賭租蔘稅錢成冊	1907	△△	12-2-二
7-7	全羅北道各郡驛屯土堤堰丙午條賭租蔘稅成冊	1907	△△	△△

표12 『全羅北道各郡驛屯土賭稅蔘稅實數成冊』(奎 19192) 호수. * 이 문서들의 표지에는 '癸卯都' 또는 '甲辰都案'이 따로 기록되어 있다. 7-6과 7-7은 동일한 내용의 문서. 밑줄은 인용자.

미납성책 등과 함께 분류되었는데, 이들 성책은 여러 성책을 합철하는 과정에서 사검성책·납미납성책과는 달리 분리되어 따로 분류되었던 것이다.

이들 도안 가운데 합철본과 따로 떨어져서 7책이 한 질로 분류되어 도서번호가 부여되어 있는 전라북도의 경우를 본다. 표12의 奎 19192에는 연도를 달리하는 동일한 성격의 전라북도 도안이 함께 분류되어 있다. 이는 내장원이 지역별로 도안을 분류했던 체계와 동일한 모습이라 할 수 있다. 이들 문서가 지금은 7책이 한 질로 분류되어 도서번호가 부여되어 있지만, 분류도장의 책 수와 호수가 다르듯이 분류도장이 날인되었던 당시에는 적어도 3종으로 분류되어 있었다. 도서번호를 부여하고 재분류하는 과정에서 지역과 문서의 성격을 고려하여 재통합했던 것이다.

또 다른 경우로 강원도 지역을 살펴본다. 표13의 5책은 강원도 지역의 역둔토 도안에 해당하는 문서들이다. 현재 강원도 지역의 도안은 4종 5책으로 분류되어 있지만, 분류도장이 날인되었던 당시에는 3종으로 분류되어 있었다. 그런데 전라북도의 경우에는 분류도장을 찍을 당시 적어도 3종으로 분류되었던 동일한 성격의 도안이 도서번호를 부여하면서 1종

번호	도서번호	내별번호	표제	연도	책수	호수	기만년월
1	奎 20216	×	<u>己亥度</u>都案 江原道各郡各屯都摠成冊	1899	×	×	×
2	奎 19239	×	江原道各郡<u>甲辰度</u>各驛各屯賭稅額都摠成冊	1905	241	158-1-29	54年 12月
3	奎 19242	2-2	江原道各郡<u>乙巳度</u>各驛屯及賭稅額都摠成冊	1907	20	3-7-亻	53年 12月
4	奎 19242	2-1	江原道各郡<u>丙午度</u>各驛屯賭稅額都摠成冊	1907	20	3-7-ㄱ	53年 12月
5	奎 20346	×	江原道各郡<u>丙午度</u>各驛屯賭稅額都摠成冊	1907	×	3-7-ㅁ	53年 12月

표13 강원도 都案의 도서번호와 호수 * 4번과 5번은 동일한 내용의 문서임. 강조는 인용자.

7책으로 재통합되었지만, 강원도는 동일한 내용의 문서인 4번과 5번이 분류도장이 날인되었던 당시에는 함께 묶여 있다가, 도서번호가 부여되면서 오히려 서로 떨어져 따로 분류되었다.

내장원은 각 지역별로 도안을 분류했지만, 호수 158-1-*과 전라북도, 강원도 사례에서 보듯이 분류도장을 찍고 호수를 부여할 당시에는 도안이 내장원의 분류체계와는 전혀 다른 모습으로 분류되어 있었다. 내장원의 역둔토 문서 분류체계와 전라북도 · 강원도의 사례에 미루어 볼 때, 갑진조 도안은 지역별로 연도를 달리하는 동일한 성격의 도안들과 함께 분류되어야 하는 것이다. 그러나 분류도장이 날인되던 당시에는 각 지역의 갑진조 도안이 사검성책 · 납미납성책 · 수도기들과 혼재되어 분류되었던 것이다.

조선총독부는 갑오개혁~대한제국기 공문서를 정리하면서 대장류에도 연속된 일련의 호수를 부여하여 특정 문서들을 한 질로 묶어 분류하였다. 대장류의 분류 원칙을 파악하기 위해 호수를 기준으로 지역 · 시기 · 문서 성격의 연관성을 살펴보았지만, 이들 문서에 호수가 연속적으로 부여되었던 원칙은 찾을 수 없었다. 대신 호수를 무시하고 지역 · 시기 · 성격별로 구분해 보면, 각 지역별로 생산시기 · 문서 성격이 구분되었지만,

지역 간의 문서들은 서로 연관성을 찾을 수 없는 다른 성격의 문서들이었다. 내장원의 역둔토 문서 분류체계에 따른다면 호수 158-1-*이 부여되어 한 질로 분류된 이들 문서는 지역·시기·성격에 따라 따로 분류되어야 할 대상들인 것이다.

내장원은 사검·정도·징수라는 역둔토 관리 체계에 따라 역둔토 문서를 분류·관리하였다. 그러나 분류도장이 날인되던 당시에는 역둔토 문서의 특성이 전혀 반영되지 못한 채, 다양한 지역·시기·성격의 문서들이 일정한 구분 없이 함께 분류되어 있었다. 문서의 생산 경위가 고려되지 않은 채 문서가 분류됨에 따라 관련 문서들의 연계성이 단절되고 각 문서가 갖고 있는 의미가 상실되었던 것이다.

그렇다면 내장원이 사검·정도·징수라는 역둔토 관리 체계에 따라 분류했던 각도의 사검성책·납미납성책·수도기·도안 등이 어떻게 이처럼 뒤섞여 한 질로 분류될 수 있었던 것인가. 분류도장을 날인할 때 성격을 달리하는 문서들을 일부러 뒤섞지 않았다면, 분류도장이 날인되기 이전에 이미 서로 다른 성격의 문서들이 혼재되어 있었다고 할 수 있을 것이다.

이와 관련하여 다른 두 사례를 살펴본다. 표14는 『경상남북도역둔토사검책』 합철본 3종에 편철된 책 수를 제시한 것이다. 현재는 이들 합철본이 9책으로 편철되어 있지만, 실제 편철된 문서는 총 47책이었다. 분류도장이 날인되었던 당시에 이들 성책은 92책이 한 질로 분류되어 호수 196-3-*이 부여되었지만, 현재는 92책 가운데 43책만 확인되고 호수는 1~33, 37~46이다. 43책의 지역은 경상북도(1899년, 호수 42)·전라남도(1899년, 호수 43)·경기도(1903년, 호수 46)가 각 1책이었고, 나머지 40책의 지역은 경상남도(1899년, 호수 1~33, 37~41, 44, 45)였다.

도서번호	『綜合目錄』서명	목록책수	실책수	도장책수
奎 21025	慶尙南北道驛屯土查檢冊	3	22책	20책
奎 21029	慶尙南北道驛屯土查檢冊	3	18책	18책
奎 21948	慶尙南北道驛屯土查檢冊	3	7책	5책
합계		9	47책	43책

표14 호수 196-3-1~92의 도서번호와 책 수

경상남도 40책은 1899년 8~12월 사이에 생산된 문서로 모두 내장원 사검위원이 작성한 것이다. 조사 대상은 대부분 목장·둔토였으며, 공해 간수성책(公廨間數成冊)과 마름성명성책(舍音姓名成冊)도 있다.[14] 40 책의 지역·시기·성격 등을 종합해 보면, 이들 문서는 1899년 내장원 에서 목장·둔토를 조사한 경상남도 지역의 광무사검성책인 것이다.

나머지 49책을 확인할 수 없었고 경상북도·전라남도·경기도 문서 가 1책씩 혼재되어 있지만, 지역·시기·성격이 동일한 1899년 경상남 도 광무사검성책에 연속성을 띤 호수가 부여되었다는 점에서 호수 196-3-*은 여러 종류의 문서가 혼재되어 있는 호수 158-1-*과는 분 류 형태가 다른 경우라 할 수 있다.[15]

표15는 『13도각양세액미봉책(十三道各樣稅額未捧冊)』(奎 19134, 7 책)에 합철된 성책의 목록과 분류도장의 정보를 제시한 것이다. 『13도각 양세액미봉책』에 편철된 성책은 13도의 1899~1903년도 역둔토 도조 와 각양세의 미봉 내역을 기록한 동일한 성격의 문서들이다. 현재 내별 번호가 7-1에서 7-7까지 부여되어 있지만, 실제 편철된 성책은 13책이

---

14) 公廨間數成冊과 舍音姓名成冊에 대해서는 3절에서 후술함.
15) 도서명 『慶尙南北道驛屯土査檢冊』은 조선총독부가 표지를 새로 만들면서 부여 한 제목인 것을 감안할 때, 확인할 수 없었던 문서는 경상북도 지역의 문서일 가 능성이 높다고 본다.

표15 『十三道各樣稅額未捧冊』(奎 19134) 창고번호 도장과 분류도장

번호	내별번호	표제	倉庫番號	棚架番號	記號	책수	호수	기만년월	스탬프
1	7-1	京畿各郡驛屯賭及各樣稅各年條未捧區別成冊	3	160	ホ	△△	△△	54年	財産整理局
2	7-2-0	×	3	160	ホ	△△	△△	54年	財産整理局
	7-2-1	忠淸南道各郡屯賭驛及各樣稅各年條未捧成冊	×	×	×	×	×	×	×
	7-2-2	忠淸北道各郡驛屯賭及各樣稅各年條未捧區別成冊	×	×	×	×	×	×	×
3	7-3-0	×	3	160	ホ	1△△	18△△	54年	財産整理局
	7-3-1	全羅南道各郡驛屯賭及各樣稅各年條未捧區別成冊	×	×	×	×	×	×	×
	7-3-2	全羅北道各郡屯賭驛及各稅各年條未捧區別成冊	×	×	×	×	×	×	×
4	7-4	慶尙南道各郡屯賭驛及各樣稅各年未捧區別冊	3	160	ホ	△△	△△	54年	財産整理局
5	7-5	慶尙北道各郡屯賭驛及各樣稅各年條未捧區別成冊	3	126	二	25	30-4-イ	53年	×
6	7-6-0	×	3	160	ホ	1△△	18△△	54年	財産整理局
	7-6-1	江原道各郡屯賭驛及各樣稅各年條未捧區別成冊	×	×	×	×	×	×	×
	7-6-2	黃海道各郡屯賭驛各樣稅各年條未捧區別	×	×	×	×	×	×	×
7	7-7-0	×	3	126	二	25	30-4-ㅁ	53年	×
	7-7-1	平安南道各郡屯賭驛及各樣稅各年條未捧區別成冊	×	×	×	×	×	×	×
	7-7-2	平安北道各郡屯賭驛及各樣稅各年條未捧區別成冊	×	×	×	×	×	×	×
	7-7-3	咸鏡南道各郡驛屯賭及各樣稅各年條未捧區別成冊	×	×	×	×	×	×	×
	7-7-4	咸鏡北道各郡驛屯賭及各樣稅各年條未捧區別成冊	×	×	×	×	×	×	×

다. 이들 성책에는 각 문서가 처음 생산될 때 만들어진 표지 13장 이외에 문서 생산 이후 어느 시점에 새로 만들어진 표지가 내별번호마다 각 1장씩 총 7장이 있으며, 7장의 표지에 분류도장 · 창고번호 도장 · 재산정리국 스탬프가 찍혀 있다.

7장의 표지에 찍힌 분류도장은 2종으로 하나는 기만년월이 명치 53년이므로 1911년에 날인되었고 호수는 30-4-*가 부여되었다. 다른 하나는 기만년월이 명치 54년으로 1912년에 날인되었고 호수는 18△이 부여되었다. 그리고 창고에 보관할 때도 서가 126번과 160번에 따로 보관되었다. 다음으로 기만년월 53년의 분류도장이 찍힌 표지에는 재산정리국 스탬프가 찍혀 있지 않지만, 기만년월 54년의 분류도장이 찍힌 표지에는 재산정리국 스탬프가 찍혀 있다.

분류도장의 날인 시기와 부여된 호수가 다르고, 재산정리국 스탬프 유무에 차이가 있다는 것은 분류도장을 날인하기 이전에 이들 성책이 이미 따로 떨어져 있었음을 의미한다. 『13도각양세액미봉책』은 분류도장이 날인되었던 당시에는 따로 떨어져 분류되어 있었지만, 도서번호가 부여되면서 동일한 성격의 문서가 다시 함께 묶여졌던 것이다.

분류도장을 기준으로 『경리원역둔토성책』, 『경상남북도역둔토사검책』, 『13도각양세액미봉책』의 분류 형태를 보면 각각 다른 모습을 띠고 있다. 『경리원역둔토성책』은 따로 분류되어야 할 문서들이 함께 뒤섞여 호수가 부여되었던 반면에, 『경상남북도역둔토사검책』은 동일한 시기 · 지역 · 성격의 문서들이 함께 분류되었고, 『13도각양세액미봉책』은 함께 분류되어야 할 문서들이 따로 떨어져 호수가 부여되었다.

분류도장의 분류 양상은 이처럼 다양한 유형으로 나타났는데, 이를 내장원의 분류체계에 비추어 보면 『경상남북도역둔토사검책』은 내장원의

도서번호	『綜合目錄』서명	編著者	四部分類
奎 21024	經理院驛屯土成冊	經理院	史部 政法類 度支 賦稅 地稅 驛屯土收租
奎 21046	經理院驛屯土成冊	經理院	史部 政法類 度支 賦稅 地稅 驛屯土收租
奎 21047	經理院驛屯土成冊	經理院	史部 政法類 度支 賦稅 地稅 驛屯土收租
奎 21143	經理院驛屯土成冊	經理院	史部 政法類 度支 賦稅 地稅 驛屯土收租
奎 21144	經理院驛屯土成冊	內藏院	史部 政法類 度支 賦稅 地稅 驛屯土收租
奎 21893	經理院驛屯土成冊	經理院	史部 政法類 度支 賦稅 地稅 驛屯土收租
奎 21898	經理院驛屯土成冊	經理院	史部 政法類 度支 賦稅 地稅 驛屯土收租
奎 21987	驛屯土成冊	經理院	史部 政法類 度支 賦稅 地稅 驛屯土收租

표16 『綜合目錄』編著者와 四部分類

분류체계가 어느 정도 유지된 상태에서 분류도장이 날인되었고, 『경리원 역둔토성책』과 『13도각양세액미봉책』은 내장원의 분류체계가 무너진 상태에서 분류도장이 날인되었다고 할 수 있다.

분류도장의 분류 원칙을 찾을 수 없었던 것은 바로 내장원이 폐지된 뒤 역둔토 문서의 분류체계가 무너져 문서가 뒤섞여 보존되어 있는 상태 에서 분류도장을 찍고 호수를 부여했기 때문이다.

3. 『규장각도서한국본종합목록』의 역둔토 문서 분류

규장각에 소장된 문서철은 『규장각도서한국본종합목록』(서울대학교 규장각, 1981 ; 이하 『종합목록』)에 4부(四部)분류 방식에 따라 분류되 었다. 『종합목록』에는 역둔토 문서가 어떻게 분류되어 있는지 살펴본다.

표16은 호수 158-1-*이 부여된 문서들이 편철되어 있는 합철본의 편저자와 4부분류를 제시한 것이다. 합철본에 편철된 각 문서에는 연속 된 호수가 부여되어 있지만, 도서번호는 연속되지 않았다. 『경리원역둔 토성책』은 조선총독부가 도서번호를 부여하지 않은 미정리 도서로 해방

번호	도서번호	『綜合目錄』 편저자	보존기관	책수
1	奎 21024	經理院	宮內府 內需司	1
			宮內府 內藏院	16
			宮內府 明禮宮	1
			宮內府 壽進宮	1
			宮內府 龍洞宮	1
2	奎 21046	經理院	宮內府 經理院	1
			宮內府 內藏院	24
3	奎 21047	經理院	宮內府 經理院	21
			宮內府 內藏院	7
4	奎 21143	經理院	宮內府 經理院	1
			宮內府 內需司	1
			宮內府 內藏院	20
			宮內府 明禮宮	1
			農商工部	1
5	奎 21144	內藏院	宮內府 經理院	6
			宮內府 內藏院	13
			農商工部	1
6	奎 21893	經理院	宮內府 經理院	19
			宮內府 內藏院	14
7	奎 21898	經理院	宮內府 經理院	7
			宮內府 內藏院	13
			農商工部	5
8	奎 21987	經理院	宮內府 經理院	3
			宮內府 內藏院	25

표 17 『綜合目錄』 편저자와 보존기관 비교

이후 도서번호가 부여되었는데, 분류도장의 호수를 기준으로 도서번호를 부여하지는 않았던 것이다.

다음으로 『종합목록』에는 합철본의 편저자가 경리원으로 되어 있고 (奎 21144는 내장원), 4부분류는 모두 '史部 政法類 度支 賦稅 地稅 驛屯土收租'라는 주제로 분류되어 있다. 『종합목록』은 수십 건의 개별 성책이 함께 편철되어 있는 합철본을 한 건으로 처리하여 편저자를 파악한 것이다. 그러나 합철된 문서들의 정보를 1건씩 조사해 보면 『종합목록』의 분류는 문서 정보와 일치하지 않는다. 먼저 『종합목록』의 편저자를

도서번호	『綜合目錄』 편저자	생산기관	책수
奎 21024	經理院	農商工部	15
		各郡	3
		京畿査檢委員	1
		捧稅委員	1

표18 『綜合目錄』 편저자와 생산기관 비교

문서 1건마다 파악된 보존기관과 비교해 본다.[16]

『종합목록』에는 편저자가 경리원으로 되어 있지만, 개별 문서 1건씩 조사해 보면, 보존기관은 다양하게 나타나고 있다. 가령 표17의 奎 21024의 경우, 보존기관은 내장원·내수사·명례궁·수진궁·용동궁 이었다. 개별 문서 정보와 편저자가 맞지 않는 것이다. 이는 다른 문서도 마찬가지다.

표18는 奎 21024에 편철되어 있는 문서의 생산기관과 『종합목록』의 편저자를 비교한 것이다. 奎 21024에 편철된 문서의 생산기관은 농상공부·경기사검위원·봉세위원(捧稅委員)·각군(各郡) 등으로 이 역시 보존기관과 비교했을 때와 마찬가지로 편저자인 경리원과는 맞지 않았다. 이처럼 개별 문서의 보존기관·생산기관과 편저자가 맞지 않는 것은 조선총독부가 수십 건의 성책을 함께 편철한 합철본을 바탕으로 편저자를 파악하였기 때문이다.[17]

---

16) 여기에서는 생산기관과 보존기관으로 구분한다. 생산기관은 문서를 생산·발신한 기관을, 보존기관은 문서를 수발하여 소장·관리한 기관을 뜻한다.

17) "『總目錄』의 附錄에는 合綴本(雜冊綴)이 다수 포함되어 있는 바, 이들은 많은 경우 合綴의 體裁나 內容이 複雜하고 一貫性이 없어서 적절한 分類에 難點이 많았다. 그러나 이미 固有圖書番號가 부여되어 있기 때문에 解冊하지 않고 그 대신 하나의 合綴本에 대하여 다수의 <副出>을 붙여서 難點을 극소화 하고자 하였다"(『綜合目錄』 해제, 14면)라고 하듯이, 『綜合目錄』 작성 당시에도 합철

한편 편저자 항목은 문서가 생산되고 소장·관리되는 문서 체계를 제대로 보여주지 못하는 한계가 있다. 문서는 특정한 목적을 위해 해당 업무를 처리하는 과정에서 작성된 기록물로서 문서 생산기관과 보존기관이 서로 조응하는 의사소통

四部分類	책수
史部 政法類 度支 賦稅 地稅 宮房田畓收租	9
史部 政法類 度支 賦稅 地稅 衙門屯土收租	9
史部 政法類 度支 田制 量案 宮房量案	1
史部 政法類 度支 田制 量案 衙門屯土量案	26
史部 政法類 度支 財政 地方財政	3
史部 政法類 度支 賦稅 導掌·舍音記	1
합계	49

표19 의주부 을미사판성책의 四部分類

의 매개물이자 결과물이다. 따라서 모든 문서에는 생산기관과 그 문서를 수령하여 소장·관리한 보존기관이 있다. 생산기관과 보존기관을 구분하여 파악하는 것은 문서가 생산·거래·소장되는 관계를 보여주는 것이다. 그러나 『종합목록』은 생산기관과 보존기관을 구분하지 않고 편저자 단일 항목만 제시함으로써 문서 체계를 제대로 반영하지 못하고 있다.

다음으로 주제 분류의 문제이다. 서로 다른 성격의 문서가 하나로 묶여 있는 합철본을 1건의 문서철로 처리하여 생산기관과 보존기관을 제대로 드러내지 못하였듯이, 주제 분류 역시 동일한 문제를 갖고 있다. 합철본에는 사검·정도·징수와 관련된 다양한 성격의 성책이 편철되어 있지만, 『종합목록』에는 '史部 政法類 度支 賦稅 地稅 驛屯土收租'로 분류되어 독립된 각 문서들의 성격을 반영하지 못하고 있다.

그런데 합철본뿐만 아니라, 1건의 문서에 도서번호가 하나씩 부여된 경우에도 주제 분류의 문제가 있다. 역둔토 문서는 대부분 20~30책이 함께 묶여진 합철본으로 보존되어 있지만, 농상공부 의주부 사판위원이

본의 문제점을 인식하고 있었지만 문서 1건마다 분책해서 목록의 정보를 작성할 수는 없었던 것이다.

조사한 의주부 관하 각군의 을미사판성책은 문서 1건마다 도서번호가 부여되어 주제별로 분류되어 있다. 규장각에 소장되어 있는 의주부 관하 각군의 을미사판성책은 모두 49책으로 역토와 관련된 문서는 없고 모두 궁방전과 내장원 관할의 둔토를 조사한 것이다(표19).

23부(府)에 파견된 농상공부 사판위원은 농상공부역답사판규례(農商工部驛畓查辦規例)에 기초하여 역둔토를 조사하였다.

　農商工部驛畓查辦規例

　一 各驛田畓의 結卜原數와 度支部陞總亭 結數와 隱結未顯을 築底查錄ᄒᆞᄆᆡ 可喜.

　一 田畓의 斗落及日耕實數와 上中下品等과 作人姓名을 査錄ᄒᆞᄆᆡ 可喜.

　一 各驛의 廨舍間數와 流來文簿幾件과 現存什物을 査錄ᄒᆞᄆᆡ 可喜.

　一 流來營邑債幾何를 何項에 入用과 民債幾何中本錢未報幾何를 築底查錄ᄒᆞᄆᆡ 可喜.

　一 各舍音의 姓名과 居住을 編錄ᄒᆞᄋᆞ 一實本郡ᄒᆞ고 一件은 賷上ᄒᆞᄆᆡ 可喜.[18)]

사판규례에 규정된 조사대상은 크게 토지의 결복원수(結卜原數)·두락 및 일경실수(斗落及日耕實數)·작인성명(作人姓名), 각역(各驛) 해사간수(廨舍間數) 및 현존집물(現存什物), 각마름(各舍音)의 성명과 거주지였다. 사판규례에 따라 의주부 사판위원이 조사했던 문서는 현재 다음과 같이 분류되어 있다.

부세 지세 궁방전답수조·전제 양안 궁방양안으로 분류된 것은 내수사·용동궁·어의궁(於義宮) 등 궁방전과 관련된 문서들이고, 부세 지

---

18) 『驛土所關文牒去案』 1책, 1895.9.28.

세 아문둔토수조 · 전제 양안 아문둔토양안으로 분류된 것은 궁내부 관할의 둔토를 조사한 문서들이다. 그 외 지방재정은 공해간수 및 군기집물성책(公廨間數及軍器汁物成冊)을 조사한 것이고, 도장 · 마름기(舍音記)는 마름 성명을 기록한 문서이다.

이 가운데 지방재정과 도장 · 마름기로 분류된 문서를 먼저 살펴본다. 표20의 1–3번은 철산 · 선천군에 있는 공해간수 및 군기집물성책과 서림진(西林鎭) 회계장부로 현재 지방재정으로 분류되어 있다. 그런데 이들 문서는 농상공부 사판위원이 내장원 관할의 둔토를 조사하면서 사판규례에 따라 공해간수와 군기집물을 조사한 것이다. 철산 · 선천군의 공해간수와 군기집물는 내장원 관할의 재원이었던 것이다. 따라서 이들 문서는 지방재정이 아닌 내장원 문서로 분류되어야 한다. 그러나 『종합목록』은 4부분류 방식에 기초해 문서의 생산 경위와 보존기관을 고려하지 않고, 조사대상이 영진(營鎭)의 공해와 집물이라는 것에 근거해 지방재정으로 분류했던 것이다.

4번 『義州府十一郡所在各樣田畓舍音姓名成冊』의 경우, 『종합목록』에는 도장 · 마름기로 분류되어 있는데, 이 역시 문서의 생산 경위와 보존기관을 고려하지 않고 개별 문서의 성격만을 기준으로 분류한 결과이다. '舍音姓名成冊'은 농상공부 사판위원이 의주부 관하 각 군의 내장원 관할 둔토를 관리하는 마름을 조사한 것이다. '마름성명성책'에 기록된 마름은 내장원이 둔토를 관리하기 위해 고용한 말단 실무자였다. 그러나 '마름성명성책'이 내장원 문서가 아니라 개별 문서의 주제에 기초하여 도장 · 마름기로 분류됨에 따라, '마름성명성책'은 의주부 관하 각 군의 내장원의 둔토 문서와 연계성이 단절되었다.

개별 문서는 해당 업무에 따라 독립적으로 작성되지만, 그것은 문서를

번호	도서 번호	4부분류	표 제
1	奎21995	度支 財政 地方財政	鐵山郡所在廢止西林鎭各公廨間數及軍器汁物成冊
2	奎21996	度支 財政 地方財政	鐵山郡所在廢止西林鎭乙未錢穀稅入用下成冊
3	奎22034	度支 財政 地方財政	宣川郡釰山東林兩鎭公廨間數及軍器汁物成冊
4	奎22087	度支 賦稅 導掌·舍音記	義州府十一郡所在各樣田畓舍音姓名成冊

표 20 의주부 을미사판성책의 4부분류 사례 I

생산·소장하는 기관의 목적이 반영된 기록물이다. 따라서 각 문서는 해당 기관이 특정 목적을 수행하면서 생산한 다른 문서와 연관성을 고려하여 분류될 때 해당 문서의 성격이 제대로 드러날 수 있는 것이다.

『종합목록』은 문서의 생산·거래·보존의 연계성을 고려하지 않고, 4부분류 방식에 기초하여 개별 문서를 독립적으로 파악하고 각각의 주제에 기초하여 분류하였다. 그 결과 내장원 문서로 분류되어야 할 문서들이 지방재정, 도장·마름기로 분류되어 원 문서의 특성을 제대로 드러내지 못하는 문제점이 있다.

주제에 기초한 분류 방식은 특정 주제와 관련된 여러 문서를 함께 분류해 낸다는 점에서 의미가 있다. 그러나 문서의 생산·관리의 연계성을 고려하지 않고서 분류될 때는 유기적으로 연계되어 있는 문서들을 파편화시킴으로써 문서의 본 모습을 잃어버릴 수 있는 것이다.

전근대에서 근대로 전환되면서 국가 각 기관의 담당 업무는 세분화되고 전문화되는 방향으로 변화되어 갔다. 이러한 모습은 갑오개혁을 전후하여 외형화되기 시작하였다. 갑오개혁을 계기로 중앙 행정기구가 정부와 왕실기구로 분리되고, 의정부-8아문(이후 7부)체제로 개편되었으며, 각 아문은 총무국과 회계국을 공통으로 두면서 관장 업무에 따라 별도의 국을 설치하였다.[19] 행정기구의 업무가 분화되고, 그 업무에 맞게끔 각각의 국과가 설치되었던 것이다.

국가 행정기구가 분화되고 각 기관의 기능과 역할이 세분화·전문화됨에 따라, 각각의 행정조직이 생산·보존한 문서 또한 구분되기 마련이었다. 문서는 해당 업무를 처리하는 과정에서 생산된 결과물로서 누가 언제 작성하였고, 누가 소장·관리하였는지, 즉 문서의 생산·거래·소장의 정보를 담은 기록물이다. 따라서 문서는 업무를 담당한 각 기관을 기준으로, 그 기관의 기능과 활동에 따라 주제별로 분류된다.

대한제국은 부-국-과로 세분화된 행정체계를 바탕으로 공문서를 국과를 단위로 각 과별로 업무내용에 따라 기능별로 분류하였다. 이러한 분류체계는 역둔토 문서에도 동일하게 적용되었다. 내장원은 역둔토 관리의 특성을 반영하여 사검·정도·징수라는 관리체계에 기초하여 문서를 분류하였다. 사검·정도·징수라는 관리체계를 문서의 분류체계에서 보면 기능별·주제별 분류항목에 해당되는 것이다.

그런데 내장원은 사검·정도·징수 과정에서 생산된 동일한 성격의 문서일지라도 그것을 모두 통합하여 관리하지 않았다. 내장원은 기능별·주제별 항목에 해당하는 문서들을 지역에 따라 구분하여 관리하고 있었다. 동일한 성격의 사검책이라도 지역별로 구분되어 있었던 것이다.

이는 관리 방식에서도 동일하게 나타났다. 역둔토는 면적·지목·종류가 다양했기 때문에 내장원은 각 지역별로 역둔토 목록을 작성하였고,[20] 이 목록을 토대로 조사위원을 파견하여 역둔토를 조사하였다. 내장원은 각 지역별로 파악된 역둔토를 관리하며 해마다 관련 문서를 작성하고 소장·관리하였다. 역둔토 문서는 지역을 단위로 조사·생산·관

---

19) 왕현종, 2003『한국 근대국가의 형성과 갑오개혁』, 역사비평사, 212쪽.
20) 지역별로 작성된 역둔토 목록은『內藏院各道公土案』(奎 19614) 참조.

리되었다는 특성이 있는 것이다.

내장원이 작성한 역둔토 문서 목록이 「장원과전장책」에 기록되어 있듯이 역둔토를 관리한 기관은 내장원 산하의 장원과였다. 장원과는 역둔토 관리의 특성을 반영하여 사검ㆍ정도ㆍ징수 과정에서 생산된 문서를 지역별로 구분하고 도안, 납미납구별책, 정간, 자문, 사검책 등으로 기능별로 분류하였던 것이다.

그러나 이러한 분류체계는 황실재정 정리 과정을 거치면서 해체되기 시작했다. 조선총독부가 분류도장을 찍고 호수를 부여할 때 역둔토 문서의 분류체계는 이미 무너져 있었다. 그리고 창고번호 도장을 찍고 창고에 보관할 때는 현재처럼 개별 성책이 갖는 독자성마저 상실된 채 합철본이라는 형태로 재편철되었던 것이다.

≪부표≫ 호수 : 158-1-1~241의 문서 정보

도서 번호	내별 기호	표제	호수	생산기관	보존 기관	문서 년월
奎21143	1-1-1	丙午十一月日 金井驛畓田賭租捧上冊	158-1-1	忠南收租官·舍音	經理院	1906.11.
奎21143	1-1-4	丹陽郡官屯田畓毁撤書院田畓查錄成冊	158-1-2	農商工部·丹陽郡	[宮內府內藏司]	1895.11.
奎21143	1-1-5	鎭川郡明禮宮畓賭錢斗數結數及舍音作人姓名成冊	158-1-3	農商工部·鎭川郡	明禮宮	1895.11.
奎21143	1-1-6	燕岐郡所在親軍營屯田畓斗數結數賭數舍音作人姓名竝查辦成冊	158-1-4	農商工部·燕岐郡	[宮內府內藏司]	1896.4.
奎21143	1-1-7	永春郡官屯田畓毁撤書院田畓查錄成冊	158-1-5	永春郡	[宮內府內藏司]	1895.11.
奎21143	1-1-8	洪州府管下保寧郡粮餉廳屯畓斗數卜數賭錢數區別成冊	158-1-6	農商工部·保寧郡	宮內府內藏司	1896.8.
奎21143	1-1-9	石城郡所在忠勳府校中官田畓斗數結數舍音作人並查辦成冊	158-1-7	農商工部·石城郡	宮內府內藏司	1896.8.
奎21143	1-1-10	洪州府管下庇仁郡所在前守禦廳屯田畓斗數卜數賭錢數區別成冊	158-1-8	農商工部·庇仁郡	宮內府內藏司	1896.7.
奎21143	1-1-11	洪州府管下林川郡前忠勳府田畓斗數卜數賭錢數區別成冊	158-1-9	農商工部·林川郡	宮內府內藏司	1896.6.
奎21143	1-1-12	定山郡前忠勳府屯田畓斗落結卜賭錢成冊	158-1-10	農商工部·定山郡	宮內府內藏司	1896.7.
奎21143	1-1-13	洪州府管下洪州郡前訓屯畓斗落數結卜數賭錢數竝錄成冊	158-1-11	農商工部·洪州郡	宮內府內藏司	1895.9 이후
奎21143	1-1-14	洪州府管下庇仁郡所在耆老所屯田畓斗數卜數賭錢數區別成冊	158-1-12	農商工部·庇仁郡	宮內府內藏司	1896.7.
奎21143	1-1-15	洪州府管下庇仁郡所在內需司屯田斗數卜數賭錢數區別成冊	158-1-13	農商工部·庇仁郡	宮內府內藏司	1896.7.
奎21143	1-1-16	洪州府管下庇仁郡所在粮餉廳屯畓斗數卜數賭錢數區別成冊	158-1-14	農商工部·庇仁郡	宮內府內藏司	1896.7.
奎21143	1-1-17	洪州府管下大興郡親軍營屯田畓斗數結數賭錢區別成冊	158-1-15	農商工部·大興郡	宮內府內藏司	1896.7.
奎21143	1-1-19	洪州府管下庇仁郡所在前忠勳府屯田畓斗數卜數賭錢數區別成冊	158-1-16	農商工部·庇仁郡	宮內府內藏司	1896.7.
奎21143	1-1-18	公州府所在忠勳府屯土斗數石數結數成冊	158-1-17	農商工部·公州郡	宮內府內藏司	1896.7.
奎21143	1-1-20	洪州府所管十一郡各屯田畓舍音姓名及居住成冊	158-1-18	農商工部	農商工部	1895.9 이후
奎21143	1-1-21	淸風郡所在各屯土及毁撤書院田畓年例所出上納實數新定賭錢數名作人姓名成冊	158-1-19	淸風郡	[宮內府內藏司]	1895.11.
奎21143	1-1-22	報告書(내제)	158-1-20	豊川郡·宮內府派員	宮內府內藏司	1896.10.

奎21143	1-1-23	建陽元年五月日江華郡所在內需司田畓賭租區別成冊	158-1-21	農商工部·江華郡	內需司	1896.5.
奎21143	1-1-24	禮山郡各屯田畓踏驗量案	158-1-22	農商工部	宮內府內藏司	1895.9 이후
奎21143	1-1-25	扶餘郡所在廣州屯田畓斗數結數舍音作人竝查辦成冊	158-1-23	農商工部·扶餘郡	[宮內府內藏司]	1896.8.
奎19211	1-1	全羅南道各郡甲辰條各驛牧屯土執賭實數成冊	158-1-24	全 南 捧稅官	經理院	1905.3.
奎19192	7-4	全羅北道各郡驛畓屯堤甲辰條賭稅及蔘稅實數成冊	158-1-25	全羅北道·全北捧稅官	經理院	1905.
奎20524	1-1	全羅北道各郡各公土甲辰條賭稅摠數成冊	158-1-26	全 北 捧稅官·委員	內藏院	1905.1.
奎19180	×	甲辰 光武八年十二月日 忠淸北道賭打作稅額成冊	158-1-27	忠 北 捧稅官·委員	內藏院	1904.12.
奎19239	×	光武九年十月日江原道各郡甲辰度各驛各屯賭稅額都摠成冊	158-1-29	江原捧稅官	經理院	1905.10.
奎19264	2-2	光武九年三月日 平安北道各郡公土甲辰賭穀賭錢稅錢殖利錢納未納成冊	158-1-30	平 安 南 北道各鑛監理·泰川郡	經理院	1905.3.
奎19254	1-1	光武九年五月日平安南道各郡甲辰條驛屯區別成冊	158-1-31	平 南 捧稅官	經理院	1905.5.
奎19233	1-1	光武九年九月日慶尙南道各郡屯驛牧賭稅甲辰條摠數成冊	158-1-32	慶 南 捧稅官	經理院	1905.9.
奎19223	1-1	慶尙北道二十二郡各驛屯甲辰賭稅區別成冊	158-1-33	慶 北 捧稅官	經理院	1905.3 이후
奎21987	3-1-1	甲辰度 京畿各郡捧稅查正都案	158-1-35	京畿捧稅官	內藏院	1904.
奎21987	3-1-2	光武三年十月日各屯土查檢案 五郡都案	158-1-36	京畿查檢委員	內藏院	1899.10.
奎21987	3-1-3	己亥十月日 通津奉城面石灘里新查屯收賭記	158-1-37	[通津郡]	內藏院	1899.10.
奎21987	3-1-4	己亥十月日 通津奉城面石灘里新查屯秋收記	158-1-38	[通津郡]	內藏院	1899.10.
奎21987	3-1-5	己亥十二月日 通津奉城面石灘里屯土量案	158-1-39	通津郡	內藏院	1899.12.
奎21987	3-1-6	己亥十月日 通津迭田月余所伊浦三處訓屯堰屯收賭記	158-1-40	[通津郡]	內藏院	1899.10.
奎21987	3-1-7	己亥十月日 通津迭田月余所伊浦三處訓屯堰屯收賭記	158-1-41	[通津郡]	內藏院	1899.10.
奎21987	3-1-8	己亥十二月日 通津迭田所伊浦訓屯堰屯量案	158-1-42	通津郡	內藏院	1899.12.
奎21987	3-2-1	光武三年五月日抱川郡所在忠義兩府屯土田畓斗落及結數秋收租數爻成冊	158-1-43	抱川郡	[宮內府內藏司]	1899.5.
奎21987	3-2-2	光武三年四月日豊德郡所在各屯土斗落與秋收及收賭實數成冊	158-1-44	豊德郡	宮內府內藏司	1899.4.

奎21987	3-2-3	京畿 光武三年八月日利川郡各屯田畓査檢案	158-1-45	利川郡·京畿査檢委員	宮內府內藏司	1899.8.
奎21987	3-2-4	京畿 光武三年十月日內藏院所管各屯土査檢案 安城郡	158-1-46	安城郡·京畿査檢委員	內藏院	1899.10.
奎21987	3-2-5	京畿 光武三年八月日宮內府所管各屯土査檢案 驪州郡	158-1-47	驪州郡·京畿査檢委員	宮內府內藏司	1899.8.
奎21987	3-2-6	京畿 光武三年十月日宮內府所管各屯土査險案 高陽郡	158-1-48	高陽郡·京畿査檢委員	內藏院	1899.10.
奎21987	3-2-7	光武三年十月日豊德郡所在各屯土査檢案	158-1-49	豊德郡	[內藏院]	1899.10.
奎21987	3-2-8	光武七年七月日 庚申壬癸庖稅未收 癸卯條海鹽紙稅未收 辛丑條驛屯賭稅未收 各郡壬寅條驛屯賭稅未收成冊 幷	158-1-50	慶尙南道	內藏院	1903.7.
奎21987	3-2-9	京畿 光武三年八月日宮內府所管各屯土牧場査檢案 楊根郡	158-1-51	楊根郡·京畿査檢委員	宮內府內藏司	1899.8.
奎21987	3-2-10	各郡驛屯未收	158-1-52	慶尙南道	[內藏院]	1902.9.
奎21987	3-2-11	光武六年十月日 慶尙南道昌原府各驛各公土査檢收賭捧未捧成冊	158-1-53	査檢派員	內藏院	1902.10.
奎21987	3-3-1	慶尙南道各郡海鹽地稅區別	158-1-54	慶尙南道	[內藏院]	1903.7.
奎21987	3-3-3	慶尙南道金海郡壬寅條各屯驛賭稅及各樣稅額納未納磨勘成冊	158-1-55	金海郡	[內藏院]	1903.9.
奎21987	3-3-4	慶尙南道檢稅官所管各郡雜稅庚子條納未納區別成冊	158-1-56	慶尙南道檢稅官	內藏院	1901.7.
奎21987	3-3-5	慶尙南道梁山郡各屯驛土田畓今反川覆沙水災區別成冊	158-1-57	梁山郡	經理院	1905.9.
奎21987	3-3-6	慶尙南道梁山郡各屯驛土田畓今反川覆沙水災區別成冊	158-1-58	梁山郡	經理院	1905.9.
奎21987	3-3-7	光武九年四月日 慶尙南道甲辰條各郡屯驛賭稅錢穀摠數區別成冊	158-1-59	慶南捧稅官	經理院	1905.4.
奎21987	3-3-8	慶尙南道陜川郡辛丑條金楊驛賭稅上納磨勘成冊	158-1-60	陜川郡	內藏院	1905.1.
奎21987	3-3-9	報告書(내제)	158-1-61	慶尙南道	內藏院	1903.7.
奎21987	3-3-10	光武七年六月日 各郡各屯驛賭壬寅新査	158-1-62	慶尙南道	[內藏院]	1903.6.
奎21893	2-1-1	光武五年月日 慶南各郡賭稅庖稅錢穀所捧抄出成冊	158-1-63	慶南捧稅官	內藏院	1901.
奎21893	2-1-2	舒川郡豆谷驛土執賭記	158-1-64	鴻山郡·舍音	[經理院]	1906.8.
奎21893	2-2-1	餉屯官屯龍屯砲屯堤堰新起 丙午十二月日 扶餘郡各屯賭租成冊	158-1-65	[經理院]	[經理院]	1906.12.

奎21893	2-2-3	連山 丙午十二月日 親屯水原兩屯合簿	158-1-66	舍音	[經理院]	1906.12.
奎21893	2-2-4	光武十年十月日 忠清南道燕岐郡各屯田畓收賭成冊	158-1-67	[經理院]	[經理院]	1906.10.
奎21893	2-2-5	連山 丙午十二月日 親武屯	158-1-68	舍音	[經理院]	1906.12.
奎21893	2-2-6	別備屯秋收記 丙午	158-1-69	[經理院]	[經理院]	1906.
奎21893	2-2-8	丙午十月日 天安金蹄驛田畓賭租記	158-1-70	[經理院]	[經理院]	1906.10.
奎21893	2-2-9	丙午九月日 溫陽郡始興驛收賭成冊	158-1-71	舍音	[經理院]	1906.9.
奎21893	2-2-10	丙午十月日 木川修身面舘位屯收賭成冊	158-1-72	舍音	[經理院]	1906.10.
奎21893	2-1-3	京畿 南陽郡 光武三年九月日宮內府所管各屯土牧場査檢案	158-1-73	南陽郡·京畿査檢委員	內藏院	1899.9.
奎21893	2-1-4	光武三年四月日加平郡西面長谷里所在親屯土丙申丁酉戊戌三年秋收斗數及卜數區別成冊	158-1-74	加平郡·屯監等	宮內府內藏司	1899.4.
奎21893	2-1-5	光武三年四月日麻田郡各屯土斗落卜數及賭條所捧實數成冊	158-1-75	麻田郡	宮內府內藏司	1899.4.
奎21893	2-1-6	京畿 陰竹郡 光武三年八月日宮內府所管各屯土査檢案	158-1-76	陰竹郡·京畿査檢委員	宮內府內藏司	1899.8.
奎21893	2-1-7	京畿 砥平郡 光武三年八月日宮內府所管各屯土査檢案	158-1-77	砥平郡·京畿査檢委員	宮內府內藏司	1899.8.
奎21893	2-1-8	京畿 陽城郡 光武三年八月日宮內府所管各屯土牧場査檢案	158-1-78	陽城郡·京畿査檢委員	宮內府內藏司	1899.8.
奎21893	2-1-9	光武七年八月日 各郡公土再査成冊	158-1-79	慶尙南道	[內藏院]	1903.8.
奎21893	2-1-10	慶尙南道蔚山郡己亥條各屯賭稅及南牧賭稅納未納區別成冊	158-1-80	蔚山郡	[內藏院]	1900.9.
奎21893	2-2-11	丙午九月日 石城郡官屯勳屯田畓執賭記	158-1-81	[經理院]	[經理院]	1906.9.
奎21893	2-2-12	丙午十一月日 懷德律夫屯田畓賭租捧上冊	158-1-82	[經理院]	[經理院]	1906.11.
奎21893	2-2-13	丙午十二月日 林川各屯秋監冊	158-1-83	[經理院]	[經理院]	1906.12.
奎21893	2-2-14	林川靈楡驛畓捧賭成冊	158-1-84	舍音	[經理院]	1905~1906
奎21893	2-2-15	丙午十月日 平澤郡花川驛田畓斗數落賭租及作人姓名成冊	158-1-85	忠南收租官	經理院	1906.10.
奎21893	2-2-16	丙午十一月日 魯城郡各屯畓賭租成冊	158-1-86	舍音	[經理院]	1906.11.
奎21893	2-2-17	丙午十月日 海美夢熊驛土收賭記	158-1-87	舍音	[經理院]	1906.10.
奎21893	2-2-18	全義 丙午十月日 德平面勳屯別備屯秋收記	158-1-88	舍音	[經理院]	1906.10.

奎21893	2-2-19	丙午秋收 忠南全義郡屯賭冊	158-1-89	舍音	[經理院]	1906.
奎21893	2-2-20	丙午十月日 木川 長命驛收租成冊	158-1-90	穀包主人· 舍音	[經理院]	1906.10.
奎21893	2-1-11	慶尙南道鎭海郡所在各屯己亥條 稅租納未納及土薄被災未減稅石 數區別成冊	158-1-91	鎭海郡	內藏院	1900.10.
奎21893	2-1-12	京畿 長湍郡 光武三年十月日宮內 府所管各屯土査檢案	158-1-92	長湍郡·京 畿查檢委員	內藏院	1899.10.
奎21893	2-1-13	慶尙南道巨濟郡進需錢查正成冊	158-1-93	巨濟郡·慶 南捧稅官	內藏院	1901.6.
奎21893	2-1-14	慶尙南道昌原郡各年條各屯穀納 未納區別成冊	158-1-94	昌原郡	[內藏院]	1904.1.
奎21893	2-1-15	各郡驛屯賭稅辛丑新查	158-1-95	慶尙南道	[內藏院]	1903.6.
奎21047	2-1-1	都案庚子摠 光武五年月日 慶尙南 道各郡各驛各屯庖稅錢穀都案冊	158-1-96	慶南捧稅 官	內藏院	1901.10.
奎21047	2-1-2	慶尙南道金海郡壬寅條各屯驛賭 稅及各樣稅額納未納磨勘成冊	158-1-97	金海郡	[內藏院]	1903.9.
奎21047	2-1-3	朔寧郡 光武三年十月日宮內府所 管朔寧郡各屯土查檢成冊案	158-1-98	朔寧郡·京 畿查檢委員	內藏院	1899.10.
奎21047	2-1-4	京畿 坡州郡 光武三年十月日宮內 府所管各屯土査檢案	158-1-99	坡州郡·京 畿查檢委員	宮內府 內藏司	1899.10.
奎21047	2-1-5	京畿 陽城郡 光武三年八月日內藏 院所管各屯土牧場査檢案	158-1-100	陽城郡·京 畿查檢委員 兼督刷官	內藏院	1899.12 이후
奎21047	2-1-6	抱川郡 光武三年十月日宮內府所 管抱川郡各屯土査檢成冊案	158-1-101	抱川郡·京 畿查檢委員	內藏院	1899.10.
奎21047	2-1-7	京畿 始興郡 光武三年九月日宮內 府所管各屯土査檢案	158-1-102	始興郡·京 畿查檢委員	宮內府 內藏司	1899.9.
奎21047	2-1-8	光武十年十二月日連山郡屛川驛 賭實捧成冊(내제)	158-1-103	忠淸南道· 屛川驛舍音	[經理院]	1906.12.
奎21047	2-1-9	丙午十二月 連山炮屯勘簿	158-1-104	舍音	[經理院]	1906.12.
奎21047	2-1-10	丙午十月日 公州 廣程驛水下坪田 畓賭租災減實捧冊	158-1-105	[經理院]	[經理院]	1906.10.
奎21047	2-1-12	光武十年十月日 公州郡維鳩驛土 執賭成冊	158-1-106	[經理院]	[經理院]	1906.10.
奎21047	2-1-13	忠淸南道公州郡各屯土田畓丙午 條賭租成冊	158-1-107	[經理院]	[經理院]	1906.
奎21047	2-1-14	忠淸南道公州郡勳屯丙午條賭租 成冊	158-1-108	公州郡	[經理院]	1906.12.
奎21047	2-2-1	丙午十二月日 忠淸南道牙山郡長 時驛田畓作人姓名捧賭成冊	158-1-109	舍音	[經理院]	1906.12.
奎21047	2-2-2	丙午十一月日 韓山郡 砲粮畓忠勳 畓執賭記	158-1-110	舍音	[經理院]	1906.11.

奎21047	2-2-3	光武十年十二月日 忠淸南道韓山郡新谷驛田畓賭租磨勘成冊	158-1-111	舍音	經理院	1906.12.
奎21047	2-2-4	丙午秋收條 忠淸南道稷山郡經理院所管成歡驛田畓斗數結卜及賭租分半成冊	158-1-112	稷山郡·舍音	經理院	1906.
奎21047	2-2-5	丙午十一月日 忠淸鰲川郡各屯土秋收記	158-1-113	舍音	[經理院]	1906.11.
奎21047	2-2-6	丙午條 忠淸南道大興郡光時驛賭記	158-1-114	忠南收租官	經理院	1906년
奎21047	2-2-7	丙午九月日 德山廣屯收賭記	158-1-115	舍音	經理院	1906.9.
奎21047	2-2-8	丙午十月日 洪州新南面經屯田畓秋收記	158-1-116	忠南收租官	經理院	1906.10.
奎21047	2-2-9	光武十年十一月日洪州郡世川驛馬位田畓賭租捧上冊	158-1-117	忠南收租官	經理院	1906.11.
奎21047	2-2-10	丙午年 忠淸南道公州郡丹坪驛田畓賭租成冊	158-1-118	[經理院]	[經理院]	1906.
奎21047	2-2-11	公州郡日新驛土丙午八月日執賭成冊	158-1-119	忠淸南道·舍音	[經理院]	1906.8.
奎21047	2-2-12	丙午十月日 庇仁郡忠勳親屯秋收冊子	158-1-120	舍音	[經理院]	1906.10.
奎21047	2-2-13	丙午十二月日 庇仁郡靑化驛畓捧賭冊	158-1-121	庇仁郡	[經理院]	1906.12.
奎21047	2-2-14	丙午十一月日 恩山驛畓賭租成冊	158-1-122	[經理院]	[經理院]	1906.11.
奎21047	2-2-15	丙午十月日 忠淸南道天安郡新恩驛土收賭成冊	158-1-123	舍音	[經理院]	1906.10.
奎21898	2-1-1	丙午十月日 天安郡屯畓秋收成冊 忠勳屯 親屯 堤堰畓 新購砲畓	158-1-124	査檢官	經理院	1906.10.
奎21898	2-1-2	光武十年丙午十月日 燕岐郡金沙驛田畓執賭成冊	158-1-125	舍音	[經理院]	1906.10.
奎21898	2-1-3	公州郡利仁驛田畓賭租成冊	158-1-126	[經理院]	[經理院]	1906.12.
奎21898	2-1-4	丙午九月日 溫陽各屯收賭記	158-1-127	[經理院]	[經理院]	1906.9.
奎21898	2-1-5	木川郡延川驛田畓丙午秋捧賭成冊	158-1-128	舍音	[經理院]	1906년
奎21898	2-1-6	定山郡各屯畓捧賭實數成冊	158-1-129	定山郡·舍音	[經理院]	1906.12.
奎21898	2-1-7	忠淸南道木川郡所在群付畓及官屯賭中捧未捧區別成冊	158-1-130	木川郡	[經理院]	1907.1.
奎21898	2-1-9	稷山郡堤堰畓斗落數及賭租作人姓名成冊	158-1-131	稷山郡·査辦委員	農商工部	1896.9.
奎21898	2-1-10	稷山郡所在壽進宮免稅畓斗落卜數陛摠年條並錄成冊	158-1-132	農商工部·稷山郡	壽進宮	1896.8.

奎21898	2-1-11	牙山郡各屯土踏驗量案	158-1-133	農商工部	宮內府內藏司	1895.9 이후
奎21898	2-1-12	洪州府管下保寧郡靑蘿面前親軍營屯田畓斗數卜數賭錢作人區別成冊	158-1-134	農商工部·保寧郡	宮內府內藏司	1896.7.
奎21898	2-2-1	稷山郡所在經理廳屯土田畓斗數結數賭數時作人舍音姓名竝錄成冊	158-1-135	農商工部·稷山郡	宮內府內藏司	1896.8.
奎21898	2-2-2	槐山郡官屯田畓賭錢斗數結數及舍音作人姓名成冊	158-1-136	農商工部·槐山郡	[宮內府內藏院]	1895.10.
奎21898	2-2-3	稷山郡所在前親屯田畓查辦斗落結數及各作人舍音幷錄成冊	158-1-137	農商工部·稷山郡	宮內府內藏司	1896.8.
奎21898	2-2-4	溫陽郡各屯田畓踏驗量案	158-1-138	查辦委員	農商工部	1895.9 이후
奎21898	2-2-5	平澤郡前忠勳府屯畓斗落結數作人舍音姓名幷錄成冊	158-1-139	農商工部·平澤郡	宮內府內藏司	1896.9.
奎21898	2-2-6	舒川郡所在宮內府句管各屯土丙申耕作賭錢元納及舍音料費區別竝錄成冊	158-1-140	舒川郡	宮內府內藏司	1896.11.
奎21898	2-2-7	全義郡所在親軍營田畓斗落字號卜數賭數作人姓名成冊	158-1-141	農商工部·全義郡	宮內府內藏司	1896.7.
奎21898	2-2-8	天安郡所在前親軍營摠屯畓斗落結數打作舍音作人姓名幷査辦成冊	158-1-142	農商工部·天安郡	宮內府內藏司	1896.8.
奎21898	2-2-9	忠州郡所在宮土屯土賭錢定例冊	158-1-143	忠州郡	農商工部	1895.10.
奎21898	2-2-10	天安郡所在前親軍營丁屯田畓斗數結數賭數舍音作人姓名幷査辦成冊	158-1-144	農商工部·天安郡	宮內府內藏司	1896.8.
奎21898	2-2-11	木川郡忠勳屯畓斗數賭數結數作人舍音姓名幷錄成冊	158-1-145	農商工部·木川郡	宮內府內藏司	1896.3.
奎21898	2-2-12	天安郡所在前親軍營訓屯田畓斗數結數舍音作人姓名幷査辦成冊	158-1-146	農商工部·天安郡	宮內府內藏司	1896.8.
奎21898	2-2-13	德山郡各屯田畓踏驗量案	158-1-147	查辦委員	農商工部	1895.9 이후
奎21898	2-2-14	新昌郡各屯田畓踏驗量案	158-1-148	查辦委員	農商工部	1895.9 이후
奎21898	2-2-15	唐津郡各屯田畓踏驗量案	158-1-149	農商工部	宮內府內藏司	1895.9 이후
奎21144	2-1-1	平澤郡前經理營屯畓斗落結數作人舍音姓名幷錄成冊	158-1-150	農商工部·平澤郡等	宮內府內藏司	1896.9.
奎21144	2-1-2	沔川郡各屯田畓踏驗量案	158-1-151	查辦委員	農商工部	1895.9 이후
奎21144	2-1-3	木川郡前親軍營屯田畓斗數賭數結數作人舍音姓名幷錄成冊	158-1-152	農商工部·木川郡	宮內府內藏司	1896.3.

奎21144	2-1-4	結城郡各屯田畓踏驗量案	158-1-153	農商工部	宮內府內藏司	1895.9 이후
奎21144	2-1-5	陰城郡官屯賭錢及作人姓名成冊	158-1-154	農商工部·陰城郡	[宮內府內藏司]	1895.11.
奎21144	2-1-6	丙午十二月日 懷德郡驛屯土收租冊	158-1-155	[經理院]	[經理院]	1906.12.
奎21144	2-1-7	定山郡楡楊驛田畓捧賭實數成冊	158-1-156	舍音	經理院	1906.12.
奎21144	2-1-8	丙午十一月日公州敬天驛田畓賭實捧成冊	158-1-157	[經理院]	[經理院]	1906.11.
奎21144	2-2-1	丙午十月日 青陽郡古金井驛田畓秋收捧上冊子	158-1-158	忠南收租官·舍音	經理院	1906.10.
奎21144	2-2-2	丙午十二月日 忠淸南道稷山郡所在經屯堤堰屯親屯田畓斗落及鐵道陳犯入減給數乄捧賭米租實數區別成冊	158-1-159	忠南收租官·舍音	經理院	1906.11.
奎21144	2-2-3	丙午十月十五日 忠淸南道稷山郡成歡驛田畓秋收記	158-1-160	舍音	[經理院]	1906.10.
奎21144	2-2-4	光武三年五月日竹山郡所在親屯田畓斗落及戊戌條秋收與結卜區別成冊	158-1-161	竹山郡	[宮內府內藏司]	1899.5.
奎21144	2-2-5	光武三年五月日竹山郡所在廣屯田畓賭租及結卜査正成冊	158-1-162	竹山郡	[宮內府內藏司]	1899.5.
奎21144	2-2-6	光武三年五月日竹山郡所在親屯田畓斗落及丁酉條秋收與結卜區別成冊	158-1-163	竹山郡	[宮內府內藏司]	1899.5.
奎21144	2-2-7	豊德郡 光武三年九月日 訓屯結捧上冊	158-1-164	豊德郡·京畿查檢委員	內藏院	1899.9.
奎21144	2-2-8	京畿道 積城郡 光武三年十月日宮內府所管各屯土查檢成冊案	158-1-165	京畿查檢委員	內藏院	1899.10.
奎21144	2-2-9	光武三年四月日坡州郡所在各屯土斗落卜數及賭租實數成冊	158-1-166	坡州郡	[宮內府內藏司]	1899.4.
奎21144	2-2-10	光武三年五月日果川郡各屯土斗落卜數及實捧租包區別成冊	158-1-167	果川郡	[宮內府內藏司]	1899.5.
奎21144	2-2-11	光武三年四月日長湍郡所在經屯圍屯土田畓耕畓卜數賭租成冊	158-1-168	長湍郡	[宮內府內藏司]	1899.4.
奎21144	2-2-12	光武三年四月日安城郡所在勳屯華屯田畓斗落卜數及秋收石數作人姓名成冊	158-1-169	安城郡	[宮內府內藏司]	1899.4.
奎21046	2-1-1	光武三年四月日驪州郡所在各屯土斗落卜數舍音姓名成冊	158-1-170	驪州郡	宮內府內藏司	1899.4.
奎21046	2-1-2	光武三年九月日仁川府所在前花島鎭田畓量案	158-1-171	仁川府	[內藏院]	1899.9.
奎21046	2-1-3	光武三年九月日仁川府所在前花島鎭田畓量案	158-1-172	仁川府	[內藏院]	1899.9.

奎21046	2-1-4	光武三年四月日交河郡所在親屯經屯斗落卜數及丁酉戊戌兩年秋收實收區別成冊	158-1-173	交河郡	[宮內府內藏司]	1899.4.
奎21046	2-1-5	光武三年五月日楊州郡所在各屯土斗落及結卜區別成冊	158-1-174	楊州郡	[宮內府內藏司]	1899.5.
奎21046	2-1-6	京畿 安山郡 光武三年九月日宮內府所管各屯土査檢案	158-1-175	安山郡·京畿査檢委員	宮內府內藏司	1899.9.
奎21046	2-1-7	加平郡 光武三年十月日宮內府所管加平郡各屯土査檢成冊案	158-1-176	加平郡·京畿査檢委員	內藏院	1899.10.
奎21046	2-1-8	京畿 交河郡 光武三年十月日宮內府所管各屯土査檢案	158-1-177	交河郡·京畿査檢委員	宮內府內藏司	1899.10.
奎21046	2-1-9	安城郡 光武三年八月日宮內府所管各屯土査檢案	158-1-178	安城郡·京畿査檢委員	宮內府內藏司	1899.8.
奎21046	2-1-10	永平郡 光武三年十月日宮內府所管永平郡各屯土査檢成冊案	158-1-179	永平郡·京畿査檢委員	內藏院	1899.10.
奎21046	2-1-11	麻田郡 光武三年十月日宮內府所管麻田郡各屯土査檢成冊案	158-1-180	麻田郡·京畿査檢委員	內藏院	1899.10.
奎21046	2-1-12	漣川郡 光武三年十月日宮內府所管漣川郡各屯土査檢成冊案	158-1-181	漣川郡·京畿査檢委員	內藏院	1899.10.
奎21046	2-1-13	豊德郡 光武三年九月日各屯土査檢成冊	158-1-182	豊德郡·京畿査檢委員	宮內府內藏司	1899.9.
奎21046	2-1-14	豊德 光武參年己亥 訓屯結冊	158-1-183	內藏院	內藏院	1899년
奎21046	2-1-15	京畿道竹山郡 光武三年八月日竹山郡所在宮內府所管各屯土査檢案	158-1-184	竹山郡·京畿査檢委員	宮內府內藏司	1899.8.
奎21046	2-1-16	光武三年九月日豊德郡司圃屯査檢成冊	158-1-185	豊德郡·京畿査檢委員	內藏院	1899.9.
奎21046	2-1-17	果川郡	158-1-186	果川郡·京畿査檢委員兼督刷官	內藏院	1899.12 이후
奎21046	2-2-1	報告(내제)	158-1-187	砥平郡	宮內府內藏司	1899.9.
奎21046	2-2-2	京畿 光武三年八月日陽智郡各屯土査檢案	158-1-188	陽智郡·京畿査檢委員	宮內府內藏司	1899.8.
奎21046	2-2-3	光武十年十一月日經理院所管漣川郡所在豊田驛田畓査定成冊	158-1-189	京畿收租官	經理院	1906.11.
奎21046	2-2-4	光武四年一月日仁川府島洞面所有鄭奴順成田畓結案	158-1-190	仁川府	內藏院	1900.1.
奎21046	2-2-5	建陽元年五月日江華郡所在長峰島民田畓斗數區別成冊 牧場屬付	158-1-191	農商工部·江華郡	宮內府內藏司	1896.5.
奎21046	2-2-6	光武三年九月日豊德郡訓屯土査檢成冊	158-1-192	豊德郡·京畿査檢委員	內藏院	1899.9.
奎21046	2-2-7	京畿 廣州府 光武三年九月日宮內府所管各屯土査檢案	158-1-193	廣州府·京畿査檢委員	宮內府內藏司	1899.9.
奎21046	2-2-8	建陽元年五月日江華郡所在煤音島牧場田畓先賭錢成冊	158-1-194	農商工部·江華郡	宮內府內藏司	1896.5.

奎21024	2-1-1	京畿 楊州郡 光武三年十月日宮內府所管各屯土査檢案	158-1-195	楊州郡·京畿査檢委員	內藏院	1899.10.
奎21024	2-1-2	建陽元年五月日江華郡所在壽進宮田畓賭租區別成冊	158-1-196	農商工部·江華郡	壽進宮	1896.5.
奎21024	2-1-3	建陽元年五月日江華郡所在明禮宮田畓賭租區別成冊	158-1-197	農商工部·江華郡	明禮宮	1896.5.
奎21024	2-1-4	咸鏡北道各郡殖利錢與驛屯土賭錢及各稅額都摠存案	158-1-198	咸鏡北道·捧稅委員	內藏院	1902.3.
奎21024	2-1-5	洪州府管下洪州郡前忠勳府屯田畓斗落數結卜數賭錢數並錄成冊	158-1-199	農商工部·洪州郡	宮內府內藏司	1895.9 이후
奎21024	2-1-6	洪州府管下大興郡忠勳府屯田畓斗數結數賭錢區別成冊	158-1-200	農商工部·大興郡	宮內府內藏司	1896.7.
奎21024	2-1-7	洪州府管下舒川郡所在前忠勳屯田畓斗數結數賭錢數區別成冊	158-1-201	農商工部·舒川郡	宮內府內藏司	1896.7.
奎21024	2-1-8	洪州府管下靑陽郡前忠勳屯田畓斗數結數賭錢區別成冊	158-1-202	農商工部·靑陽郡	宮內府內藏司	1896.8.
奎21024	2-2-1	舒川郡所在前廣州府守禦廳屯田畓實起改謄量案	158-1-203	農商工部·舒川郡	宮內府內藏司	1896.7.
奎21024	2-2-2	洪州府管下鴻山郡所在前守禦廳屯土田畓斗數卜數賭錢區別成冊	158-1-204	農商工部·鴻山郡	宮內府內藏司	1896.6.
奎21024	2-2-3	洪州府管下舒川郡所在前親軍營屯田畓斗數結數賭錢數區別成冊	158-1-205	農商工部·舒川郡	宮內府內藏司	1896.7.
奎21024	2-2-4	舒川郡所在前廣州府守禦廳屯田畓實起斗數結數賭錢數區別成冊	158-1-206	農商工部·舒川郡	宮內府內藏司	1896.7.
奎21024	2-2-5	天安郡所在前忠勳府屯畓斗數結數打賭數舍音作人姓名幷査辦成冊	158-1-207	農商工部·天安郡	宮內府內藏司	1896.8.
奎21024	2-2-6	天安郡所在宮內府別備屯田畓斗數結數賭數舍音作人姓名幷査辦成冊	158-1-208	農商工部·天安郡	宮內府內藏司	1896.8.
奎21024	2-2-7	公州郡寺谷面所在內需司田畓斗數結卜賭數舍音作人姓名成冊	158-1-209	農商工部·公州郡	內需司	1896.8.
奎21024	2-2-9	槐山郡忠勳府屯田畓賭租石數及斗數結數與舍音作人姓名幷錄成冊	158-1-210	農商工部·槐山郡	宮內府內藏司	1895.10.
奎21024	2-2-10	公州府所在粮餉廳屯土斗數石數結數成冊	158-1-211	農商工部·公州府	[宮內府內藏司]	1896.7.
奎21024	2-2-11	丹陽郡所在龍洞宮免稅田畓査辦成冊	158-1-212	丹陽縣	龍洞宮	[미상: 1894 이후]
奎21024	2-2-12	洪州府管下舒川郡所在前忠勳府及親軍營田畓乙未賭租石數成冊	158-1-213	舒川郡	宮內府內藏司	1895.11.
奎21024	2-2-13	公州郡管下保寧郡靑蘿面前親軍營屯田畓追後査得斗數卜數賭錢作人區別成冊	158-1-214	保寧郡	[宮內府內藏司]	1896.9.

결론 : 국가 운영체계와 공문서 분류체계의 조응

　　전근대 사회에서 근대 사회로 전환되면서 국가 각 기관의 담당 업무는 점차 세분화되고 전문화되는 방향으로 나아간다. 이러한 모습은 갑오개혁을 전후로 한 시기부터 본격화하기 시작하였다. 왕권을 정점으로 한 의정부·6조 체제로 편제되었던 조선왕조의 국가 기구는 갑오개혁을 계기로 중앙행정기구는 정부와 왕실기구로 분리되었고, 의정부–8아문(이후 7부)체제로 개편되었으며, 각 부에는 담당 업무에 따라 국과를 설치해 부–국–과 행정체계가 수립되었다. 행정기구가 세분화되고, 그 업무에 맞게끔 각각의 국과가 설치되었던 것이다.

　　국가 행정기구가 분화되고 각 기관의 기능이 전문화됨에 따라, 행정업무를 수행하는 과정에서 생산·유통·보존하게 된 공문서 또한 기능별로 세분화되었다. 이들 공문서는 국가 행정체계를 구성하는 기관이 업무를 수행하는 과정에서 생산·유통한 것이므로 이를 분류한 공문서 분류체계 또한 국가 운영체계를 고스란히 반영하기 마련이다.

그러나 대한제국기 공문서 분류체계는 일제가 대한제국기 공문서를 재분류하여 도서번호와 도서명을 부여하는 과정에서 해체되었고, 현재 규장각에 소장된 갑오개혁~대한제국기 공문서의 분류체계는 대한제국의 국가 운영체계를 반영하지 못하고 있다. 국가 운영체계와 공문서 분류체계가 조응하지 못하는 문제점을 해소하고 공문서를 통해 대한제국기 국가 운영체계를 복원하기 위한 시도로서 국가 행정기구 문서로는 탁지부 문서, 왕실기구 문서로는 내장원 문서, 황실재정 정리 문서로는 『장토문적류』를 중심으로 대한제국기 공문서가 접수, 분류, 편철되었던 양상을 검토한 다음, 이를 바탕으로 대한제국기 공문서 분류체계의 원 질서를 파악해 보려 하였다.

과를 구분한 공문서 접수

내장원은 1895년 4월 왕실의 보물 및 세전장원과 기타 재산을 관리하기 위해 설치되었지만, 아관파천 이후 고종이 왕권을 강화하는 정책을 추진하는 과정에서 둔토, 역토, 삼정, 광산, 포사세, 해세 등 각종 국가 재원을 관할하는 거대 재정기구로 확대되었다.

대한제국기 내장원이 각종 국가 재원을 관할하는 거대 재정기구로 확대되면서 내장원의 공문서 양식도 변화되었다. 1900년 이전까지 내장원이 사용한 공문서의 판심에 인쇄된 명칭은 '궁내부내장원' 또는 '궁내부내장사'였으나, 1900년 2월부터는 판심에 궁내부가 삭제된 '내장원'이라고 찍힌 공문서 용지가 사용되기 시작했다. 그리고 내장원의 최고 책임자인 내장원경의 도장도 1899년 8월 이전까지는 '궁내부내장사장지장(宮內府內藏司長之章)'이었으나, 이후부터는 '내장원경지장(內藏院卿之

휘)'으로 변경되었다. 내장원은 궁내부의 산하 기관으로 설치되었지만 각종 국가 재원을 관할하는 거대 재정기구로 확대되면서 궁내부에서 벗어나 독자성을 갖는 기구로 위상이 높아졌던 것이며, 그 양상이 공문서 양식에도 반영되었던 것이다.

이러한 변화는 내장원의 문서 유통 체계에서도 나타났다. 내장원은 1895년 9월경부터 둔토를 관할하면서 각 군과 문서를 거래하였다. 그런데 1897년까지 둔토와 관련해 각 군이 올려 보낸 문서의 수신자는 궁내부대신인 경우가 더 많았고, 1899년 8월까지 둔토 업무와 관련해 각 군에 훈령을 내린 주체 또한 궁내부대신이었다. 내장원은 각 군에 직접 훈령을 내릴 수 있는 위치가 아니었던 것이다.

그러나 1899년부터 각 군이 보낸 문서의 수신자는 거의 대부분 내장원이었으며, 같은 해 8월부터 내장원경 명의로 각 군에 훈령을 내리기 시작했다. 이 시기 내장원은 각 군에 직접 훈령을 내릴 수 있는 위치로 격상되었지만, 관찰사에게는 조회를 보냈다. 내장원은 관찰부와 대등한 위치였던 것이며, 아직 다른 중앙 기관보다는 등급이 낮은 기관이었던 것이다. 내장원이 중앙 기관과 대등한 위치에서 조회·조복·통첩을 보낸 직급은 국장(局長)이었으며, 각부 대신과 대등한 위치에서 문서를 거래한 것은 궁내부대신이었다.

그러다가 1900년 9월부터 각부부원청과는 대등한 위치에서, 관찰부를 비롯한 지방 기관과는 상급 기관으로서 문서를 거래하게 되었으며, 내장원에도 마침내 기록과가 설치되었다. 이로써 내장원은 궁내부 소속의 하급 기관에서 벗어나 독립된 기관으로서 각 기관과 독자적으로 문서를 거래하게 된 것이다.

1900년 9월 기록과가 설치된 이후 독자적으로 문서를 수발하게 된 내장원은 각 기관에서 보낸 문서를 접수하면서 해당 문서에 '내장원영수증' 도장을 찍고 문서 접수 장부를 작성하였다. 그리고 1902년 7월부터는 접수한 문서에 접수 스탬프를 찍었다. 이 시기에 찍힌 접수 스탬프에는 접수 일자와 접수 호수만 기입했지만, 1906년 7월부터는 배부처 항목이 추가되어 해당 문서의 담당 기관을 기입했다.

내장원이 작성한 1901년도 『보고접수책』과 1905년 · 1906년도 『소장접수책』 ① · ②를 비교해 보면 독자적으로 문서를 접수했던 초기에 작성된 1901년도 『보고접수책』에는 접수 호수와 업무 담당 기관이 기록되어 있지 않았지만, 1905년도 『소장접수책』 ①에는 접수 호수가 등장하고 일부에서는 해당 문서의 담당 기관이 기록되어 있었다.

내장원이 접수책에 접수 호수와 담당 기관을 기록한 것은 업무를 담당한 각 과별로 접수책을 작성했던 방식에서 1902년 7월 전후로 과를 통합하여 접수책을 작성하는 방식으로 방침을 바꾸었기 때문이다. 내장원은 하나의 접수책에 접수한 순서대로 문서를 기록하면서, 각 문서에 연속된 접수 호수를 부여하고 해당 문서의 배부처를 구분하기 위해 접수책 하단에 업무 담당 기관을 기록했던 것이다.

내장원이 독자적으로 문서를 접수했던 초기에는 각 과별로 접수책을 작성하면서 접수책에 접수 날짜, 발신 기관, 문서 개요, 처리 날짜만 기재했지만, 1902년 7월을 전후로 접수 호수와 업무 담당 기관 항목이 추가되었고, 접수한 문서에는 접수일자와 호수로 구성된 접수 스탬프를 찍어 문서 접수 체계가 점차 정비되는 방향으로 나아갔다.

문서의 편철 · 분류 규정과 보존기간
내장원이 문서를 접수하고 접수책을 작성하면서 각 과를 구분했듯이,

대한제국기 부-국-과 체계에서 행정 업무 수행의 기본 단위는 과였다. 대한제국기 각 기관은 특정 업무와 관련하여 문서를 접수하면 해당 문서를 업무 담당 기관인 각 과에 배부하였다. 문서를 배부받은 각 과는 관련 업무를 기한 내에 처리해야 했으며, 처리가 완료된 문서는 문서 관리 업무를 담당한 기관에 보내 보관했다.

조선왕조는 공문서의 원본을 보존하지 않고 등록 형태로 보존하는 것이 일반적이었지만, 갑오개혁 이후로는 원본을 편철해서 보존하는 방식으로 변화되었다. 1894년 7월 14일 제정된 '각부규칙'과 1895년 4월 1일 제정된 '각부통칙'에는 문서의 생산·유통·보존과 관련한 규정이 마련되었지만, 편철과 관련된 세부 규정은 '각부규칙'과 '각부통칙'을 바탕으로 각 기관에서 제정하였다.

1895년 제정된 경무청 '문서정리규칙'을 보면, 경무청은 발송자를 기준으로 경무사와 경무청 명목으로 발송한 문서는 관방제1과에서 편철·보존토록 하였고, 각 국과장과 각 국과 명목으로 발송한 문서는 각 국과에서 편철·보존토록 하였다. 문서의 위계에 따라 편철과 보존 주체를 구분한 것이다.

경무청은 국과를 단위로 각 과별로 문서를 편철·보존토록 규정하면서 관방제1과에서 편철·보존할 부책 이름을 설정해 두었는데, 부책의 이름은 관방제1과의 담당 업무내용과 조응했다. 경무청은 관방제1과의 업무내용에 따라 문서를 분류해서 편철하도록 규정한 것이다. 이는 각 과가 담당한 업무내용에 따라 기능별로 문서를 분류해서 편철하는 기능별 분류체계로 유별분류제의 성격이 반영된 것이다.

경무청은 유별분류제의 성격을 반영해 문서를 편철하도록 규정했지만, '문서정리규칙'에 유별분류와 관련된 용어나 규정이 명시적으로 제시되어 있지는 않았다. 유별분류에 대한 언급은 1905년 3월 16일 훈령 제1호 탁지부 '처무규정'과 1908년 10월 제정된 내부의 '문서취급규칙', 1909년 6월에 제정된 '궁내부규정'에서 확인된다.

유별분류와 관련한 명시적 규정은 1905년 이후부터 확인되지만, 경무청 '문서정리규칙'에 업무 내용에 따라 문서를 분류해서 편철하도록 규정하였듯이 기능별 분류체계는 이미 성립되어 있었다. 대한제국은 1905년 이전부터 부—국—과의 행정체계에서 국과를 단위로 각 과별로 업무 내용에 따라 문서를 기능별로 분류하는 체계를 운영했던 것이며, 이는 탁지부와 내장원의 문서철을 통해서도 확인된다.

갑오개혁~대한제국기에는 공문서 관리 규정을 새롭게 제정하여 국과를 단위로 각 과별로 업무내용에 따라 기능별로 문서를 분류해서 편철하도록 했지만, 보존기간에 대한 규정은 마련되어 있지 않았다. 보존기간에 대한 규정은 1905년 탁지부 '처무규정'에서 확인되지만, 규장각에 소장된 갑오개혁~대한제국기 공문서에 찍힌 분류도장을 검토한 결과, 실질적으로 보존기간제를 적용해 문서철에 분류도장을 찍고 보존기간을 부여한 것은 융희년간의 일이다.

융희년간부터 분류도장을 찍고 보존기간을 부여하기 시작했지만, 보존기간은 융희년간에 생산된 문서뿐 아니라 그 이전에 생산된 문서에도 부여되었다. 갑오개혁기와 광무년간에 생산된 문서에 대한 보존기간을 융희년간에 부여함에 따라 보존기간의 기산 기준은 문서철의 생산년도에 따라 달리 적용되었다.

공문서 분류도장을 찍고 처음 보존기간을 부여했을 때는, 사건이 처분 완결된 다음 해부터 보존기간을 기산하도록 규정한 탁지부 '처무규정'에 따라 갑오개혁기와 광무년간에 생산된 문서철에도 문서 생산년도의 다음 해를 기준으로 보존기간을 기산하였다. 그런데 이 기준에 따라 보존기간을 기산하면 갑오개혁기와 대한제국 초기에 생산된 문서철의 경우, 보존기한이 이미 지나서 보존기간을 부여함과 동시에 바로 폐기해야 하는 문제점이 발생하였다. 보존기간을 부여하면서 문서철을 바로 폐기시킬 수는 없었기 때문에, 이런 경우에는 문서의 생산년도를 기준으로 기산하지 않고 문서 생산년도에 상관없이 폐기시점을 일치시키는 방향으로 보존기간을 부여하였다. 따라서 공문서 분류도장을 찍고 보존기간을 부여하는 기산 기준은 문서보관의 만기 시점인 기만년월이 보존기간을 부여한 시기보다 앞인지 뒤인지에 따라 문서 생산년도의 다음 해를 기준으로 할 것인지 여부가 결정되었다.

그러므로 보존년수가 같고 기만년월이 다르다고 해서 공문서 분류도장을 찍고 보존기간을 부여한 시기까지 다른 것은 아니었다. 오히려 이러한 기준으로 보존기간을 기산하였기 때문에, 같은 시기에 분류도장을 찍고 보존기간을 부여했을 가능성이 높다. 다만 생산년도를 기준으로 보존기간을 기산했기 때문에 융희년간의 어느 시점에 공문서 분류도장을 찍고 보존기간을 부여했는지는 확정할 수 없다.

공문서 분류도장의 양식을 수정해서 새로 만든 문서과보관 분류도장을 찍으면서부터는 보존기간을 부여한 문서철이 갑오개혁 이전 시기까지 확대되었기 때문에 공문서 분류도장의 기산 기준을 적용하는 것에 한계가 있었다. 이에 문서과보관 분류도장부터는 융희년간 이전에 생산된 문서철이라도 사건이 처분 완결된 다음 해를 기준으로 보존기간을 기산해야 하는 문서철과 동일하게 취급하여, 각 문서철의 생산년도에 상관없이 분류도장을 찍은 시점을 기준으로 보존기간을 기산하였다. 조선총독부도 이 기준에 따라 대한제국기 공문서에 분류도장을 찍고 보존기간을 부여하였다.

　융희년간의 분류도장과 일제 초기 분류도장에 부여된 보존기간을 1909년 '궁내부규정', 1911년 '조선총독부처무규정', 1913년 '부군처무 규정준칙'의 보존기간과 비교해 보면, 각 시기별로 보존기간이 모두 달랐음을 확인할 수 있다. 융희년간에 탁지부 문서에 찍은 분류도장과 1909년 '궁내부규정'의 보존기간이 달랐던 것은 각부부원청에 일률적으로 적용할 보존기간 규정을 정하지 않고 궁내부와 탁지부가 각각 자체적으로 보존기간을 정했기 때문인 것으로 이해된다. 융희년간에 탁지부가 날인한 공문서 분류도장과 문서과보관 분류도장의 보존기간도 달랐는데, 이는 분류도장의 양식과 보존기간의 기산 기준이 변경되면서 보존기간도 개정된 것으로 이해된다. 일제 초기의 문서과보관 분류도장과 1911년 · 1913년 규정의 보존기간도 달랐는데, 조선총독부는 대한제국기 공문서와 식민지기에 생산된 공문서를 구분하고, 각 문서철에 적용할 보존기간을 따로 정하였던 것이다.

　각 문서철에 부여된 보존기간을 보면 융희년간 공문서 분류도장은 10년, 문서과보관 분류도장은 20년, 조선총독부 문서과보관 분류도장은 10년이 가장 높은 비중을 차지하였다. 10년과 20년의 보존기간이 부여된 문서류는 주로 각부부원청 · 각도군(各道郡) 사이에 거래한 조회 · 조복 · 훈령 · 보고와 같은 왕복문서철로 비슷한 성격이었고, 대장류도 수조성책 · 도조성책 · 추수기와 받자책과 같은 조세 · 회계 장부류로 비슷한 성격이었다. 이는 영구 보존 대상에 포함되지 않는 청원이나 후일 참고가 될 만한 조복 서류의 보존기간을 10년으로 책정한 1913년 규정과 비슷하다.

　영구 보존 대상으로 분류된 문서의 성격을 보면 대부분 재정과 관련된 문서철이었다. 일본은 대한제국을 지배하기 위한 일련의 정책을 시행하는 과정에서 결호세 · 외획 · 화폐 · 예산 · 해관 관련 문서를 선별하여 지배 정책의 예규나 참고 대상으로 삼기 위해 영구 보존 대상으로 분류하였던 것이다.

그런데 영구 보존 대상뿐만 아니라 융희년간과 일제 초기에 분류도장을 찍고 보존기간을 부여한 문서 자체가 대부분 재정과 관련된 문서철임을 확인할 수 있다. 일본이 대한제국에 대한 지배권을 장악하기 위해 특히 재정 문제에 주안점을 두었던 지배 정책이 공문서에도 반영되었던 것이다.

갑오개혁을 계기로 공문서 관리 규정이 새롭게 제정되었지만 보존기간에 대한 규정이 마련되지 않아 문서 관리체계에 한계가 있었다. 그러나 융희년간부터 보존기간제가 도입되어 분류도장을 찍고 문서 관리에 필요한 보존년수 · 기만년월 · 책수 · 분류호수 등을 부여하는 문서의 분류 · 보존 체계의 틀을 갖추게 되었다. 그러나 이러한 분류도장이 대부분 재정 관련 문서철에 찍혀 있는 것에서 볼 수 있듯이, 이는 대한제국에 대한 지배권을 장악하기 위해 재정 문제에 주안점을 두었던 일제 지배 정책이 반영된 식민지화 과정의 산물이었던 것이다.

과를 단위로 한 기능별 분류체계

'각부규칙'과 '각부통칙'을 바탕으로 각부부원청에서 제정한 편철 규정과 대한제국기 탁지부 문서철의 편철 상태를 비교해 본 결과, 조회와 조복을 조응한 편철 방식 · 문서철의 두께 · 목록 작성 등 탁지부 문서철의 편철 방식은 궁내부나 경무청의 편철 규정과 대체적으로 합치되었다. 각 기관별로 문서 편철 규정을 마련하였지만 일반적인 규정은 공유되고 있었던 것이다.

일반적인 규정은 공유되고 있었지만 탁지부의 편철 기준은 각 과별로 차이가 있었다. 탁지부는 국과를 단위로 각 과별로 문서를 분류하고 편철했는데, 지세과는 거래기관을 기준으로 문서를 편철했고, 잡세과와 관세과는 문서 시기를 기준으로 문서를 편철하였다. 문서 시기를 기준으로 문서를 편철한 경우도 한 문서철 내에서 거래기관을 구분하여 날짜순으로 편철한 방식과 기관의 구분 없이 날짜순으로만 편철한 방식으로 구분되었다.

문서를 분류해서 편철한 기준이 각 과별로 특성이 있었듯이 탁지부는 부-국-과 행정체계에서 국과를 단위로 각 과별로 문서를 분류해서 편철했던 것이다. 그런데 조선총독부가 한 질로 묶어 도서번호를 부여한 탁지부 문서철을 내별번호 순서대로 보면 문서년도가 앞뒤로 중복되고 다른 성격의 문서철이 혼용되어 있음을 확인할 수 있다. 이는 조선총독부가 국과를 단위로 한 대한제국기 공문서 분류체계를 무시하고 탁지부와 군부, 탁지부와 궁내부처럼 부와 부를 연계한 부 단위로 재분류하여 도서명과 도서번호를 부여했기 때문이다.

조선총독부는 부를 단위로 대한제국기 공문서를 재분류했지만 특정 부를 단위로 분류할 수 없는 경우도 있었다. 탁지부는 문서를 편철하면서 지세과처럼 거래기관을 기준으로 단일 기관과 거래한 문서만을 하나의 문서철에 편철하기도 했지만, 관세과와 잡세과처럼 여러 기관과 거래한 문서를 하나의 문서철에 함께 편철하기도 했기 때문이다.

하나의 문서철에 2개 이상의 기관과 거래한 문서가 함께 편철되어 있는 문서철은 특정 부를 기준으로 재분류할 수가 없었다. 이에 조선총독부는 2개 이상의 기관 문서가 함께 편철되어 있는 문서철은 단일 기관의 문서철과 구분해서 따로 분류하고 도서명 『탁지부각부원등공문래거문』, 도서번호 奎 17877을 부여하였다.

조선총독부는 문서철에 편철되어 있는 문서의 거래기관이 둘 이상인 지의 여부를 기준으로 문서철을 구분하고 부를 단위로 문서철을 재분류 해, 각 부를 단위로 분류된 문서철과 『탁지부각부원등공문래거문』에 분류된 문서철이 전혀 별개의 문서철인 것처럼 분류되어 있다. 그러나 『탁지부각부원등공문래거문』에 분류된 문서철도 국과를 단위로 편철되어 있듯이 조선총독부가 각 부를 단위로 분류한 문서철과 연계된 문서철이 었다.

조선총독부의 부를 단위로 한 재분류로 인해 기능별 분류체계도 해체 되었다. 탁지부 사세국 지세과는 같은 시기에 각도·각군에 보낸 훈령이 라도 따로 분류해서 편철했는데, 이는 훈령과 관련된 업무내용이 달랐기 때문이다. 지세과는 담당 업무내용에 따라 기능별로 문서를 분류해서 편 철하였던 것이다. 탁지부의 기능별 분류 항목을 확인할 수는 없지만, 탁 지부 문서철을 통해서 1905년 이전부터 탁지부는 국과를 단위로 각 과 별로 업무내용에 따라 기능별로 문서를 분류해서 편철하였음을 확인할 수 있다.

조선총독부가 부와 부를 연계한 부 단위로 분류하면서, 하나의 문서철 에 편철된 문서의 거래기관이 단수인지 복수인지를 기준으로 대한제국 기 공문서를 재분류함에 따라 국과를 단위로 한 기능별 분류체계가 해체 되었다. 이로 인해 서로 다른 성격의 문서철이 혼용되어 분류되기도 하 고, 서로 연계된 문서철이 전혀 별개의 문서철처럼 따로 떨어져 분류되 기도 한 것이다.

내장원도 탁지부와 마찬가지로 각 과를 단위로 기능별로 문서를 분류했지만, 조선총독부의 재분류로 인해 분류체계의 원 질서가 해체되고 말았다. 규장각에 소장된 내장원의 문서철 가운데는 내장원이 각부부원청·지방·민으로부터 받은 조회·보고서·청원서 등을 편철한 문서철 17책이 한 질로 묶여 도서명『내장원경리원각도각군보고존안』도서번호 奎 19163이 부여된 것이 있다.

『내장원경리원각도각군보고존안』은 17책이 한 질로 묶여 있지만 수신기관을 보면 궁내부와 내장원으로 구분되어 있는 것에서 알 수 있듯이, 문서를 편철하고 보존한 주체가 전혀 다른 두 기관의 문서철이 혼용되어 있다. 다음으로 내장원이 수신한 문서철은 종목과와 지응과 문서철로 구분되었고, 종목과가 편철한 문서철은 업무내용에 따라 문서가 분류되어 편철되어 있었다. 이는 지응과가 편철한 문서철도 마찬가지였다. 내장원도 탁지부와 마찬가지로 과를 단위로 각 과별로 업무내용에 따라 기능별로 문서를 분류해서 편철했던 것이다. 그렇지만 이 역시 조선총독부의 재분류 과정을 거치면서 수신기관·문서를 편철한 과·문서 성격이 서로 다른 문서철이 혼용되어 한 질로 분류되었던 것이다.

기능별 분류체계는 동일했지만 편철 방식에서 내장원과 탁지부는 차이가 있었다. 내장원은 소장, 보고, 통첩 등 문서 종류를 구분해서 한 종류의 문서를 하나의 문서철에 편철한 경우도 있었지만, 조회·조복·훈령 등 두 종류 이상의 문서를 하나의 문서철에 함께 편철하기도 했다. 문서 종류는 문서 명칭을 통해 문서 성격과 거래기관 사이의 위계를 보여주는 역할을 한다. 그런데 문서의 등급이 다른 조회와 훈령, 조회와 보고 같은 문서를 함께 편철했다는 것은 거래기관의 위계가 문서 편철의 1차 기준은 아니었다는 것이고, 이는 문서 종류별로 문서를 분류해서 편철하지 않았음을 의미한다.

또한 내장원은 서로 연계된 문서를 조응해서 함께 편철하지도 않았다. 탁지부는 조회와 조복을 조응해서 하나의 문서철에 함께 편철했지만, 내장원은 이들 문서를 분리해서 따로 편철하였다. 내장원이 문서 종류가 다른 조회와 훈령을 함께 편철하면서 서로 조응하는 조회와 조복을 따로 분리하여 편철한 이유는 해당 문서가 수신 문서인지 아니면 발신 문서인지 수발신 여부에 따라 문서를 분류해서 편철했기 때문이다.

탁지부와 내장원은 문서 편철 방식에서 차이가 있었지만, 과를 단위로 각 과별로 업무내용에 따라 기능별로 문서를 분류해서 편철한 기능별 분류체계는 동일했다. 국과를 단위로 한 기능별 분류체계가 대한제국기 공문서 분류체계의 기본 골격이었던 것이다.

궁방을 기준으로 한 『장토문적류』의 분류

규장각에 소장된 갑오개혁~대한제국기 문서 가운데는 국가 행정기구 문서, 왕실기구 문서 외에 황실재정 정리 과정에서 수합된 문서도 있다. 황실재정 정리 과정에서 수합된 문서 가운데 대표적인 것으로는 『장토문적류』를 들 수 있다. 일반적으로 『장토문적류』는 1907년 각궁사무정리소가 도장(導掌)을 정리하면서 도장들로부터 수합한 문서를 모아둔 문서철인 것으로 이해되고 있다. 『장토문적류』를 구성하고 있는 다수의 문서철이 도장을 정리하는 과정에서 수합된 것임은 분명하지만 이는 『장토문적류』 성격의 일면만을 파악한 것이다.

『장토문적류』에는 황실재정을 정리하면서 각궁사무정리소가 1사 7궁으로부터 수합한 궁방 문서철과 도장 정리과정에서 도장이 제출한 문서철, 궁방전과 역둔토의 혼탈입지를 정리하는 과정에서 개인이 제출한 문서철, 여객주인권과 관련된 문서철 등 다양한 문서가 포함되어 있다. 『장토문적류』에는 1사 7궁을 폐지하면서 수합한 궁방 문서에서부터 궁방과 연계된 도장권·여객주인권 등 각종 권리를 정리하면서 수합한 황실재정 정리 전반과 연계된 문서가 편철되어 있는 것이다.

황실재정 정리 과정에서 수합된 『장토문적류』는 이후 조선총독부에 의해 현재와 같은 상태로 재편철되는 과정을 거쳤다. 현재 『장토문적류』는 동일한 재질의 종이로 앞뒤로 싸여 편철되어 있는데, 이는 조선총독부가 『장토문적류』의 표지를 새로 만들어 재편철한 것이다.

『장토문적류』를 재편철하면서 편철 방식도 바뀌었다. 재편철 과정에서 조선총독부는 『장토문적류』 문서철의 분량이 많은 경우에는 적당한 양으로 나누어 여러 문서철로 분책하였고, 분책한 경우에는 각 문서철이 연속된 하나의 문서철임을 나타내기 위해 정제(整第) 호수에 천간(天干)을 부여하는 방식으로 표기를 했다. 그러나 재편철 과정에서 표제와 문서가 어긋나는 오류가 발생해 원 질서가 훼손되는 양상이 발생하기도 하였다.

『장토문적류』는 재편철 과정과 더불어 재분류되는 과정도 거쳤다. 현재 『장토문적류』는 표제에 지역명이 포함되어 있는지, 표지에 표제가 있는지 여부에 따라 분류되어 문서의 제출자나 문서의 성격이 고려되지 않았다. 이에 반해 1912년 분류도장을 찍고 호수를 부여했던 당시의 분류 기준을 보면, 1단계로 제출자를 대분류로 삼고 궁방과 개인이 제출한 문서철을 구분하였고, 그 다음 2단계로 개인이 제출한 문서철은 관련 궁방을 기준으로 분류했다. 제출자와 소속 궁방이라는 2단계의 기준을 설정하고 문서를 분류한 것이다. 그러나 2단계의 하위 단위에는 특정한 분류 기준을 마련하지 않아 여러 지역이 혼용되어 혼란스러운 양상을 보였다.

조선총독부가 분류도장을 찍고 호수를 부여하던 당시에 대한제국기 공문서가 원 질서 그대로 보존되어 있었던 것은 아니지만, 『장토문적류』에 분류도장을 찍고 호수를 부여한 분류 양상은 황실재정 정리 당시 『장토문적류』 분류체계의 원형을 파악할 수 있는 방향을 시사해 준다는 점에서 의미가 있다.

황실재정을 정리하면서 수합한 『장토문적류』는 황실재정 정리 기관이 정리한 재정 대상에 따라 주제별로 구분되었다. 임시재산정리국은 궁방전·도장·궁방전 혼탈입지를 조사 정리하였고, 탁지부 사세국은 역둔토 혼탈입지를 조사 정리하였다. 궁방전과 역둔토의 성격 및 정리 기관이 달랐으므로 황실재정 정리 당시 『장토문적류』 분류체계의 원 질서는 재정 정리 기관별로 구분되어 정리 대상에 따라 주제별로 제출자와 소속 궁방을 기준으로 분류되었을 것으로 이해된다.

이러한 분류 기준에 따른다면 『장토문적류』에 편철된 문서는 임시재산정리국과 탁지부 사세국을 기준으로 구분되어 분류되어야 한다. 그 다음 임시재산정리국이 정리한 『장토문적류』는 1단계로 주제별로 분류되어야 한다. 『장토문적류』에는 궁방이 제출한 궁방전 관련 문서철, 도장이 제출한 도장권 관련 문서철, 궁방전 혼탈입지와 관련해 개인이 제출한 문서철, 여객주인권과 관련된 문서철 등이 있다. 이러한 문서들은 특정 목적을 실현하기 위해 생산된 각각의 기능이 있는 것이다. 따라서 그 기능에 따라 주제별로 궁방전, 도장권, 궁방전 혼탈입지, 여객주인권으로 구분되어 분류되어야 할 것이다. 이러한 주제별 분류는 생산자별 분류 방식이기도 하다.

다음으로 2단계는 궁방을 기준으로 분류되어야 할 것이다. 『장토문적류』는 1사 7궁과 그와 연계된 개인이 서로 관계를 맺으면서 생산·거래한 문서이므로 궁방별로 분류되어야 각 문서의 계통이 정립될 수 있을 것이다. 궁방별 분류의 하부 단위는 지역별로 분류되어야 한다. 이는 자료 이용의 효율성을 높이는 역할을 할 것이다.

한편 탁지부 사세국이 정리한 역둔토 혼탈입지와 관련된 문서철은 궁방 관련 문서철과 계통을 달리하므로 따로 구분해서 분류되어야 한다.

이러한 분류는 재정정리 기관별 → 주제별 → 궁방별 → 지역별 단위의『장토문적류』분류체계를 형성하게 될 것이며, 이러한 분류체계는 각 문서철을 유기적으로 연계시키는 역할을 할 것이다.

분류도장의 날인과 원 질서의 붕괴

대한제국이 일제에 강점된 후 조선총독부가 부 단위로 재분류함으로써 대한제국기 공문서 분류체계는 해체되었다. 그런데 조선총독부가 도서명과 도서번호를 부여하기 이전에 이미 대한제국기 공문서 분류체계는 무너지고 있었다. 그 흔적은 갑오개혁~대한제국기 문서철 표지에 찍힌 분류도장과 창고번호 도장에서 확인된다.

분류도장은 융희년간부터 1916년 사이에 날인되었는데, 거의 대부분은 조선총독부가 1911~1912년 사이에 찍은 것이다. 융희년간과 일제 초기에 찍은 분류도장은 주로 국가 재정과 황실재정 관련 문서철에 집중적으로 찍혀 있었다. 이는 일본이 러일전쟁 이후 대한제국을 지배하기 위해 먼저 국가 재정을 장악하고자 했던 정책과 강점 이후에는 식민지 통치 기반을 구축하기 위해 국가 재원을 철저히 파악하고자 했던 정책이 공문서에도 그대로 반영된 것이다.

분류도장을 찍었던 당시의 갑오개혁~대한제국기 공문서의 분류 양상은 부를 단위로 한 재분류 이후의 양상과 전혀 달랐다. 우선 융희년간에 분류도장을 찍고 호수를 부여한 양상을 보면, 각 호수는 기본적으로 과를 단위로 부여되어 있었다. 이 시기까지는 국과를 단위로 한 대한제국기의 분류체계가 기본적으로 유지되고 있었던 것이다. 그렇지만 일부 호수에서는 과가 다른 문서철이 함께 분류되어 국과를 단위로 한 분류체계가 조금씩 무너지는 양상도 나타나고 있었다.

과를 단위로 분류도장을 찍었지만, 각 과의 특성을 반영하여 호수를 부여한 것은 아니었다. 탁지부 사세국 지세과의 문서철에 부여된 호수를 보면 하나의 호수에 지세과가 거래한 여러 기관의 문서철이 함께 분류되어 있었고, 각 호수간의 문서년도가 중복되고 순차적이지 않았으며, 동일한 성격의 문서철에 각각 다른 호수가 부여되어 있었다.

이처럼 거래기관·문서년도·문서 성격이 서로 다른 문서철이 혼용되어 호수가 부여된 것은 지세과의 편철 방식을 반영하지 못한 것에 기인한다. 지세과는 거래기관을 기준으로 문서를 분류하여 편철했던 방식에서 1905·1906년부터 문서 시기를 기준으로 여러 기관과 거래한 문서를 하나의 문서철에 편철하는 방식으로 변경했던 것이다.

그런데 지세과의 변화된 편철 방식을 고려하지 않고 1905·1906년 이후부터 문서 시기를 기준으로 문서를 편철한 체계를 거래기관을 기준으로 문서를 분류해서 편철했던 1905년 이전 시기의 문서철에까지 소급 적용함으로 인해 거래기관·문서년도·문서 성격이 서로 다른 문서철이 혼용되어 호수가 부여되었던 것이다.

융희년간에 지세과 문서철에 분류도장을 찍고 호수를 부여하였을 당시까지는 지세과를 단위로 한 분류체계는 기본적으로 유지되고 있었지만, 일부 잡세과 문서철이 혼용되어 있었다. 그리고 호수간의 문서년도가 앞뒤로 중복되고 순차적이지 않았으며 같은 성격의 문서철이 따로 분류되어 있었다. 부-국-과 행정체계에서 과를 단위로 한 기능별 분류체계가 분류도장을 찍었던 융희년간부터 무너지고 있었던 것이다.

조선총독부가 찍은 분류도장도 동일한 양상이었다. 조선총독부도 과를 단위로 분류도장을 찍고 호수를 부여했지만 일부 호수에는 과가 다른 문서철이 혼용되어 있었고, 각 과별 분류와 편철 방식이 반영되지 않았다. 문서 시기를 기준으로 문서를 분류해서 편철한 탁지부 관세과와 잡세과 문서철의 문서연도와 'ㅓㅁㅅ 歌' 순서가 맞지 않았고, 내장원의 13도 각군 보고·소장의 경우는 지역별 구분 없이 보고와 소장이 혼용되어 호수가 부여되었고 문서년도도 순차적이지 않았으며 연속된 문서철이 따로 분류되어 있었다.

분류도장을 찍은 이후 조선총독부는 갑오개혁~대한제국기 공문서를 창고에 보관하면서 각 문서철에 창고번호 도장을 찍었다. 창고번호 도장은 분류도장이 찍힌 재정 관련 문서철뿐 아니라 대한제국기 각부부원청 문서철에도 찍혀 있었다.

대체로 창고번호 도장은 문서를 편철한 기관을 구분하여 각 창고별로 해당 문서철을 보존하는 방식으로 찍혀 있었다. 각 창고의 서가에도 대체적으로 분류도장 호수 순으로 문서철을 배열했지만, 일부 문서철은 호수가 뒤섞인 채 서가에 배열되어 서가와 호수 순서가 맞지 않았고, 국과 단위의 분류체계가 붕괴되는 양상이 심화되는 모습도 나타났다.

창고번호 도장에서 나타난 특징 가운데 하나는 분류도장을 찍으면서 각 문서철에 부여한 보존기간의 의미가 사라졌다는 점이다. 보존기간의 부여는 문서 가치를 평가하는 것으로서, 해당 문서가 지닌 역사적·행정적 가치에 따라 일정 기간 보존하다 폐기할지, 영구 보존할지가 결정된다. 분류도장을 찍고 보존기간을 부여했던 당시에는 갑오개혁~대한제국기 공문서의 가치를 평가해 폐기 대상과 영구 보존 대상을 구분하였다.

그런데 창고번호를 부여하면서는 폐기 대상과 영구 보존 대상을 구분하지 않고 보존기간이 다른 문서철을 같은 서가에 함께 뒤섞어 보관했다. 보존기간에 상관없이 갑오개혁~대한제국기 공문서의 가치를 모두 동일하게 취급했던 것이다. 이는 창고번호 도장을 찍을 당시에 이미 갑오개혁~대한제국기 공문서에 대한 인식이 변화되었음을 의미한다. 갑오개혁~대한제국기 공문서를 행정적 가치에 따라 일정 기간 보존하다 폐기해야 할 일반 행정문서와는 다른 문서로 취급했던 것이다.

대한제국을 강점한 일제는 식민 정책을 수립하고 사업 시행에 필요한 기초자료를 수집하기 위해 '구관제도조사사업'을 추진하였다. 그 과정에서 대한제국기 공문서를 일정 기간이 지난 뒤 폐기되어야 할 일반 행정문서가 아니라, 식민 통치에 필요한 '고고(考古)의 재료(材料)'로 새롭게 인식하였다. 일반 행정문서에서 식민 통치에 필요한 '고고의 재료'로 문서에 대한 가치 평가가 전환되면서, 각 문서철에 부여된 보존기간에 상관없이 갑오개혁~대한제국기 공문서를 동일한 대상으로 취급하여 함께 보존하였던 것이다.

사검 · 정도 · 징수 체계에 기초한 역둔토 문서 분류

대한제국기에 각 기관은 업무를 수행하는 과정에서 문서류와 더불어 대장류도 작성했는데, 그 가운데 하나가 내장원의 역둔토 성책이다. 내장원은 역둔토를 관할하면서 역둔토의 소재지 · 면적 등을 조사하여 도조(賭租)를 책정하고, 이를 바탕으로 도조를 징수하였다. 또한 사검(査檢) · 정도(定賭) · 징수(徵收)의 각 과정마다 그 목적에 맞게 문서를 작성하여 다음 과정의 보조 자료로 활용하였다. 도안(都案), 납미납구별책(納未納區別冊), 정간(井間), 자문(尺文), 사검책(査檢冊) 등이 바로 그 문서들인데, 이는 업무내용에 따라 문서를 분류·관리한 기능별 분류체계에 해당한다.

그러나 황실재정 정리 작업이 본격화되면서 내장원이 폐지되고, 이후 황실재산의 국유화가 결정되면서 역둔토 문서는 임시재산정리국과 탁지부로 분산·관리되었다. 그 과정에서 재분류가 이루어졌는데, 이때 사검·정도·징수라는 역둔토 관리 기능이 아닌 황실재정 정리라는 목적에 맞춰 작업이 이루어짐에 따라, 종래의 역둔토 문서의 분류체계는 붕괴되고 1차 변형이 이루어졌다.

황실재정 정리 작업은 일본이 황실의 재정 기반을 박탈하여 황제권을 무력화하기 위한 목적으로 시행하였던 것이며, 그 과정은 곧 식민지화 과정에 다름 아니었다. 역둔토 문서 분류체계의 1차 변형은 일본이 대한제국의 지배권을 장악하기 위해 황실재정을 정리하는 과정에서 파생된 식민지화의 산물이었던 것이다.

조선총독부는 역둔토 문서에도 분류도장을 찍고 호수를 부여했는데, 지역과 연도의 구분 없이 도안, 납미납구별책, 사검책, 도조기 등 다양한 성격의 문서를 한데 뒤섞어 호수를 부여하였다. 내장원의 사검·정도·징수라는 관리 체계에 기초한 역둔토 문서 분류체계는 조선총독부가 분류도장을 찍을 당시 이미 무너져 있었던 것이다.

분류도장이 찍힌 역둔토 성책은 이후 창고에 보관됐는데, 이때 합철본으로 재편철되는 과정을 거쳤다. 조선총독부는 역둔토 성책 1건마다 분류도장을 찍고 호수를 부여했는데, 이는 역둔토 성책 1건, 1건을 독립적인 문서로 파악했다는 것이다. 그런데 창고번호 도장을 찍고 창고에 보관하면서는 수십 건의 성책을 하나의 문서철에 묶어 합철본 형태로 재편철하였다. 이로써 성격이 다른 수십 건의 성책이 하나의 문서철에 묶이면서 개별 성책이 갖는 독자적인 성격이 상실되고 말았다. 이들 합철본은 도서번호가 부여되지 않은 채 미정리 도서로 남아 있다가 해방 이후 도서정리 작업을 통해 도서번호가 부여되었다. 그런데 이때에도 독립적인 개별 성책이 수십 건씩 묶인 합철본에 하나의 도서번호와 도서명을 부여함으로써 각 문서가 지닌 성격이 명확히 드러나지 못하게 되었다.

한편 역둔토 성책의 분류 문제는 합철본뿐만 아니라, 1건의 문서에 도서번호가 하나씩 부여된 사례에도 있었다. 규장각 『종합목록』은 역둔토 문서의 생산·거래·보존의 연계성을 고려하지 않고, 4부(四部) 분류 방식에 기초하여 개별 문서를 독립적으로 파악하고 각각의 주제에 기초하여 분류하였다. 그 결과 내장원이 역둔토를 관리하면서 생산한 문서들이 유기적으로 연계되지 못한 채 분리되어 있는 문제점이 있다.

주제에 기초한 분류 방식은 특정 주제와 관련된 여러 문서를 함께 분류한다는 점에서 의미가 있다. 그런데 개별 문서는 해당 업무에 따라 독립적으로 작성된 것이지만, 그 문서를 생산·소장하는 기관의 특수한 목적이 반영된 기록물이기도 하다. 따라서 문서는 업무를 담당한 각 기관을 기준으로 해당 기관의 기능과 역할에 따라 주제별로 분류되어야 한다. 각 기관이 특정한 목적을 수행하면서 생산한 문서들이 갖는 연계성을 고려하지 않고 분류할 경우, 유기적으로 연계된 문서들을 파편화시킴으로써 본연의 모습을 잃어버릴 수 있는 것이다.

대한제국의 국과를 단위로 한 기능별 분류체계는 역둔토 문서에도 동일하게 적용되었다. 내장원은 역둔토 관리의 특성을 반영하여 사검·정도·징수라는 관리체계에 기초하여 역둔토 문서를 도안, 납미납구별책, 정간, 자문, 사검책 등으로 기능별로 분류하였다. 그러나 이러한 분류체계는 황실재정 정리 과정을 거치면서 해체되기 시작해, 창고번호 도장을 찍고 창고에 보관할 때는 개별 성책이 갖는 독자성을 상실한 채 합철본 형태로 재편철되었다.

갑오개혁기에 제정된 공문서 제도는 일본의 공문서 제도를 참조한 것이지만, 유별분류제가 명시적으로 규정되어 있지 않았다. 유별분류의 규정은 1905년 탁지부 '처무규정'에서 처음 확인된다. 1905년은 일본이 재정고문 메가타를 파견해 대한제국의 국가 재정에 간섭하던 시기였다. 재정고문인 메가타는 대한제국의 국가 재정에 간섭하면서 유별분류제를 이식하고자 했던 것이다.

유별분류에 관한 규정은 1905년 이후 확인되지만, 국과를 단위로 각 과별로 업무내용에 따라 문서를 분류하는 기능별 분류체계는 1905년 이전에 이미 형성되어 있었다. 오히려 유별분류제가 명시적으로 규정되고 보존기간제가 도입된 후, 융희년간에 분류도장을 찍고 호수를 부여하면서 대한제국기에 확립된 과를 단위로 한 기능별 분류체계가 무너지는 양상을 확인할 수 있었다.

대한제국이 강점된 후 조선총독부는 갑오개혁~대한제국기 공문서를 보존기간에 상관없이 동일한 대상으로 취급하였고, 식민 통치에 참고할 자료로 이용하기 위해 부를 단위로 재분류하였다. 이로 인해 대한제국기의 공문서 분류체계는 결정적으로 해체되고 갑오개혁~대한제국기 공문서는 국가 운영체계를 반영하지 못한 채 전혀 다른 모습으로 분류 · 정리되게 되었다.

참고 문헌

1. 연대기 및 관보
『朝鮮王朝實錄』, 『高宗實錄』, 『官報』, 『朝鮮總督府官報』

2. 법전류
『經國大典』, 『議案·勅令』(서울대학교 도서관), 『宮內府規例』, 『秋官志』,
『韓末近代法令資料集』(국회도서관)

3. 목록류
『奎章閣圖書韓國本總目錄』(1965년), 『奎章閣圖書韓國本綜合目錄』(修正版,
1994년), 『奎章閣朝鮮本圖書目錄』(奎 26782), 『朝鮮圖書總目錄』(奎 26778),
『朝鮮總督府古圖書目錄』, 『朝鮮總督府古圖書目錄補遺』

4. 탁지부 문서
『警務廳來去文』(奎 17886), 『警部來去文』(奎 17888),
『公文編案』(奎 18154), 『公牒存案』(奎 20060),
『軍部來去案』(奎 17878), 『宮內府去來文牒』(奎 17882),
『法部來去文』(奎 17884), 『報告書綴』(奎 17995),
『收到』(奎 20309), 『收到』(奎 20357), 『外部來去文』(奎 17889),
『議政府來去案』(奎 17887), 『掌禮院去來牒』(奎 17885),
『災結請議書』(奎 17997), 『電郵費訓令編案』(奎 17892),
『存案冊』(奎 20278), 『度支部各部院等公文來去文』(奎 17877),
『度支部公文』(奎 19549), 『度支部內部公文來去牒』(奎 17881),
『度支部農商工部公文來去牒』(奎 17880), 『度支部往復書類等』(奎 26189),
『通牒』(奎 17891), 『平理院來去文』(奎 17883),
『漢城裁判所來去文』(奎 17890), 『訓令存案』(奎 18153),
『訓令編案』(奎 17876)

5. 내장원 문서

『各道各郡訴狀』(奎 19164),『各府郡來牒』(奎 19146),

『江原道各郡報告』(奎 19155),『江原道訴狀』(奎 19156),

『京畿各郡報告』(奎 19147),『京畿各郡訴狀』(奎 19148),

『慶尙南北道各郡報告』(奎 19153),『慶尙南北道各郡訴狀』(奎 19154),

『宮內府訓令編案』(奎 20055),『內藏院經理院各道各郡報告存案』(奎 19163),

『報告接受冊』(奎 21205),『訴狀接受冊』(奎 21204),

『訴狀接受』(奎 21203),『全羅南北道各郡報告』(奎 19152),

『全羅南北道各郡訴狀』(奎 19151),『忠淸南北道各郡報告』(奎 19149),

『忠淸南北道訴狀』(奎 19150),『通牒編案』(奎 20311),

『通牒編案』(奎 20313),『平安南北道各郡報告』(奎 19160),

『平安南北道各郡訴狀』(奎 19159),『咸鏡南北道各郡報告』(奎 19161),

『咸鏡南北道各郡訴狀』(奎 19162),『黃海道各郡報告』(奎 19157),

『黃海道各郡訴狀』(奎 19158),『訓令照會存案』(奎 19143),

『訓令存案』(奎 19144),『訓令』(古 5121-2)

6. 내장원 대장류

『江原道各郡各屯都摠成冊』(奎 20216)

『江原道各郡甲辰度各驛各屯賭稅額都摠成冊』(奎 19239)

『江原道各郡甲辰度各驛各屯賭稅額都摠成冊』(奎 19239)

『江原道各郡丙午度各驛屯賭稅額都摠成冊』(奎 20346)

『江原道各郡乙巳度各驛屯及賭稅額都摠成冊』(奎 19242)

『經理院驛屯土成冊』(奎 20249),『經理院驛屯土成冊』(奎 21024)

『經理院驛屯土成冊』(奎 21045),『經理院驛屯土成冊』(奎 21046)

『經理院驛屯土成冊』(奎 21047),『經理院驛屯土成冊』(奎 21051)

『經理院驛屯土成冊』(奎 21091),『經理院驛屯土成冊』(奎 21111)

『經理院驛屯土成冊』(奎 21143),『經理院驛屯土成冊』(奎 21144)

『經理院驛屯土成冊』(奎 21892),『經理院驛屯土成冊』(奎 21893)

『經理院驛屯土成冊』(奎 21894),『經理院驛屯土成冊』(奎 21898)

『經理院驛屯土成冊』(奎 22097), 『經理院驛屯土成冊』(奎 22099)

『慶尙南道各郡屯驛牧賭稅甲辰條摠數成冊』(奎 19233)

『慶尙南北道驛屯土查檢冊』(奎 21025)

『慶尙南北道驛屯土查檢冊』(奎 21029)

『慶尙南北道驛屯土查檢冊』(奎 21948)

『慶尙北道二十二郡各驛屯田甲辰賭稅區別成冊』(奎 19223)

『內藏院各道公土案』(奎 19614)

『明溫宮所管嘉山博川各洞落數與穀數及間標作人成冊』(奎 22081)

『宣川郡釰山東林兩鎭公廨間數及軍器汁物成冊』(奎 22034)

『十三道各樣稅額未捧冊』(奎 19134), 『驛屯土成冊』(奎 21987)

『龍洞宮所管嘉山各洞落數與穀數及間標作人成冊』(奎 22082)

『義州府十一郡所在各樣田畓舍音姓名成冊』(奎 22087)

『全羅南道各郡甲辰條各驛牧屯土執賭實數成冊』(奎 19211)

『全羅北道各郡各公土甲辰條賭稅摠數成冊』(奎 20524)

『全羅北道各郡驛屯土賭稅蔘稅實數成冊』(奎 19192)

『鐵山郡所在廢止西林鎭各公廨間數及軍器汁物成冊』(奎 21995)

『鐵山郡所在廢止西林鎭乙未錢穀稅入用下成冊』(奎 21996)

『忠淸北道各郡屯驛土原賭打作及各樣稅額成冊』(奎 19180)

『平安南道各郡甲辰條驛屯區別成冊』(奎 19254)

『平安北道各郡公土賭穀賭錢稅錢殖利錢納未納成冊』(奎 19264)

7. 황실재정 정리 문서

『[內需司]庄土文績』(奎 19307), 『[內需司]忠淸道庄土文績』(奎 19300)

『[內需司文績類]』(奎 19312), 『[平安道]庄土文績』(奎 19305)

『江原道庄土文績』(奎 19304), 『京畿道庄土文績』(奎 19299)

『慶尙道庄土文績』(奎 19302), 『全羅道庄土文績』(奎 19301)

『咸鏡南道安邊郡培養杜庄土景祐宮提出圖書文績類』(奎 19306)

『黃海道庄土文績』(奎 19303), 『各道郡各穀時價表』(奎 21043)

『不明文劵』(奎 21747), 『引繼에關한目錄』(奎 21653)

『財産調査局來去文』(奎 17827)

8. 일본측 자료

『各宮事務整理所事務成蹟調査書』(k2-4880)

『[奎章閣]圖書關係書類綴』(奎 26764)

『男爵目賀田種太郎』, 『日本外交文書』

『日韓外交資料集成』, 『臨時財産整理局事務要綱』

『第三次統監府統計年報』, 『朝鮮舊慣制度調査事業概要』

『朝鮮總督府委任規程 · 朝鮮總督府處務規程』(奎 20298)

『統監府文書』, 『韓國財政施設綱要』, 『韓國財政整理報告』

9. 저서

김건우, 2008, 『근대 공문서의 탄생』, 소와당

김양식, 2000, 『근대권력과 토지-역둔토 조사에서 불하까지』, 해남

박성진 · 이승일, 2007, 『조선총독부공문서』, 역사비평사

왕현종, 2003 『한국 근대국가의 형성과 갑오개혁』, 역사비평사

이영호, 2001, 『한국근대 지세제도와 농민운동』, 서울대학교출판부

이태진, 2000, 『고종시대사의 재조명』, 태학사

한국기록학회, 2008, 『기록학 용어 사전』, 역사비평사

10. 논문

권태억, 1994, 「1904~1910년 일제의 한국 침략 구상과 '시정개선'」 『한국사
        론』 31,

_____, 1994, 「갑오개혁 이후 공문서 체계의 변화」 『奎章閣』 17

김건우, 2006, 「갑오개혁기 「공문식」과 공문서의 변화」 『古文書研究』 29

_____, 2007, 「구한말 궁내부의 공문서 관리 규칙에 관한 일고찰」 『한국기록관
        리학회지』 제7권 1호, 한국기록관리학회

김도환, 2010, 「갑오개혁 이후 내장원 · 경리원의 공문서 분류 · 관리 : 접수스탬
        프의 분석을 중심으로」 『규장각』 37

김상호, 1986,「조선시대의 공문서관리」『서지학연구』1

김재문, 1992,「조선왕조의 법전상의 고문서와 한국법연구」『정신문화연구』46

김재순, 1992,「한국 근대 공문서관리제도의 변천」『기록보존』5

김재호, 1997,「갑오개혁이후 근대적 재정제도의 형성과정에 관한 연구」, 서울
대 박사학위논문

김태웅, 1994,「1910년대 전반 조선총독부의 取調局・參事官室과 '舊慣制度
調査事業'」『규장각』16

_____, 1995「일제 강점 초기의 규장각 도서 정리 사업」『규장각』18

_____, 2000,「갑오개혁 전후 지방공문서관리의 변화」『규장각』23

_____, 2008,「일제강점기 경성제국대학의 규장각 관리와 소장 자료 활용」『규
장각』33

김혁, 2000,「장서각 소장 등록의 문헌학적 특성」『장서각』4

김현영, 2006,「조선시대 지방 관아에서의 기록의 생산과 보존」『고문서연구』
28

_____, 2008,「조선시대의 문서와 기록의 위상 : 사초, 시정기에 대한 재검토」
『고문서연구』32

박진태, 1996,「한말 역둔토조사의 역사적 성격 연구」, 성균관대 박사학위논문

백선혜, 2007,「『경국대전』의 기록관리 규정」『기록학연구』15 참조.

서영희, 1990,「1894~1904년의 정치체제 변동과 궁내부」『한국사론』23

_____, 1994,「통감부 시기 일제의 권력장악과 규장각 자료의 정리」『규장각』17

송규진, 1997,「1910년대 관세정책과 수이출입구조」,『역사문제연구』2, 역사
비평사

신석호, 1960,「조선왕조실록의 편찬과 보관」『사총』5

연갑수, 2000,「조선후기 등록에 대한 연구」『외대사학』12

오항령, 2001,「실록 : 등록의 위계」『기록학연구』3

윤훈표, 2000,「조선초기 공기록물 관리제의 개편」『기록학연구』2

이경용, 2002,「한국의 근현대 기록관리제도사 연구」, 중앙대 박사학위논문

_____, 2002,「한말 기록관리제도-공문서관리 규정을 중심으로」『기록학연
구』6

_____, 2004, 「조선총독부의 기록관리제도」, 『기록학연구』 10

이상민, 2001, 「영구보존문서의 선별과 가치평가」, 『기록보존』 14

이상찬, 1991, 「『引繼에 關한 目錄』과 『調査局來去文』의 검토」 『서지학보』 6

_____, 1992 「일제침략과 「황실재정정리」(1)」 『규장각』 15

_____, 1997, 「규장각 소장 자료의 公文書 分類圖章에 대하여」 『서지학보』 20

이영학, 2007, 「갑오개혁 시기 기록관리제도의 변화」 『역사문화연구』 27, 한국 외국어대학교 역사문화연구소

_____, 2009, 「대한제국시기의 기록관리」 『기록학연구』 19

이윤상, 1996 「1894-1910년 재정 제도와 운영의 변화」, 서울대 박사학위논문

한영우, 2002, 「1904~1906년 경운궁 중건과 ≪慶運宮重建都監儀軌≫」 『한국 학보』 108

한우근, 1988, 「조선전기史官과 실록편찬에 관한 연구」 『진단학보』 66

부록 1: 대한제국 관제(의정부와 7부)

관부	국	과	비고
의정부 議政府	議政官房	秘書課, 文書課	국가 최고행정기관
	總務局	記錄課, 官報課, 會計課	
군부 軍部	大臣官房	秘書課	군사 사무
	軍務局	軍事課, 馬政課, 外國課	
	砲工局	砲兵課, 工兵課	
	經理局	第一課, 第二課	
	軍法局		
	醫務局		
내부 內部	大臣官房	秘書課, 記錄課, 庶務課	중앙 및 지방 행정 총괄
	地方局	州縣課, 地方費課	
	土木局	土木課, 地理課	
	版籍局	戶籍課, 地籍課	
	衛生局	衛生課, 醫務課	
	會計局	會計課, 用度課	
농상공부 農商工部	大臣官房	秘書課, 文書課	농업, 상업, 공업 관련 사무
	農務局	農事課, 森林課, 産業課, 蠶業課	
	通信局	遞信課, 管船課	
	商工局	商業課, 工業課, 勸業課	
	鑛山局	鑛業課, 地質課	
	會計局		
법부 法部	大臣官房	秘書課, 法務課, 文書課	사법행정 및 재판소 관할
	民事局	第一課, 第二課	
	刑事局	第一課, 第二課	
	檢事局		
	會計局		
	司理局	民事課, 刑事課	
	法務局	檢査課, 法制課	
외부 外部	大臣官房	秘書果, 文書果, 繙繹果, 會計果	외부행정 총괄
	交涉局	第一課, 第二課	
	通商局	第一課, 第二課	
탁지부 度支部	大臣官房		국가재무 총괄
	司稅局	地稅課, 雜稅課, 關稅課	
	司計局	經理課, 監査課	
	出納局	金庫課, 米廩課	
	會計局	經費課, 調度課	
	庶務局	國債課, 文書課	
학부 學部	大臣官房	秘書課, 文書課, 會計課	교육행정 관장
	學務局		
	編輯局		

부록 2: 대한제국기 공문서 관련 연표

연월일	관련 내용
1894.6.25	군국기무처 설치
1894.6.28	중앙기구 관제 제정(의정부, 궁내부, 8아문 제정) 개국기원 사용(고종 31년=개국 503년=1894년)
1894.7.9	공문서 양식 통일
1894.7.12	명령반포식(命令頒布式) 제정
1894.7.14	각부각아문통행규칙(各府各衙門通行規則) 제정
1894.11.21	공문식(公文式) 제정
1894.12.16	의정부를 내각(內閣)으로 개칭
1894.12	관보에 국한문 혼용
1895.3.25	각부관제통칙(各部官制通則) 제정 8아문을 7부(部)로 개편
1895.4.1	각부처무규정통칙(各部處務規程通則), 군부처무규정(軍部處務規程) 제정
1895.4.2	궁내부관제 개정 내장원 설치
1895.5.26	지방제도 개혁, 23부(府) 설치
1895.6.1	공문서 종류 및 서식 제정
1895.7.1	경무청(警務廳) 문서정리규칙 제정
1895.8.20	을미사변
1895.11.10	내장원을 내장사로 개칭
1895.11.15	건양(建陽) 연호 제정, 태양력 사용 결정
1896.2.11	아관파천
1896.8.4	지방제도 23부를 폐지하고 13도(道) 설치
1896.9.24	내각을 폐지하고 의정부 설치
1897.2.20	고종 경운궁(덕수궁)으로 환궁
1897.8.14	광무(光武) 연호 제정
1897.10.12	고종 황제로 즉위
1897.10.13	국호 대한(大韓)으로 선포
1899.6.22	원수부(元帥府) 설치

1899.7.12	대한국국제(大韓國國制) 제정
1899.8.24	내장사를 내장원으로 개칭
1900.6.9	경무청을 경부(警部)로 개칭
1900.9.14	내장원에 기록과 설치
1904.2.8	러일전쟁 발발
1904.2.23	한일의정서 체결
1904.8.22	제1차 한일협약 체결
1904.10.5	제실제도정리국(帝室制度整理局) 설치
1905.3.4	내장원을 경리원(經理院))으로 개칭
1905.3.16	탁지부 '처무규정(處務規程)' 제정
1905.11.17	을사조약 체결
1906.1.17	외부 폐지
1906.1.30	궁내부(宮內府) 제도국(制度局) 설치
1906.2.1	통감부 설치
1907.4.20	이상설, 이준 헤이그 만국평화회의 참석차 출국
1907.6.14	의정부를 내각(內閣)으로 개칭
1907.7.4	임시제실유급국유재산조사국(臨時帝室有及國有財産調査局) 설치
1907.7.20	황제 양위식 대리 거행
1907.7.24	한일신협약(정미7조약) 체결
1907.7.31	군대해산 조칙 발표
1907.8.2	연호 융희(隆熙)로 결정
1907.11.20	경리원 폐지
1907.11.27	제실재산정리국(帝室財産整理局) 설치
1907.11.30	궁내부문서조관규정(宮內府文書措辦規程) 제정
1908.7.23	임시재산정리국(臨時財産整理局) 설치
1908.10	내부 '문서취급규칙' 제정
1909.6.11	궁내부기록편찬보존규(宮內府記錄編纂保存規) 제정
1909.11.1	법부 폐지

1910.8.22	한일병합조약 체결
1910.8.29	한일병합조약 공표, 조선총독부 설치
1910.9.30	조선총독부 취조국(取調局) 설치
1910.12.30	이왕직(李王職) 관제 제정
1911.6	조선총독부 취조국 대한제국기 공문서 장악
1912.3.30	조선총독부 참사관실(參事官室) 설치. 취조국 문서 이관.
1917.10.1	조선도서총목록(朝鮮圖書總目錄)(奎 26778) 작성
1921.10.29	조선총독부고도서목록(朝鮮總督府古圖書目錄) 발간
1922년	참사관실 관리 대한제국기 문서 조선총독부 學務局 學務課 分室로 이관
1928~1930	학무국 학무과 분실 관리 대한제국기 문서 경성제국대학 부속도서관으로 이관
1934.10.16	조선총독부고도서목록보유(朝鮮總督府古圖書目錄補遺) 발간
1945.8.15	해방
1946.10.15	서울대학교 개교. 부속중앙도서관에서 도서 관리.
1965.9.1	규장각도서한국본총목록(奎章閣圖書韓國本總目錄) 발간
1975.3	서울대학교 도서관에 규장각도서관리실 설치
1981.5	규장각 미정리도서 정리 완료
1981.12.30	규장각도서한국본종합목록(奎章閣圖書韓國本綜合目錄) 발간
1992.3.6	서울대학교 규장각으로 독립
2006.2.1	서울대학교 규장각한국학연구원으로 신설